DESAFIOS DO DIREITO NA SOCIEDADE 5.0

DESAFIOS DO DIREITO NA SOCIEDADE 5.0

Direito à identidade genética
Execução de sentença arbitral
Jurimetria
Liberdade de expressão
Planejamento tributário
Política armamentista e violência
Preconceito e discriminação no futebol
Reforma trabalhista
Transferência internacional de dados
Violência política de gênero

Beatriz Martinelli Siviero
Carolina Calanca
Catarina Machado Perondini
Catharina Vilela de Abreu Silva Pereira
Elena Maria Amorim Sicherle
Enzo Miolaro
Gabrielle Almeida Rocha Tavares
George Henrique Djehdian
Ilberto da Silva Junior
Isabella Dias Grassia
Luana Passos Dell'Erba
Lucas Inglez Mazzarella
Luciano Krybus Scarpinella Bueno
Luísa Lago Pires
Maria Fernanda A. Paes de Campos
Natan Jamil Angelo
Pedro Felipe de Abreu Braz
Rogério de Oliveira Fadigas César
Victória de Oliveira Gonçalves

Coordenador: **Vidal Serrano Nunes Júnior**

PUC-SP

ALMEDINA
BRASIL

Rio de Janeiro, 2025

Desafios do direito na sociedade 5.0

ALMEDINA é uma empresa do Grupo Editorial Alta Books (Starlin Alta Editora e Consultoria LTDA).

ISBN: 978-85-8493-757-8

Impresso no Brasil — 1ª Edição, 2025 — Edição revisada conforme o Acordo Ortográfico da Língua Portuguesa de 2009.

Dados Internacionais de Catalogação na Publicação (CIP)
(BENITEZ Catalogação Ass. Editorial, MS, Brasil)

D441
1.ed. Desafios do direito na sociedade 5.0 / organizadores Fernando Rister, Flávia de Campos, Juliana Ribeiro ; coordenação Vidal Serrano Nunes Júnior. - 1.ed. - Rio de Janeiro: Almedina Brasil, 2025.

320 p.; 15,7 x 23 cm. - (Série direito PUC-SP; 2)

Vários autores.
Bibliografia.
ISBN 978-85-8493-757-8

1. Direito administrativo - Brasil. 2. Direito aéreo - Brasil. 3. Direito civil - Brasil. 4. Direito constitucional - Brasil. 5. Legislação - Direito - Brasil. 6. Sociedade - Aspectos jurídicos. I. Rister, Fernando. II. Campos, Flávia de. III. Ribeiro, Juliana. IV. Nunes Júnior, Vidal Serrano. V. Série.

02-2025/41 CDD 340

Índice para catálogo sistemático:
1. Brasil : Sociedade : Legislação : Direito 340
Aline Graziele Benitez - Bibliotecária - CRB-1/3129

Grupo Editorial Alta Books

Produção Editorial: Grupo Editorial Alta Books
Diretor Editorial: Anderson Vieira
Editora-Chefe: Manuella Santos de Castro
Editor Pleno: Aurélio Nogueira
Vendas Governamentais: Cristiane Mutüs
Gerência Comercial: Claudio Lima

Assistente Editorial: Andreza Moraes
Revisão: Christiano Sensi
Diagramação: Joyce Matos

ALTA BOOKS
GRUPO EDITORIAL

Rua Viúva Cláudio, 291 — Bairro Industrial do Jacaré
CEP: 20.970-031 — Rio de Janeiro (RJ)
Tels.: (21) 3278-8069 / 3278-8419
www.altabooks.com.br — altabooks@altabooks.com.br
Ouvidoria: ouvidoria@altabooks.com.br

Editora **afiliada à:**
abdr
ASSOCIADO CBL Câmara Brasileira do Livro

APRESENTAÇÃO

A Faculdade de Direito da PUC-SP – reconhecida, inclusive, pelas inúmeras reputações jurídicas que dela emergiram, como um dos melhores cursos de Direito do País – sempre teve como um dos seus predicados mais notáveis a inovação. A escola de Direito Tributário da PUC-SP, a incorporação das diversas matérias atinentes à tutela metaindividual, a participação de seus professores e egressos na elaboração de diversas leis, a Enciclopédia Jurídica Digital da PUC-SP (primeira, do gênero, no mundo) e o Núcleo de Direito, Tecnologia e Jurimetria são apenas alguns exemplos dessa faceta.

Nessa esteira, algo, ainda uma vez, novidadeiro, o que seja, a publicação dos melhores trabalhos de conclusão de curso de seus formandos. Como celeiro de grandes talentos, verificou-se a existência de um rico material, que foi produzido segundo rigorosos critérios de orientação, motivo pelo qual se entendeu por bem dar conhecimento ao mundo jurídico dessas inúmeras reflexões.

É de se ver que esses trabalhados foram meticulosamente selecionados: primeiro, pelo professor orientador; segundo, pela banca examinadora e, em terceiro, por uma comissão avaliadora, que os entendeu merecedores desse laurel.

Aproveito a oportunidade para agradecer aos professores que organizaram esta obra: Fernando Rister de Sousa Lima, Flávia de Campos Pinheiro e Juliana Ribeiro Bastos.

Todos esses artigos foram dignitários do prêmio *Professor Pedro Paulo Teixeira Manus*, de excelência jurídica, sendo agora franqueados à leitura de todos pela presente publicação.

Uma breve palavra sobre o Professor Pedro Paulo Teixeira Manus, que empresta seu prestigioso nome ao prêmio com o qual os autores foram agraciados. Além de ter se transformado, sem nenhum favor, na maior reputação do Direito

Trabalhista do país, e de ter trilhado uma carreira brilhante como magistrado do trabalho, coroada, a seu final, com sua nomeação para o Tribunal Superior do Trabalho, Professor Pedro Paulo Teixeira Manus foi um ser humano dos mais admiráveis: sensível, íntegro, amigo de todas as horas, pai afetuoso, marido dedicado e cidadão sensível às demandas da sociedade, especialmente dos segmentos mais vulneráveis. Deixou, na PUC-SP, um grande legado.

Há pouco mais de um ano de seu transvivenciamento, ficam a saudade pela sua ausência e a marca indelével do seu exemplo. Essa é uma pálida homenagem a sua memória prestada pelo corpo docente da Faculdade de Direito da PUC-SP.

São Paulo, outono de 2024.

VIDAL SERRANO NUNES JUNIOR
Reitor da PUC-SP.
Foi Diretor da Faculdade de Direito da PUC-SP.
Livre-Docente, Doutor, Mestre e Bacharel em Direito pela PUC-SP.
Procurador de Justiça do Ministério Público do Estado de São Paulo.
Autor de vários livros jurídicos.

NOTA DA EDITORA

Você já parou para pensar como a jornada da vida nos surpreende com caminhos inesperados? Esses aparentes desvios nos levam a encontros e laços preciosos, que trazem significado e enriquecem nossa existência.

Pois bem. Há 25 anos, eu trilhava meus primeiros passos como aluna da Faculdade de Direito da PUC-SP. Logo no início da graduação, abracei uma carreira duplamente jurídica e editorial, e lá se vão mais de duas décadas como editora de livros jurídicos. Por sinal, costumo dizer que ser editor em um país onde livrarias fecham e drogarias abrem é mais do que uma profissão, é um ato de resistência.

Durante todos esses anos, já tive a oportunidade de escrever muitas apresentações, notas da editora e textos de orelha, mas me encontro em uma situação inédita: editar uma obra que premia os melhores trabalhos de conclusão de curso da faculdade onde me formei.

Na PUC-SP entrei uma menina e de lá saí uma cidadã mais consciente e uma pessoa mais madura. Então, é com muito orgulho e satisfação pessoal que apresento a série "Direito PUC-SP", em parceria com a editora Almedina, respeitada casa portuguesa de publicações jurídicas, a qual tenho orgulho de representar e ser responsável pelo catálogo jurídico no Brasil.

Sempre tive para mim que transferir pensamentos para o mundo concreto é uma arte. Penso que escrever é a maneira mais generosa, significativa e corajosa de perpetuar ideias, e, claro, de se expor a críticas. É atitude reservada aos que não temem o bom combate. E esse é justamente o caso dos dedicados "filhos da PUC" que são os coautores e protagonistas desta obra.

A Série Direito PUC-SP celebra não apenas o esforço individual de cada aluno, mas também o poder transformador da educação, uma marca desde a fundação da PUC em 1946. E esta publicação vem a lume em um momento paradoxal: graças às novas tecnologias, a informação hoje é abundante, mas a compreensão e o saber estão em declínio.

Enquanto contemplamos o avanço tecnológico, também assistimos à banalização da educação formal, que vem sendo reduzida a meros números e estatísticas. Diante disso, surgem questionamentos, como: qual o papel da universidade na era digital? Ainda há espaço para a educação formal em tempos de Google e de inteligência artificial?

As universidades, assim como os livros, são portais para o conhecimento. A educação de qualidade é a chave para a transformação social e ainda é a ferramenta mais eficaz para romper o ciclo de desigualdade e injustiça que aprisiona tantas vidas.

Na universidade somos desafiados a expandir nossos horizontes e nos tornarmos cidadãos críticos e conscientes. É nas salas de aula, nas bibliotecas e nos corredores que somos confrontados com ideias que desafiam nossas convicções, expandem nossos conhecimentos e nos transformam.

Nesta jornada como universitários, os autores deste livro tiveram em comum o privilégio de compartilhar um lugar especial: os corredores da nossa querida PUC. Mais do que meros espaços físicos, esses corredores são testemunhas silenciosas de risos compartilhados, conversas animadas e debates acalorados. Ali muitos encontraram o amor, fizeram amizades para a vida toda e descobriram seus talentos.

A trajetória de todo estudante é um misto de desafios e responsabilidades, e a primeira delas é que cada universitário carrega consigo o nome da sua instituição. Por isso, as trajetórias vitoriosas de cada "puquiano" se entrelaçam com a grandeza da nossa querida PUC.

Nas páginas deste livro o leitor encontrará o resultado do empenho e da dedicação de jovens acadêmicos que, sedentos pelo conhecimento, ousaram ir além da mera obrigação. São estudantes que entenderam que a excelência é o ponto de partida, e não o ponto de chegada.

Cada artigo contou com a firme orientação de professores dedicados e inspiradores, que plantaram as sementes do conhecimento e nutriram a chama da curiosidade em seus alunos.

Que este livro sirva de inspiração para outros estudantes, para que compreendam que as ferramentas digitais e os avanços tecnológicos não são inimigos do conhecimento tradicional, mas, sim, complementos. As máquinas podem nos oferecer respostas automáticas, mas é no diálogo e na troca entre seres humanos que encontramos a riqueza das perguntas.

Boa leitura!
São Paulo, outono de 2024.

Manuella Santos de Castro
Professora da Faculdade de Direito da PUC-SP.
Bacharel em Direito pela PUC-SP.
Mestre em Direito pela PUC-SP.
Doutora em Direito pela USP.
Cursa Graduação em História na USP.
Editora-Chefe da Almedina Brasil.
Advogada.

SUMÁRIO

PARTE III: DIREITOS FUNDAMENTAIS E DIREITOS HUMANOS

PARTE IV: MEIOS ADEQUADOS DE SOLUÇÃO DOS CONFLITOS

PARTE V: REFORMA TRABALHISTA

PARTE VI: SEGURANÇA PÚBLICA

PARTE I

DIREITO AMBIENTAL, CONSTITUCIONAL E TRIBUTÁRIO

CAPÍTULO 1

LIMITES CONSTITUCIONAIS DA LIBERDADE DE EXPRESSÃO[1]

Enzo Miolaro

Introdução

O artigo pretende demonstrar os limites constitucionais da liberdade de expressão diante do insistente argumento de que esse direito fundamental é uma carta branca a qualquer espécie de manifestação. Nesse sentido, por meio da análise da essência dos direitos fundamentais e da Constituição Federal, bem como observando exemplos atuais que circundam o tema, será demonstrado que a liberdade de expressão possui naturalmente limites dentro do ordenamento jurídico nacional.

Para tanto, foi realizado um estudo que buscou delimitar o que é a liberdade de expressão, não apenas destrinchando seu conceito, mas o relacionando à conceituação de princípios, exibindo o caráter não absolutório, e o mecanismo do sopesamento. Isso se fez fundamental para concluir que a liberdade de expressão, sendo um direito fundamental com caráter principiológico, é limitada no contexto da Constituição Federal para que possa coexistir com o Estado Democrático de Direito.

Portanto, as conclusões a serem apresentadas, bem como os exemplos fornecidos, foram julgados sob um olhar republicano e democrático, que compreende

1 Artigo elaborado a partir da monografia apresentada ao Núcleo de Monografia Jurídica da Faculdade de Direito da PUC-SP, sob a orientação da Professora Doutora Maria Garcia.

a essencialidade da pluralidade de ideias, porém entende, igualmente, que, para essa ser mantida, os discursos que visem a destruir outros devem ser coibidos.

1. A liberdade de expressão como princípio constitucional

Antes de dissertar sobre quais os limites da liberdade de expressão, é essencial elaborar algumas explicações teóricas sobre o que são princípios e direitos fundamentais. Isso se faz essencial pois, ao analisar o direito em tela, é importante compreender, preliminarmente, noções como o caráter bipartite das normas de direito fundamental e o conceito de princípio para tratar sobre o caráter não absoluto e o sopesamento desses.

Sendo assim, esse primeiro passo teórico é fundamental para construir o alicerce sobre o qual se demonstra que nenhum direito fundamental é absoluto, concluindo, portanto, que tampouco será a liberdade de expressão.

1.1 Princípios e suas extensões na Constituição Federal: conceito, caráter não absolutório e sopesamento

A primeira consideração a ser exposta é que a liberdade de expressão é um direito fundamental, significando, portanto, que possui caráter de princípio constitucional. Essa afirmação ainda será melhor analisada, mas cumpre já deixar claro que, como as normas de direito fundamental possuem caráter principiológico, esses direitos serão tratados como se fossem princípios.

Partindo desta primeira premissa, deve-se compreender o que são princípios e como estes se relacionam, tarefa que conta com a doutrina de Robert Alexy[2] para ser contemplada. Os ensinamentos do autor procuram distinguir dois conceitos importantes: regras e princípios. Para tanto, é demonstrado que ambos são essencialmente normas, isto é, são diferentes espécies de um mesmo gênero.[3]

---

2 ALEXY, Robert. **Teoria dos Direitos Fundamentais.** 5ª edição. São Paulo: Malheiros editores, 2008.

3 Idem, p. 86 e 87.

Sobre suas distinções, temos que os princípios são "mandamentos de otimização", ou seja, são normas que "ordenam que algo seja realizado na maior medida possível dentro das possibilidades jurídicas e fáticas existentes", enquanto as regras são limitadas ao que é determinado no "âmbito daquilo que é fática e juridicamente possível", ou seja, se estendem apenas ao que determinam. Sendo assim, existe uma diferenciação qualitativa, sendo essa essencial para diferenciar os conceitos.[4]

Essa separação é necessária para o próximo passo, observar a conceituação de princípios que, segundo Carlos Ari Sundfeld, são em seu sentido mais amplo como "(...) ideias centrais de um sistema, ao qual dão sentido lógico, harmonioso, racional, permitindo a compreensão de seu modo de organizar-se (...)".[5] Desta forma, no Direito, os princípios possuem o papel de constituir um alicerce, sobre o qual o raciocínio se debruça, sendo, portanto, a própria base de existência de lógica dentro do sistema.

Essa definição, bem como a diferenciação apresentada, permite apresentar o duplo caráter das normas de direito fundamental ou, como afirmado por Robert Alexy, "O fato de que, por meio das disposições de direitos fundamentais, sejam estatuídas duas espécies de normas – as regras e os princípios(...)".[6] Segundo o autor "(...) na formulação da norma constitucional é incluída uma cláusula restritiva com a estrutura de princípio, que, por isso, está sujeita a sopesamentos."[7], isto é, entende-se aqui a afirmação de que a liberdade de expressão, sendo um direito fundamental, possui caráter principiológico.

Ainda, essa lógica corrobora para determinar que, se as normas de direito fundamental possuem caráter principiológico, e os princípios, por sua vez, estão sujeitos ao sopesamento ao colidir uns com os outros, o caráter duplo dos direitos fundamentais estabelece que esses tampouco são absolutos.

Seguindo esse raciocínio, ainda que teoricamente seja fácil imaginar a existência de princípios absolutos, é relevante enfatizar que a própria existência de outros princípios no ordenamento constitui a inevitável barreira para tanto.

4 Idem, p. 90 e 91.

5 SUNDFELD, Carlos Ari. **Fundamentos de Direito Público.** 5ª edição, 7ª tiragem. São Paulo: Malheiros Editores, 2017, p. 143.

6 ALEXY, Robert. **Teoria dos Direitos Fundamentais.** 5ª edição. São Paulo: Malheiros editores, 2008, p. 141.

7 Idem, p. 141.

Como exemplo, observa-se nas palavras de Gilmar Mendes, que até o elementar direito à vida possui limitações, conforme estabelecido no artigo 5°, inciso XLVII da Constituição Federal. Assim, não há de se falar em direitos absolutos, já que a existência de diversos direitos fundamentais é a prova da limitação de cada um individualmente.[8]

Em resumo, compreendido que a Constituição Federal fornece situações em que se verifica o caráter não absolutório de todos os princípios e direitos fundamentais, resta, antes de entender quais são os limites da liberdade de expressão, verificar como funciona o sopesamento, mecanismo que trata justamente da colisão dos princípios.

O choque entre dois ou mais princípios em uma determinada situação, que não se confunde com o conflito entre regras, encontra sua resposta na observação da dimensão do peso atribuído a cada um deles. Em outras palavras, os conflitos entre princípios se dissolvem mediante ao estabelecimento de uma relação de precedência condicionada entre os preceitos indispostos, com base na situação fática que se dá presente.[9]

Analisando mais uma vez a doutrina de Robert Alexy, tem-se o conceito de "lei do sopesamento", que pode ser ilustrada como: "Quanto maior for o grau de não-satisfação ou de afetação de um princípio, tanto maior terá que ser a importância da satisfação do outro". Em outras palavras, "Segundo a lei de sopesamento, a medida permitida de não-satisfação ou de afetação de um princípio depende do grau de importância da satisfação do outro".[10]

Como ilustração, é válido observar, em termos similares aos que o autor apresenta[11], um exemplo de conflito entre a liberdade de expressão e a segurança nacional. Nesse caso, supondo que um sujeito fizesse declarações sistemáticas em prol de instaurar uma revolução armada no país, é evidente que a segurança nacional estaria sendo colocada em xeque pelo abuso do direito fundamental à liberdade de expressão.

---

8 MENDES, Gilmar Ferreira; BRANCO, Paulo Gustavo Gonet. **Curso de Direito Constitucional.** 12ª edição. São Paulo: Saraiva, 2017, p. 134.

9 ALEXY, Robert. **Teoria dos Direitos Fundamentais.** 5ª edição. São Paulo: Malheiros editores, 2008, p. 92.

10 Idem, p. 167

11 Idem, p. 166 a 176.

Pois bem, observando o sopesamento, não se pode eliminar por completo a liberdade da pessoa responsável pelas declarações, impedindo que se manifeste sobre qualquer tema, afinal, tal ação presumiria que a segurança nacional é um princípio absoluto. Ademais, suprimir qualquer manifestação do sujeito tampouco seria eficaz para a segurança da nação.

Nesse sentido, entende-se que a liberdade de expressão não será completamente eliminada, mas o grau de afetação desta na segurança nacional será sopesado pela sua satisfação. Em outras palavras, aquela exerce com plenitude suas garantias até que esbarre nos pressupostos desta.[12]

Por fim, entende-se que a lei do sopesamento não fornece uma fórmula absoluta e inequívoca para a solução de conflitos entre princípios, sendo um critério de argumentação que deve ser utilizado no campo jurídico e não uma ciência exata. Contudo, são estes parâmetros de proporcionalidade que permitem uma análise de casos reais pelo Poder Judiciário, afinal, sequer seria possível estabelecer uma regra de colisão inflexível e perfeita que solucionasse todas as demandas da vida em sociedade.

1. 2 Conceito de liberdade de expressão e sua conexão com o Estado Democrático de Direito

Uma vez analisadas as questões preliminares que fundamentam a afirmação de que a liberdade de expressão é um direito fundamental com caráter principiológico, sujeita ao mecanismo de sopesamento, é possível aprofundar sobre as suas especificidades. Nesse sentido, para poder compreender seus limites, entra em foco a primeira questão: qual seria o seu conceito.

Uma vez que o legislador originário não tenha utilizado o termo "liberdade de expressão" na elaboração da Carta de 88, e tampouco traçado um conceito para esse direito, é necessário observar outras fontes para poder conceituá-la. Nesse caso, a obra de Carlos Frederico Barbosa Bentivegna trata sobre a liberdade de expressão em sua forma mais ampla, definindo que "(...) a liberdade de manifestação do pensamento e da opinião (aí incluídas as produções do espírito,

12 Idem, p. 173.

quer de natureza científica, literária, artística etc.), bem como a liberdade de informação (...)".[13]

Observando esse trecho, tem-se uma importante percepção da amplitude do termo, visto que a liberdade de expressão abrange as mais diversas formas de manifestação e até mesmo a liberdade de informação. Assim, observando o artigo 220 da Constituição Federal, entende-se que, ao elencar "manifestação do pensamento, a criação, a expressão e a informação", o constituinte positivou a liberdade de expressão em seu sentido mais amplo.

Ademais, o artigo 19 da Declaração Universal dos Direitos Humanos reitera que esse direito deve ser analisado em seu sentido mais amplo ao afirmar que, além da "expressão", "(...) inclui a liberdade de, sem interferência, ter opiniões e de procurar, receber e transmitir informações e ideias por quaisquer meios e independentemente de fronteiras".[14] Afinal, se a liberdade de expressão fosse apenas uma faculdade para se manifestar, em nada seria eficaz caso não fosse, ao mesmo tempo, assegurado o direito de ser ouvido, sendo a sua eficácia correspondente a uma via de mão dupla.

Logo, se torna lógica a conexão entre esse direito fundamental e o Estado Democrático de Direito, afinal esse último necessita da participação popular para ser legítimo. A livre circulação de ideias, informações e demais meios de expressão é fundamental para que sejam ouvidas as mais diversas pessoas que constituem a sociedade.

A Constituição Federal, portanto, não assegurou a liberdade de expressão em diversos dispositivos por acaso, estando o propósito atrelado à relação com a essência da democracia. Sendo assim, ainda que sejam tratadas aqui as suas limitações, é essencial reiterar sua plena existência para o devido funcionamento do Estado de Direito.

No mesmo sentido, diante de sua vital função para a manutenção dos valores da Carta de 88, é necessário observar que, retomando o caráter não absolutório dos princípios e o sopesamento, a liberdade de expressão não pode ser

---

[13] BENTIVEGNA, Carlos Frederico B. **Liberdade de expressão, honra, imagem e privacidade: os limites entre o lícito e o ilícito.** Barueri - SP: Editora Manole, 2019. E-book. ISBN 9788520463321. Disponível em: https://integrada.minhabiblioteca.com.br/#/books/9788520463321/. Acesso em: 24 mar. 2023.

[14] ORGANIZAÇÃO DAS NAÇÕES UNIDAS. **Declaração Universal dos Direitos Humanos.** 1948. Disponível em: https://www.unicef.org/brazil/declaracao-universal-dos-direitos-humanos. Acesso em: 25 mar. 2023.

considerada um direito absoluto. Sendo assim, a devida existência do Estado de Direito presume uma barreira que cerceia todos os direitos, não permitindo, por exemplo, que a liberdade de expressão seja utilizada como instrumento que vise ruir preceitos constitucionais.

Sob esse cenário, entende-se que a relação entre a liberdade de expressão e o Estado Democrático de Direito conta tanto com a existência desse direito quanto com a sua limitação. Isso resulta em verdadeiros dilemas para a aplicação do sopesamento de princípios, afinal, na mesma medida em que a garantia do direito fundamental é primordial, apenas seu uso dentro dos limites constitucionais serve ao que a Lei Maior protege.

2. Limites constitucionais da liberdade de expressão

Compreendido que a liberdade de expressão, como direito fundamental com caráter principiológico, não é absoluta para que se adeque ao seu papel no Estado Democrático de Direito, entende-se que os limites da liberdade de expressão estão descritos no próprio texto em que essa é positivada, a Constituição Federal de 1988.

Sob essa ótica, o artigo 220 da Constituição torna evidente a mais abrangente limitação desse direito, que dialoga com a conclusão supracitada: "a manifestação do pensamento, a criação, a expressão e a informação, sob qualquer forma, processo ou veículo não sofrerão qualquer restrição, observado o disposto nesta Constituição". Nesse caso, o *caput* se refere ao todo da Constituição, significando que a própria Carta de 88, em seus princípios e direitos fundamentais, deve ser entendida como barreira desse direito.

Assim, não será possível, nessa oportunidade, explorar todas as limitações que existem dentro do ordenamento jurídico nacional, visto que, como se deve ao todo da Constituição, são diversas as hipóteses. Entretanto, é pertinente apresentar alguns exemplos para demonstrar como podem ser encarados os entraves principiológicos.

Em primeiro lugar, cabe destrinchar como melhor detalhamento o capítulo da comunicação social, artigo 220 e seguintes, da Constituição Federal, uma vez que, além de trechos limitadores do direito, outros que garantem extensões de sua prática também devem ser interpretados de forma restritiva ao depender da situação.

Por exemplo, no §2°, artigo 220, tem-se que "é vedada toda e qualquer censura de natureza política, ideológica e artística", porém, ao mesmo passo que está aqui garantido o direito, a legislação nacional não permite a difusão da ideologia nazista, afinal essa é inconstitucional por sua própria essência de desrespeito aos Direito Humanos. Assim, mesmo os dispositivos que estendem a capacidade do direito estão sujeitos ao devido sopesamento em face de outros direitos fundamentais.

Seguindo esse raciocínio, ainda que os conteúdos do §3°, incisos I e II, §5° e demais dispositivos do artigo 220 pareçam ser apenas garantidores de direitos, esses são limitadores para grupos que pretendam, por exemplo, estabelecer monopólios nos meios de comunicação. Dessa forma, entende-se que a liberdade de expressão, no que tange aos meios para se receber informação, apresenta também limitações, servindo essas para garantir a voz de grupos com menor possibilidade de investimento no setor de comunicação.

Nada obstante, merece ainda destaque o cuidado do constituinte originário em estabelecer nesse capítulo limitações para os meios de comunicação em massa, rádio e televisão (artigo 221), e comunicação social eletrônica, independente da tecnologia, (artigo 222, §3°). Sob a luz desses dispositivos, até mesmo a comunicação via *internet* está submetida a princípios determinados pelo artigo 221, como "respeito aos valores éticos e sociais da pessoa e da família" e a "preferência a finalidades educativas, artísticas, culturais e informativas".

Evidentemente, os princípios elencados no artigo 221 não podem cercear toda a programação dos meios de comunicação em massa, dado o devido sopesamento a ser aplicado, porém tampouco podem ser esquecidos, isto é, é necessário que sejam considerados para os meios vinculados a essas exigências.

Além do capítulo da comunicação social, é importante relembrar que não apenas é esse responsável pelos limites da liberdade expressão, senão esse direito deve respeitar toda a Constituição. Nesse caso, é igualmente essencial observar como exemplo o texto estabelecido pelo artigo 5°, o qual é pertinente para essa temática, dentre outros, nos seguintes incisos:

> V - é assegurado o **direito de resposta**, proporcional ao agravo, além da indenização por **dano material, moral ou à imagem**;
>
> (...)
>
> X - são **invioláveis** a **intimidade**, a **vida privada**, a **honra** e a **imagem das pessoas**, assegurado o **direito a indenização** pelo dano material ou moral decorrente de sua violação;
>
> (...)
>
> XIV - é **assegurado a todos** o acesso à **informação** e resguardado o sigilo da fonte, quando necessário ao exercício profissional; (Grifamos)

As limitações positivadas pelos incisos V e X são relevantes para demonstrar o conflito entre a liberdade de expressão e o Princípio da Dignidade da Pessoa Humana. Conforme destacado anteriormente, o sopesamento de princípios deve ser o método aplicável para resolução desses entraves, sendo sempre necessário avaliar de forma casuística as situações.

Segundo o artigo de Miguel Reale Júnior, "Limites à liberdade de expressão", a vida privada, honra, imagem e intimidade compõem valores que nos constituem como humanos, isto é, sua preservação não corresponde apenas à essencialidade da ordem em sociedade, senão garante aos indivíduos sua personalidade.[15]

Sendo assim, uma vez que a liberdade de expressão seja utilizada para ferir, de forma deliberada, esses valores, não há de se considerar a constitucionalidade da manifestação, visto que se trata do uso de um direito fundamental para extirpar, deliberadamente, o direito fundamental de outrem. Cumpre observar que exceções são possíveis; contudo, o sopesamento de princípios tende ao lado da dignidade dos indivíduos.

Por fim, sobre o inciso XIV do referido artigo, pode parecer que apenas concede garantia de acesso à informação, contudo, este dispositivo guarda um importante dever.

---

15 REALE JÚNIOR, Miguel. **Limites à liberdade de expressão.** Espaço Jurídico Journal of Law [EJJL], [S. l.], v. 11, n. 2, p. 374–401, 2011. Disponível em: https://periodicos.unoesc.edu.br/espacojuridico/article/view/1954. Acesso em: 10 abr. 2023.

Se todo indivíduo tem o direito fundamental ao acesso à informação, é dever do Estado, bem como dos meios de comunicação, garantir que o conteúdo não seja, na verdade, desinformação. Em outras palavras, o direito instituído estabelece o importante dever de manter a população informada com base em fatos advindos de fontes confiáveis e idôneas, não sendo ampla a liberdade para divulgar, por exemplo, informações fraudulentas.

Observados os exemplos, cabe mais uma vez destacar que essas são apenas algumas das possíveis limitações ao direito à liberdade de expressão, sendo impossível abordar todas as hipóteses já que essas a dependem de fatores casuísticos. Nesse sentido, a máxima a ser compreendida é que a liberdade de expressão deve observar o que está disposto na Constituição, sendo esse o verdadeiro norte da sua limitação.

Portanto, a liberdade de expressão está limitada pelos demais princípios e direitos fundamentais da Constituição Federal, sendo necessário, por meio do sopesamento, delimitar seu alcance em cada caso, sempre tendo como norte a impossibilidade de arbitrariedade ou censura de qualquer gênero, e compreendendo tanto a abrangência dessa como sua igual limitação, para a funcionalidade do Estado Democrático de Direito.

2.1 Exemplos atuais: *fake news* e o discurso de ódio

Observadas algumas das barreiras que a Constituição Federal oferece, cabe apresentar alguns casos práticos sobre os atuais dilemas dessa temática. Para tanto, serão aqui destacadas as *fake news* e o discurso de ódio, modalidades que servem como exemplo do uso inconstitucional da liberdade de expressão.

Em primeiro lugar, tem-se como fundamental destacar que a tradução precisa de *fake news* não corresponde a "notícia falsa", mas sim ao termo "notícia fraudulenta". Essa conclusão de Diogo Rais[16] permite compreender que seu objetivo é a desinformação, isto é, se uma notícia está equivocada por qualquer circunstância alheia ao conhecimento ou intenção de quem a veicula, não necessariamente corresponde a *fake news*. O termo se aplica aos casos em que o

[16] CANÁRIO, Pedro. **A melhor tradução para fake news não é notícia falsa, é notícia fraudulenta.** Consultor Jurídico, 2018. Disponível em: https://www.conjur.com.br/2018-ago-12/entrevista-diogo-rais-professor-direito-eleitoral. Acesso em: 16 abr. 2023.

agente distribui informação falsa de forma deliberada, com intuito, por exemplo, de desinformar um grupo ou difamar alguém.

Ainda, o referido autor estabelece três elementos fundamentais que constituem *fake news*: a falsidade, o dolo e o dano.[17] Justamente por esse primeiro elemento, tal fraude é denominada como notícia, por assim aparentar ser, sendo que toda mentira, se não contada sob roupagem de verdade, não é absorvida por seus receptores.

Logo, encontra-se aqui uma das características mais perigosas dessa prática, a capacidade de criar uma realidade paralela, na qual aquela falsificação se torna algo real. Ademais, o dolo e o dano representam o objetivo do agente que veicula a notícia de obter vantagem indevida ferindo o direito à informação, afinal se trata de desinformação, ou até mesmo difamando ou injuriando alguém.

O discurso de ódio, por sua vez, encontra semelhança com as *fake news* por ser prática dolosa, a qual requer organização, e visa, por meio do ataque às minorias, como discriminação, hostilidade ou violência, a atender aos interesses escusos do agente. Isso significa que, assim como as notícias fraudulentas, são atos que infringem os direitos fundamentais de outrem para alcançar objetivos específicos, existindo relação de causa e efeito entre a desinformação, injúria ou difamação provocadas e seus fins.

Essa prática tem tomado proporções internacionais. Prova disso é que, no dia 18 de junho de 2022, a Organização das Nações Unidas celebrou pela primeira vez o Dia Internacional de Combate ao Discurso de Ódio, afirmando que a recente ampliação do impacto dessa prática, relacionada às novas tecnologias de comunicação, fez com que ela se tornasse um dos "métodos mais frequentes para difundir retóricas e ideologias que causam divisão em escala global".[18]

Apresentadas as definições, já se têm informações suficientes para destacar a semelhança entre essas práticas mais relevantes para esse artigo, a iminente inconstitucionalidade. O agente que dissemina tanto *fake news* quanto discurso de ódio tem a plena consciência e intenção de ferir direito fundamental de outrem para alcançar um determinado objetivo. Isto é, seja para fins políticos,

---

17 Idem.

18 Disponível em: https://news.un.org/pt/story/2022/06/1792782#:~:text=Neste%2018%20de%20junho%2C%20a,Combate%20ao%20Discurso%20de%20%C3%93dio. Acesso em: 27 abr. 2023

econômicos, ou de outra natureza, encontrou-se nessas práticas uma ferramenta útil, especialmente se valendo dos recursos da comunicação digital.

Cumpre concluir, por fim, que diante dos casos expressos na Constituição, bem como diante do cenário da comunicação digital, não há legalidade em manifestação que fira propositalmente direito fundamental. Isso significa que, como as práticas mencionadas têm por natureza desinformar, ou incitar discriminação, hostilidade ou violência, não merecem proteção da Constituição Federal.

Conclusões

Em primeiro plano, foi compreendido que a liberdade de expressão é um direito fundamental com caráter principiológico, significando que, como esses não são absolutos, presume-se que a liberdade de expressão tampouco possa ser ilimitada, senão encontra barreiras nos demais princípios instituídos pela Carta de 88, observado o devido método de sopesamento.

Nada obstante, além da natureza dos princípios para demonstrar as limitações desse direito, sua associação com o Estado Democrático de Direito é também fundamental para verificar essa questão. Conforme positivado pelo Poder Constituinte, a liberdade de expressão possui sentido amplo para sua eficácia, não correspondendo apenas ao direito de se manifestar, porquanto sua real funcionalidade está igualmente ligada ao direito à informação.

Sob esta ótica, a liberdade de expressão está limitada constitucionalmente por todos os eventuais conflitos principiológicos que venham a ocorrer pelo cotidiano exercício do direito em virtude de ser um direito fundamental. Isso significa, portanto, que tanto a segurança nacional, a dignidade da pessoa humana e outros direitos podem ser entraves em sua prática, conforme disposto no *caput* do artigo 220 da Lei Maior.

É necessário, contudo, ressaltar que o presente artigo não faz qualquer apologia à censura, isto é, não se trata de limitar o direito fundamental objeto a ponto de silenciar opiniões legítimas por meio de arbitrariedade, tampouco de sugerir censura prévia. As conclusões apresentadas demonstram a necessidade de se observar a liberdade de expressão dentro do contexto da Constituição Cidadã, sendo imprescindível, para tanto, compreender tanto os direitos, quanto os deveres que derivam de sua previsão legal.

Conforme foi vislumbrado pelos exemplos fornecidos, a liberdade de expressão é utilizada inúmeras vezes para fins inconstitucionais, em que são ameaçados os mais imprescindíveis direitos fundamentais. Diante desse cenário, não há de existir complacência com estas práticas, senão afirmar a inconstitucionalidades de discursos sistematizados como as *fake news* e o discurso de ódio para assegurar a própria liberdade de expressão dentro do Estado Democrático de Direito.

Em suma, a liberdade de expressão é limitada constitucionalmente para que possa existir dentro de sua própria definição. Isto é, trata-se de princípio não absoluto que funciona em prol do Estado de Direito, atendendo aos interesses democráticos, garantindo o direito de manifestação e de informação, e respeitando os demais princípios que sustentam a civilidade da República Federativa do Brasil.

Referências

ALEXY, Robert. **Teoria dos Direitos Fundamentais.** 5ª edição. São Paulo: Malheiros editores, 2008.

BARRETO, Irineu. **Fake News: Anatomia da Desinformação, Discurso de Ódio e Erosão da Democracia.** (Coleção Direito Eleitoral). São Paulo: Editora Saraiva, 2022. E-book. ISBN 9786555598841. Disponível em: https://integrada.minhabiblioteca.com.br/#/books/9786555598841/. Acesso em: 26 abr. 2023.

BARROSO, Luís Roberto. **Curso de Direito Constitucional Contemporâneo.** 7ª edição. São Paulo: Saraiva, 2018.

BENTIVEGNA, Carlos Frederico B. **Liberdade de expressão, honra, imagem e privacidade: os limites entre o lícito e o ilícito.** Barueri - SP: Editora Manole, 2019. E-book. ISBN 9788520463321. Disponível em: https://integrada.minhabiblioteca.com.br/#/books/9788520463321/. Acesso em: 24 mar. 2023.

DALLARI, Dalmo de Abreu. **Elementos de Teoria Geral do Estado.** 32ª edição. São Paulo: Editora Saraiva, 2013.

FERRAZ JR, Tercio Sampaio. **Introdução ao Estudo do Direito – técnica, decisão, dominação.** 6ª edição. São Paulo: Editora Atlas, 2008.

GORDILLO, Agustin. **Princípios Gerais de Direito Público.** São Paulo: Editora Revista dos Tribunais, 1977.

JÚNIOR, Vidal Serrano Nunes; ARAUJO; Luiz Alberto David. **Curso de direito constitucional.** 23ª edição. Santana de Parnaíba [SP]: Editora Manole, 2021. E-book. ISBN 9786555769838. Disponível em: https://integrada.minhabiblioteca.com.br/#/books/9786555769838/. Acesso em: 21 fev. 2023.

LORA ALARCÓN, Pietro de Jesús. **Ciência Política, Estado e Direito Público: uma introdução ao Direito Público da contemporaneidade.** 3ª edição. São Paulo: Editora Verbatim, 2017.

MENDES, Gilmar Ferreira; BRANCO, Paulo Gustavo Gonet. **Curso de Direito Constitucional.** 12ª edição. São Paulo: Saraiva, 2017.

MORAES, Alexandre de. **Direito Constitucional.** 34ª edição. São Paulo: Atlas, 2018.

SILVA, José Afonso da. **Curso de Direito Constitucional Positivo.** 25ª edição. Editora Malheiros, 2005.

SUNDFELD, Carlos Ari. **Fundamentos de Direito Público.** 5ª edição, 7ª tiragem. São Paulo: Malheiros Editores, 2017.

TEMER, Michel. **Elementos de Direito Constitucional.** 22ª edição. São Paulo: Malheiros Editores, 2007.

CAPÍTULO 2

LOGÍSTICA REVERSA DE PAINÉIS FOTOVOLTAICOS: ANÁLISE DOS IMPACTOS AMBIENTAIS E LEGAIS DA PRODUÇÃO DE ENERGIA SOLAR[1]

Lucas Inglez Mazzarella

Introdução

No contexto da produção global de energia elétrica, o setor desempenha relevante papel nas emissões de gases de efeito estufa, e responde por aproximadamente 75% do total de emissões globais. Tais emissões têm sua origem principalmente na extração e geração de energia a partir de fontes de combustíveis fósseis, como petróleo, gás natural e carvão, consideradas não renováveis. Certo é que a crescente demanda global por energia é fato incontestável, entretanto, levando em consideração que as fontes de geração não renováveis são extremamente prejudiciais ao meio ambiente, há um movimento global voltado à transição energética para o desenvolvimento de fontes de geração de energia elétrica de baixo carbono, consideradas limpas e renováveis.

O Brasil, com vasta dimensão geográfica e um cenário propício para a expansão das usinas de energia renovável, sempre esteve à frente no uso de fontes

[1] Artigo elaborado a partir da monografia apresentada ao Núcleo de Monografia Jurídica da Faculdade de Direito da PUC-SP, sob a orientação do Professor Doutor Luiz Antônio de Souza.

de energia limpa, sendo, atualmente, um dos maiores produtores de energia renovável do mundo, com cerca de 88% de sua oferta interna proveniente de fontes limpas, em contraste com a predominância global de fontes não renováveis, que representam 71% da oferta global. Essa disparidade ressalta o compromisso e a condição vanguardista do Brasil para com a expansão de fontes de energia limpa.

Até recentemente, a produção de painéis solares no Brasil era limitada, elevando os preços e inibindo a adoção dessa tecnologia. No entanto, políticas nacionais de incentivo à energia solar fotovoltaica desempenharam um papel fundamental ao estimular a adoção desta fonte de energia, resultando na redução dos custos de energia a longo prazo e contribuindo para a transição energética em direção à geração de energia limpa e sustentável.

Apesar de a energia fotovoltaica ser considerada uma fonte de baixo impacto ambiental durante sua vida útil de mais de 30 anos, a produção e descarte dos materiais envolvidos não estão isentos de impactos ambientais. Assim, é crucial adotar uma abordagem responsável para o gerenciamento de resíduos, visando a proteção da saúde humana e do meio ambiente, bem como a redução dos impactos associados à extração, fabricação e descarte dos materiais que compõem painéis solares.

O problema subjacente a esta pesquisa reside na eficácia da legislação de logística reversa no Brasil, particularmente em relação aos painéis solares fotovoltaicos. Esta investigação se baseia em uma ampla gama de pesquisas, tanto teóricas quanto práticas, que incorporam dados e estatísticas de âmbito nacional e internacional. A pesquisa abordou a Política Nacional de Resíduos Sólidos (Lei nº 12.305/2010), que estabelece princípios e instrumentos econômicos voltados para o gerenciamento de resíduos no final do ciclo de vida de produtos, explorando um desses instrumentos, a logística reversa, e sua aplicação aos painéis solares fotovoltaicos por meio do Decreto nº 10.240/2020, que trata da logística reversa de aparelhos elétricos e eletrônicos de uso doméstico, na qual se encaixam os painéis solares.

O cerne do estudo, então, está em verificar se a legislação brasileira é suficiente para regular a logística reversa de painéis solares em um futuro próximo, quando muitos desses painéis atingirão o fim de sua vida útil. Isso é essencial para garantir que a geração de energia solar fotovoltaica seja verdadeiramente verde e sustentável, abordando sua fase operacional e os impactos ambientais e legais associados ao ciclo de vida como um todo.

1. Desenvolvimento sustentável e logística reversa

Conforme preceitua a Constituição Federal Brasileira de 1988[2], a defesa do meio ambiente deve não só considerar as ações do Poder Público para que seja efetivada, mas integrar, igualmente, a agenda privada. Isso porque, para além do desenvolvimento ambiental, deve ser considerado que o desenvolvimento sustentável defendido pela Carta Maior abrange, também, o desenvolvimento social e econômico, sagrando-se como um direito e um dever constitucional fundamental (preâmbulo e artigos 1º, inciso III; 3º, inciso II; 5º, parágrafo 2º; 170; 225).

Nesse sentido, as atividades a serem desenvolvidas por humanos devem sempre considerar, sob a égide da disponibilidade dos recursos naturais, a possibilidade de se manterem para as gerações futuras. Significa dizer, portanto, que, na eventualidade de uma atividade conjecturar o perecimento de determinado recurso natural, os cuidados que deve se ter com a autorização para essa exploração devem ser redobrados, quando não restringidos por completo.

Nesse sentido, apesar de o processo de crescimento e desenvolvimento ser indispensável à economia, o consumo acelerado de serviços e produtos em forma de bens resultam no acúmulo de resíduos que, se não gerenciados corretamente, podem comprometer o desenvolvimento regional futuro[3].

Responsável por regulamentar os artigos 182 e 183 da Constituição, a Lei nº 10.257/2001 estabelece diretrizes gerais da política urbana em solo nacional, uma ferramenta indutora da sustentabilidade urbana, tendo como foco principal a promoção da qualidade de vida das pessoas, bem como do equilíbrio ambiental. Dentre suas determinações, é imperioso ressaltar que o saneamento ambiental, disposto no art. 2º, inciso I, da Lei nº 10.257/2001, está entre uma dessas

[2] BRASIL. **Constituição Federal da República Federativa do Brasil de 1988**. Disponível em: http://www.planalto.gov.br/ccivil_03/constituicao/constituicaocompilado.htm. Acesso em 20.07.2023

[3] DANDARO, F. (2015). **Policy national solid waste as tool for regional sustainable development**. Revista Eletrônica Em Gestão, Educação e Tecnologia Ambiental, 19(3), 387–394. Disponível em: https://doi.org/10.5902/2236117019007. Acesso em 20.07.2023

diretrizes gerais que devem ser observadas, sendo este um conjunto de políticas ambientais que visam a melhorar a qualidade de vida da população.

Com o advento da Lei nº 12.305/2010[4], a chamada Política Nacional dos Resíduos Sólidos ("PNRS"), foram estabelecidos princípios, objetivos, instrumentos e diretrizes relativos à gestão integrada e ao gerenciamento de resíduos sólidos, prevendo instrumentos econômicos para a internalização de externalidades negativas por todos os envolvidos na cadeia de produção e consumo. Dentre os instrumentos econômicos previstos nos incisos do art. 42 da PNRS, faz-se especial menção à estruturação de sistemas de logística reversa (inciso V) e de gestão ambiental e empresarial voltados para a melhoria dos processos produtivos e ao reaproveitamento dos resíduos (inciso VIII).

Nessa esteira, é importante mencionar que a institucionalização da PNRS trouxe a matéria para o âmbito do desenvolvimento sustentável, na medida em que, ao alterar juridicamente a denominação de resíduos sólidos de lixo para bem (art. 6º, inciso VIII), o legislador manifestou o valor econômico e social dos resíduos sólidos, empregando uma ótica de proteção ambiental e desenvolvimento social. Assim, a legislação buscou influenciar a transformação da cadeia produtiva para superação do modelo econômico linear em favorecimento do sistema circular, visando manter o valor dos produtos por mais tempo e reduzir o desperdício.

Nota-se que os principais aspectos que norteiam a PNRS dizem respeito à responsabilização estendida (ou compartilhada) da cadeia de suprimentos, na medida em que busca evidenciar as responsabilidades dos entes públicos, mas principalmente das empresas envolvidas na fabricação, distribuição e comercialização dos produtos com vida útil expirada. Em vista disso, o legislador editou o art. 6º, inciso VII, da PNRS, por meio do qual instituiu o mencionado princípio à PNRS, tendo-o definido em seu art. 3º, inciso XVII, *in verbis*:

> "XVII - responsabilidade compartilhada pelo ciclo de vida dos produtos: conjunto de atribuições individualizadas e encadeadas dos fabricantes, importadores, distribuidores e comerciantes, dos consumidores e dos titulares dos serviços públicos de limpeza urbana e de manejo

---

[4] BRASIL. Lei Federal nº 12.305/2010. **Política Nacional dos Resíduos Sólidos**. Disponível em: https://www.planalto.gov.br/ccivil_03/_ato2007-2010/2010/lei/l12305.htm. Acesso em 20.07.2023

> dos resíduos sólidos, para minimizar o volume de resíduos sólidos e rejeitos gerados, bem como para reduzir os impactos causados à saúde humana e à qualidade ambiental decorrentes do ciclo de vida dos produtos, nos termos desta Lei"

Diante desse contexto, pode-se dizer que a PNRS inovou ao trazer o princípio da responsabilidade compartilhada pelo ciclo de vida dos produtos, na medida em que internalizou o princípio do poluidor pagador, previsto na Política Nacional do Meio Ambiente[5], para que as externalidades negativas provindas da produção e consumo de bens sejam absorvidas por fabricantes, importadores, distribuidores e comerciantes, os consumidores e os titulares dos serviços públicos de limpeza urbana e de manejo de resíduos sólidos.

Significa dizer, então, que o setor empresarial, através do princípio da responsabilidade compartilhada, deve se movimentar com vistas a, ainda no âmbito do pré-consumo, investir no desenvolvimento, fabricação e inserção no mercado de produtos que sejam adequados e destinados, após o uso do consumidor, à reutilização, reciclagem ou outros meios de destinação ambientalmente adequada; bem como investir no desenvolvimento, na fabricação e na distribuição de produtos que gerem menor ou nenhuma quantidade de resíduos sólidos; recolher os produtos e resíduos remanescentes após o uso, propiciando a destinação final adequada para cada um; e tomar parte em ações do plano municipal de gestão integrada de resíduos sólidos, no caso de produtos ainda não inclusos no sistema de logística reversa, sempre que se comprometer, em acordos setoriais ou termos de compromisso com o Município.

Nesse ínterim, o art. 8º, inciso III, da PNRS elenca alguns instrumentos econômicos relacionados à responsabilidade compartilhada pelo ciclo de vida dos produtos na etapa de destinação final ambientalmente adequada, dos quais cabe especial menção à logística reversa, que consiste no "*instrumento de desenvolvimento econômico e social caracterizado por um conjunto de ações, procedimentos e meios destinados a viabilizar a coleta e a restituição dos resíduos sólidos ao setor*

[5] BRASIL. Lei Federal nº 6.938/1981. **Política Nacional do Meio Ambiente**. Disponível em: https://www.planalto.gov.br/ccivil_03/leis/l6938.htm. Acesso em 20.07.2023

empresarial, para reaproveitamento, em seu ciclo ou em outros ciclos produtivos, ou outra destinação final ambientalmente adequada"[6].

Para tanto, o passo inicial é a devolução de produtos utilizados pelo consumidor aos comerciantes e distribuidores, os quais, por sua vez, serão responsáveis por destiná-los aos fabricantes ou importadores, que deverão dar a destinação adequada a todos os itens que compõem o produto.

A PNRS, portanto, enxerga a logística reversa como um instrumento vocacionado ao desenvolvimento sustentável, objetivando a destinação ambientalmente adequada a produtos e embalagens para minimizar os riscos à saúde pública e ao meio ambiente. Sua implantação é obrigatória aos fabricantes, importadores, distribuidores e comerciantes, no limite da proporção dos produtos e embalagens que forem inseridos no mercado interno.

2. Energia Solar Fotovoltaica e o Decreto nº 10.240/2020

No âmbito da geração de energia elétrica mundial, tem-se que o setor está entre os maiores responsáveis pelas emissões de gases de efeito estufa, aproximadamente 75% do total de emissões globais[7], estes provenientes principalmente da extração e produção de energia a partir de combustíveis fósseis, tais como petróleo, gás natural e carvão. Nessa toada, o fomento à utilização de energia de fontes renováveis, combinado com o desencorajamento do uso de combustíveis fósseis, além de promover o investimento em tecnologia e eficiência energética, foram e são pilares fundamentais à transição energética de baixo carbono.

De proporções continentais e geolocalização que propiciam a exploração de fontes de energia como a eólica, solar e de biomassa, para além da hidráulica, em termos de capacidade instalada, em 2021, o Brasil foi ranqueado na 3ª posição

6 Art. 3º, XII, da PNRS.

7 CLIMATEWATCH. **Global Historical Emissions**. Disponível em: https://www.climatewatchdata.org/ghg-emissions?breakBy=sector&end_year=2019&sectors=total-including-lucf%2Cenergy&start_year=1990. Acesso em 12.08.2023

do mundo proveniente de energias renováveis, ficando atrás apenas da China e dos Estados Unidos[8].

Situado próximo à linha do Equador, os níveis de insolação e irradiação solar no território nacional são grandes aliados ao desenvolvimento e exploração desse extenso potencial energético. Nesse cenário, o uso de sistemas solares fotovoltaicos, ao adotarmos a emissão de Gases de Efeito Estufa como parâmetro, se mostra como uma alternativa bastante interessante, tendo em vista que não emite qualquer poluente durante a sua utilização.

Nos últimos anos, essa importante fonte vem crescendo a passos largos, impulsionada pelos benefícios econômicos e ambientais provenientes do seu aproveitamento, sendo responsável, atualmente, por 15,4% da matriz elétrica nacional. Diante deste crescimento acelerado, faz-se necessária a regulamentação para um descarte responsável e sustentável de painéis solares, processo que não é simples, mas que, se aplicado corretamente, pode levar à reciclagem de até 90% dos componentes.

Nesse cenário, e trazendo o quanto discutido anteriormente, a regulamentação do inciso VI do *caput* do art. 33 e 56 da Política Nacional de Resíduos Sólidos vem para tentar reduzir os impactos ao meio ambiente que a produção de lixo eletrônico, no caso de placas solares, pode ocasionar quando do seu descarte.

Os módulos fotovoltaicos possuem uma vida útil de aproximadamente 30 anos, tempo este que, uma vez transcorrido, fará com que a produção de energia do painel seja pelo menos 80% da potência original[9]. Não obstante os avanços tecnológicos que estão sendo observados para com este tipo de tecnologia, considerada uma fonte de energia verde e sustentável, a sua produção resulta em uma grande demanda por metais e demais materiais para a produção das células fotovoltaicas, o que, consequentemente, resulta na produção de lixo eletrônico, causando um problema futuro com relação ao seu descarte.

Em se tratando do Brasil, tem-se que grande parte dos módulos aqui instalados ainda não atingiram este prazo, mas em breve atingirão, e, por mais que nem todos devam ser substituídos de pronto, é de rigor que se desenvolvam políticas

8 International Renewable Energy Agency. **Country Rankings**. Disponível em: https://www.irena.org/Data/View-data-by-topic/Capacity-and-Generation/Country-Rankings. Acesso em 12.08.2023

9 FERNÀNDEZ, Eloi Fernàndez. **O sol vai voltar amanhã**: um espectro de análises sobre a energia fotovoltaica / 1. Ed – Rio de Janeiro: Lexikon: Instituto de Energia da PUC – Rio,2020.

e métodos para que o seu descarte seja cada vez mais eficaz e menos nocivo ao meio ambiente. A disposição incorreta desse tipo de material pode representar um alto risco à saúde, humana e biota, de forma que a extração de materiais, o tratamento correto dos resíduos produzidos e opções para se recuperar a pureza dos materiais secundários utilizados em sua fabricação deverão ser contabilizados para que a indústria de produção de energia fotovoltaica possa produzir uma energia renovável, sustentável e facilitar a descarbonização da matriz elétrica mundial[10].

Para além dos benefícios ambientais da reciclagem e do reaproveitamento dos recursos que compõe as placas fotovoltaicas, não se pode olvidar o valor econômico dado aos resíduos sólidos desta categoria, tendo em vista os valiosos materiais que as compõem e que em grande parte podem ser recuperados. Isso porque, conforme estudo realizado por Gautam *et al.* (2022)[11], o valor agregado a resíduos solares pode chegar a 70% do valor de mercado destes painéis.

Nesse sentido, é de grande importância o fomento a investimentos que possam aumentar a eficiência e a tecnologia envolvida em processos de desmonte desses módulos, para que seja possível aumentar a capacidade de processamento de placas fotovoltaicas obsoletas e segregar a maior parte dos materiais em tempo hábil, de modo que o descarte futuro não se apresente como um problema tão grande quanto é enxergado hoje. Isso porque, mesmo considerando que o atual descarte de placas fotovoltaicas não reflete o montante que futuramente será descartado todos os anos, apenas 10% de todos os painéis fotovoltaicos são reciclados mundialmente.

A logística reversa, como já visto, é compreendida como uma ferramenta composta pelo conjunto de ações envolvendo o sistema de coleta, transporte, armazenamento, reciclagem e tratamento de produtos descartados no pós-consumo, apresentando-se como um instrumento que pode auxiliar na correta destinação dos resíduos produzidos a partir da inutilização de módulos fotovoltaicos.

10 BARTIE, N.J., COBOS-BECERRA, Y. L., FROHLING, M., SCHLATMANN, R., & REUTER, M. A. The resources, exergetic and environmental footprint of the silicon photovoltaic circular economy: Assessment and opportunities. **Resources, Conservation and Recycling**, 2021. Disponível em: https://doi.org/10.1016/j.resconrec.2021.105516. Acesso em 10.09.2023

11 Gautam, A., Shankar, R., & Vrat, P. (2022). **Managing end-of-life solar photovoltaic e-waste in India: A circular economy approach**. Journal of Business Research, 142, 287–300. Disponível em: . Acesso em 10.09.2023

Não à toa, em 2020 foi editado o Decreto nº 10.240/2020[12], por meio do qual regulamentou o inciso VI do *caput* do art. 33 e o art. 56 da Política Nacional dos Resíduos Sólidos, referente à implantação do sistema de logística reversa de produtos eletrônicos e seus componentes de uso doméstico.

Adotando uma estratégia muito similar com aquela utilizada pela Europa, via diretiva REEE 2012/19, não foi estabelecida uma norma específica para endereçar a logística reversa de painéis solares fotovoltaicos, mas a inclusão destes dentro do escopo legal de lixo eletrônico. Nesse contexto, o decreto estabelece prazos e responsabilidades para fabricantes, importadores, distribuidores e consumidores, bem como metas a serem atingidas visando implementar gradativamente a logística reversa em nível nacional.

Não se pode deixar de considerar que o Decreto, na forma em que foi pensado, elaborado e editado, apenas compreende a implementação de sistema de logística reversa de produtos eletroeletrônicos e seus componentes de uso doméstico, isto é, destinado ao uso próprio ou pessoal, residencial ou familiar, exclusivamente por pessoa física, dos produtos eletroeletrônicos de que trata. Significa dizer, então, que os resíduos abarcados pela geração distribuída fazem parte do plano de destinação final; entretanto, os resíduos da geração centralizada, ou seja, de usinas de grande porte, permanecem sem um respaldo regulatório para promover o gerenciamento dos resíduos sólidos fotovoltaicos produzidos por essas.

Conclusões

Conforme exposto nas seções anteriores, o setor de energia solar fotovoltaica nacional tem experimentado um crescimento notável nos últimos anos, com perspectiva de seguir crescendo. O número de usinas, abrangendo desde pequenos projetos em geração distribuída até grandes centrais de geração, tem aumentado significativamente. Diante desse cenário, é imperativo planejar minuciosamente a gestão de equipamentos fotovoltaicos quando estiverem obsoletos. Isso

12 BRASIL. **Decreto nº 10.240 de 12 de fevereiro de 2020.** (...) quanto à implementação de sistema de logística reversa de produtos eletroeletrônicos e seus componentes de uso doméstico. Disponível em: . Acesso em 10.08.2023

envolve a busca por alternativas para a implementação de programas que incentivem a destinação apropriada desses dispositivos, a investigação das melhores soluções para a utilização dos recursos, a recuperação do valor dos materiais contidos nos módulos, e a adoção de procedimentos adequados para o descarte responsável dos materiais que não possam ser recuperados.

Nesse sentido, a falta de planejamento e estudo na disposição final de módulos fotovoltaicos pode resultar em diversos produtos indesejados e nocivos à saúde humana e ao meio ambiente, de modo que a implementação de um sistema de manejo, desde a coleta até a disposição o final, tem muito a acrescer para a conservação do meio ambiente. O compartilhamento da responsabilidade por todos os agentes envolvidos em uma cadeia produtiva nada mais é que uma medida necessária à preservação do meio ambiente e à tentativa de garantias para que a sociedade de amanhã possa usufruir de tudo que a de hoje pôde, visando a um desenvolvimento sustentável.

Apesar do mercado de energia fotovoltaica ser relativamente novo no Brasil, fato é que este vem crescendo a passos largos, o que faz com que a instalação de módulos venha aumentando ano após ano. Assim, em que pese a extensa vida útil dos módulos, certo é que não só o tempo é responsável por inutilizá-las, estando exposta a outros fatores que acabam por deixá-las obsoletas, como falhas no transporte, na instalação, manuseio inadequado, entre outros. Quanto maior o número de placas produzidas, maior o número de resíduos sólidos dispostos destes equipamentos, sendo certo que, devido à toxicidade dos materiais que as compõem, deve se dar uma destinação final adequada a todos eles.

Por esta razão, a adoção de políticas como a logística reversa, prevista no Plano Nacional de Resíduos Sólidos, têm o condão de incentivar – e obrigar – todos os integrantes da cadeia relacionada aos painéis solares fotovoltaicos, inclusive os consumidores, a trabalharem para que os materiais possam ser reaproveitados ou reciclados, reduzindo a necessidade de exploração de novos recursos bem como a energia utilizada para fabricar novos módulos a partir de matéria prima bruta.

O Decreto nº 10.240/2020, então, vem para tentar suprir uma carência na legislação pátria que é o endereçamento de políticas que busquem introduzir a logística reversa para painéis solares fotovoltaicos. Apesar de ser uma política que de fato endereça a questão de logística reversa relacionada a painéis solares, este decreto apenas trata dos resíduos elétricos e eletrônicos domésticos, de modo que apenas os módulos voltaicos de geração distribuída são abrangidos por ele. Nesse sentido, é importante ressaltar que, após a vida útil de 30 anos das placas, elas permanecem funcionando com pelo menos 80% de suas cargas originais.

Tendo em vista que a geração distribuída é majoritariamente utilizada para a geração de energia *in loco* para utilização própria, certo é que a redução de 20% da carga inicial não parece ser motivo suficiente para que todos troquem de imediato as suas placas após decorrido o prazo inicial de sua vida útil. Assim, certo é que essa redução da carga afetará muito mais as companhias que se utilizam da energia solar como uma fonte de renda e que, consequentemente, dispõem de um número muito maior de placas solares fotovoltaicas para o exercício de suas atividades, bem como necessitam que todas produzam o máximo de energia possível. Dito isso, é imperioso que o Brasil adote a logística reversa como um instrumento econômico obrigatório a todos os módulos fotovoltaicos, independente de suas origens.

Conforme proposto pelo senador Carlos Viana, a Política Nacional de Resíduos Sólidos (Lei nº 12.305/2010) pode ser adaptada para incluir diretrizes específicas relacionadas à logística reversa de painéis solares e componentes relacionados em geral. Isso envolveria a definição de regras detalhadas para a coleta, transporte, armazenamento, tratamento e destinação adequada dos painéis solares no final de sua vida útil, além de incentivar novos negócios a buscarem se profissionalizar e aumentar a tecnologia embarcada no processo de desmancha dos módulos, aumentando a eficiência e reduzindo os custos da atividade.

Essa abordagem regulatória ajudaria a garantir que os painéis solares fotovoltaicos fossem gerenciados de maneira sustentável, promovendo a reciclagem e a redução dos impactos ambientais associados à sua disposição inadequada. Além disso, incentivaria a economia circular ao aproveitar os materiais e componentes dos painéis solares em novos ciclos de produção, contribuindo assim para a sustentabilidade do setor de energia solar.

Uma vez resolvida a questão regulatória por meio de um mecanismo bem definido, essencial para permitir que o Brasil gerencie sua questão de resíduos fotovoltaicos, o país terá que preparar sua infraestrutura para lidar adequadamente com o descarte dos módulos e, fundamentalmente, desenvolver indústrias que estejam tecnologicamente preparadas para processar com eficiência todas as fases de fim de vida relacionadas ao seu processamento, até sua destinação final.

Considerando os muitos desafios associados ao gerenciamento adequado dos resíduos solares fotovoltaicos em fim de vida útil, é certo que a reciclagem de painéis desta natureza pode proporcionar sustentabilidade ambiental e econômica ao criar novas oportunidades de negócios. Isso é corroborado pelo fato de que os custos financeiros, ambientais e de energia necessários para processar os materiais reciclados são muito menores do que os custos de extração da matéria-prima[13]. Os módulos fotovoltaicos atuais e futuros podem ser reciclados, e isso constitui uma oportunidade para pesquisadores e empresas que podem buscar produzir novos produtos.

A falta de manifestação de preocupação e a ausência de medidas concretas por parte do Brasil para lidar com os resíduos gerados quando os sistemas atuais atingirem o fim de sua vida útil podem ser explicadas em parte pelo fato de o país ter iniciado apenas recentemente a implementação em grande escala da energia fotovoltaica. Apesar disso, devemos aproveitar a janela que existe agora para desenvolver políticas e tecnologias capazes de suportar o grande número de módulos fotovoltaicos, que irá aumentar cada vez mais nos próximos anos.

Referências

CHOI J-K, Fthenakis V (2010) **Design and optimization of photovoltaics recycling infrastructure**. Environmental Science & Technology 44: 8678–8683. Disponível em: . Acesso em: 17.09.2023

CHOWDHURY, S., Rahman, K., Chowdhury, T., Nuthammachot, N., Techato, K., Akhtaruzzaman Tiong & Amin, N. (2020). **An overview of solar photovoltaic panels' end-of-life material recycling. Energy Strategy Reviews**, 27, Article 100431. Disponível em: . Acesso em: 10.09.2023

CLIMATEWATCH. **Global Historical Emissions**. Disponível em: https://www.climatewatchdata.org/ghg-emissions?breakBy=sector&end_year=2019&sectors=total-including-lucf%2Cenergy&start_year=1990. Acesso em 17.09.2023.

13 D'ADAMO, I., Miliacca, M., & Rosa, P. (2017). **Economic feasibility for recycling of waste crystalline silicon photovoltaic modules**. Hindawi: International Journal of Photoenergy. Disponível em: https://doi.org/10.1155/2017/4184676. Acesso em: 10.10.2023

EMILIO, Patrícia Raysel. **Política nacional de resíduos sólidos: o poder transformador e integrador da gestão jurídica dos resíduos sólidos.** Dissertação (Mestrado em Direito) - Pontifícia Universidade Católica de São Paulo, São Paulo, 2014. Disponível em: . Acesso em: 17.08.2023

EPE, Empresa de pesquisa energética. **Matriz Energética e Elétrica**. 2022. Disponível em: https://www.epe.gov.br/pt/abcdenergia/matriz-energetica-e-eletrica. Acesso em: 09.06.2023.

LEITE, Paulo Roberto. **Logística Reversa.** 1ª ed. São Paulo: Editora Saraiva, 2017.

MILARÉ, Édis. **Direito do ambiente**. 7ª ed. São Paulo: Revista dos Tribunais, 2011.

NELSON, Monteiro De Sousa, Clóvis Bosco Oliveira, Darliane Cunha, **Photovoltaic electronic waste in Brazil: Circular economy challenges, potential and obstacles, Social Sciences & Humanities Open**, Volume 7, Issue 1, 2023, 100456, ISSN 2590-2911. Disponível em: https://doi.org/10.1016/j.ssaho.2023.100456. https://www.sciencedirect.com/science/article/pii/S259029112300061X. Acesso em: 10.09.2023

NIERO, Thais. Ecycle website. Artigo: **Energia solar é renovável ou não renovável?**. 2022. Disponível em: https://www.ecycle.com.br/energia-solar-e-renovavel-ou-nao-renovavel/. Acesso em 24.08.2023

PEREIRA,Ênio Bueno; Fernando Ramos Martins; André Rodrigues Gonçalves;Rodrigo Santos Costa; Francisco J. Lopes de Lima; Ricardo Rüther; Samuel Luna de Abreu; Gerson Máximo Tiepolo; Silvia Vitorino Pereira; Jefferson Gonçalves de Souza -**Atlas brasileiro de energia solar** / 2.ed. - São José dos Campos : INPE, 2017.88p.: il. (E-BOOK). Disponível em: https://cenariossolar.editorabrasilenergia.com.br/wp-content/uploads/sites/8/2020/11/Atlas_Brasileiro_Energia_Solar_2a_Edicao_compressed.pdf. Acesso em: 15.08.2023

TIISEL, Fernanda Leopoldina Dutra Brandani. **Política nacional de resíduos sólidos: a efetividade do sistema de logística reversa na gestão de equipamentos de TI e comunicação**. 2019. 134 f. Dissertação (Mestrado em Direito) - Programa de Estudos Pós-Graduados em Direito, Pontifícia Universidade Católica de São Paulo, São Paulo, 2019. Disponível em: . Acesso em: 15.08.2023

CAPÍTULO 3

PLANEJAMENTO TRIBUTÁRIO SOB O PRISMA DA CONSTITUIÇÃO FEDERAL DE 1988: O CONFRONTO ENTRE O DEVER FUDAMENTAL DE PAGAR TRIBUTOS E O DIREITO CONSTITUCIONAL À AUTO-ORGANIZAÇÃO[1]

George Henrique Djehdian

Introdução

De acordo com estudo realizado pelo Instituto Brasileiro de Planejamento Tributário, o Brasil é um dos 30 países que mais cobram tributos de sua população.[2] Apenas nos primeiros dois meses de 2023, o País arrecadou R$ 500 bilhões em impostos.[3]

1 Artigo elaborado a partir da monografia apresentada ao Núcleo de Monografia Jurídica de Direito da PUC-SP, sob orientação do Professor Eduardo Martines Junior.

2 MINKE, Paloma. **Brasil tem Alta Carga Tributária, mas continua oferecendo menor retorno à população**, 2021. Disponível em: https://ibpt.com.br/brasil-tem-alta-carga-tributaria-mas-continua-oferecendo-menor-retorno-a-populacao/. Acesso em: 20 de abril de 2023.

3 AMARAL, Talita; NASCIMENTO, Jairo. **Impostômetro atinge a marca de R$ 500 bilhões em 2023, diz associação**. Disponível em: https://www.cnnbrasil.com.br/economia/impostometro-atinge-a-marca-de-r-500bilhoes-em-2023-diz-associacao/. Acesso em: 20 de abril de 2023.

Devido a esse cenário, a carga fiscal é sempre um elemento sopesado pelas empresas no momento de estruturar as suas operações. Afinal de contas, como as empresas sempre estão em busca de lucro, é natural que elas sempre elejam praticar suas transações da maneira mais tributariamente eficiente.

Em que pese o planejamento tributário - qualquer ato de reduzir, postergar ou evitar a tributação - representar o cotidiano de muitas empresas, questiona-se se tal conduta seria válida perante a Constituição Federal de 1988, dado que o Brasil é um Estado Social Democrático de Direito que precisa arrecadar receita de tributos para efetivar diversos direitos fundamentais previstos na Constituição Federal de 1988.

Nesse contexto, com o objetivo de responder essa questão, o presente trabalho, que se baseia em método de análise teórico e prático através de um procedimento jurídico-descritivo, abordará:

1. em seu primeiro capítulo, análise da existência ou não do dever fundamental de pagar tributos sob a ótica da Constituição Federal de 1988;
2. em seu segundo capítulo, análise da existência de um direito constitucional à auto-organização;
3. em seu terceiro capítulo, análise de como a doutrina e jurisprudência têm realizado o sopesamento entre a existência do dever fundamental de pagar tributos e o direito constitucional à auto-organização; e
4. por fim, no quarto capítulo, será analisada a Ação Direta de Inconstitucionalidade nº 2.246, mais recente julgado do Supremo Tribunal Federal acerca dos limites do planejamento tributário, com o fim de verificar se existe ou não um posicionamento do Tribunal sobre o tema ora em análise.

Com isso, espera-se concluir (a) pela existência ou não de um dever fundamental de pagar tributos e de um direito constitucional à auto-organização; bem como (b), caso entenda-se pela existência de ambos sob o prisma da Constituição Federal de 1988, como deve ser feito o sopesamento na aplicação deles em casos concretos.

1. Dever fundamental de pagar tributos

Em 1998, foi publicada a primeira edição do livro "O Dever Fundamental de Pagar Impostos – Contributo para a compreensão constitucional do estado fiscal contemporâneo" de José Casalta Nabais, professor da Universidade de Coimbra.[4]

Nessa obra, o professor luso recupera um dos temas mais esquecidos pela doutrina constitucional contemporânea: o tema dos deveres fundamentais.

Esse esquecimento, segundo Casalta Nabais, é fruto das constituições que foram editadas após os regimes ditatoriais, as quais se preocuparam sobremaneira com os direitos fundamentais e limites ao poder, deixando na sombra a disciplina acerca dos deveres fundamentais.[5]

No entanto, o fato de os deveres fundamentais não disporem de um regime constitucional minimamente parecido com o previsto para os direitos fundamentais não diminui sua importância no ordenamento jurídico. Muito pelo contrário. Eles são essenciais para o correto funcionamento de uma comunidade política.

Isso porque são deveres para com o Estado ligados diretamente à realização de valores assumidos pela comunidade. Nas palavras de Nabais, deveres fundamentais "são deveres jurídicos do homem e do cidadão que, por determinarem a posição fundamental do indivíduo, têm especial significado para a comunidade e podem por esta ser exigidos."[6]

Como exemplo de deveres fundamentais intimamente associados ao funcionamento democrático e econômico da comunidade, o autor cita o dever de voto, o dever do serviço militar e o dever de pagar tributos.

Esse último, segundo ele, teria sua previsão implícita nas constituições que, assim como a Constituição Portuguesa de 1976, preveem um Estado Fiscal – isto é, um Estado financiado essencialmente pela cobrança de impostos.[7]

Isso porque, nos Estados Fiscais, a tributação configura o meio que possibilita ao Estado cumprir os seus objetivos e tarefas, de sorte que o imposto

4 NABAIS, José Casalta. **O dever Fundamental de Pagar Impostos**. Coimbra: Almedina. 1988.

5 NABAIS, José Casalta. **O dever Fundamental de Pagar Impostos**. Coimbra: Almedina. 1988. p. 24.

6 NABAIS, José Casalta. **O dever Fundamental de Pagar Impostos**. Coimbra: Almedina. 1988. p. 64.

7 NABAIS, José Casalta. **O dever Fundamental de Pagar Impostos**. Coimbra: Almedina, 1998. p. 212.

constitui o preço a ser pago pela manutenção da sociedade civilizada, sendo ínsito, portanto, à ideia de cidadania.

Se o Estado for incapaz de financiar com o dinheiro dos impostos os tribunais e seus funcionários, por exemplo, de nada valem os direitos, pois eles não poderão ser defendidos. Da mesma forma, de nada vale a propriedade privada se não for possível manter, com o dinheiro dos impostos, a polícia para defendê-la. Daí se dizer que o imposto realmente é o preço a ser pago em um Estado Fiscal para se viver em uma sociedade civilizada.[8]

Apesar dessa tese ter sido desenvolvida com o pano de fundo da Constituição Portuguesa de 1976, os tribunais superiores brasileiros têm, desde 2010, fundamentado algumas de suas decisões no dever fundamental de pagar tributos, sob a justificativa de que tal dever também estaria enraizado na Constituição Federal de 1988.

Com efeito, a tese do "dever fundamental de pagar tributos"[9] já foi invocada pelo Superior Tribunal Federal (STF) em inúmeras oportunidades, sendo algumas delas: (a) para considerar constitucional a quebra do sigilo bancário em favor da administração pública, prevista nos artigos 5º e 6º da Lei Complementar nº 105/2001[10] (b) para manter a exigibilidade tributária do ISSQN nos casos em que entidade imune atuava como substitua ou responsável tributária de contribuinte não imune[11]; e (c) para validar montante de multa prevista na legislação tributária.[12]

8 HOLMES, Stephen; SUNSTEIN, Cass R. **The Cost of Rights: Why Liberty Depends on Taxes.** W.W. Norton & Company, New York. London. 2000. P. 13.

9 Por mais que a doutrina de Casalta Nabais se refira a um dever fundamental de pagar impostos, defende-se que existe no Brasil, na verdade, um dever fundamental de pagar tributos, e não só de impostos. Essa linha de pensamento se pauta na concepção de que as contribuições sociais passaram a ser utilizadas estruturalmente como impostos no Brasil, por financiarem despesas indivisíveis do Estado.

10 BRASIL, Supremo Tribunal Federal. RE 601314/SP – Recurso Extraordinário, Rel. Min. Edson Fachin. DJe. Brasília, 24/02/2016. Inteiro Teor do Acórdão, p. 137-139. Disponível em: https://portal.stf.jus.br/processos/detalhe.asp?incidente=2689108. Acesso em 08 de agosto de 2023

11 BRASIL, Supremo Tribunal Federal. ARE 991.204/SP – Recurso Extraordinário com Agravo, Rel. Min. Edson Fachin. DJe. Brasília, 13/09/2016. Disponível em: https://portal.stf.jus.br/processos/detalhe.asp?incidente=5039015. Acesso em: 11 de agosto de 2023.

12 BRASIL, Supremo Tribunal Federal. RE 775401/MG – Recurso Extraordinário, Rel. Roberto Barroso. DJe. Brasília, 13/03/2014. Disponível em: https://portal.stf.jus.br/processos/detalhe.asp?incidente=4472998. Acesso em 24 de agosto de 2023.

2. Direito constitucional à auto-organização

Como abordado no capítulo anterior, existe o dever constitucional de pagar tributos no Brasil, especialmente pelo País ser um Estado Fiscal.

Nesse modelo de Estado, existe uma divisão pela qual este cuida da política, enquanto a sociedade civil ocupa-se da economia.[13] Isso fica muito claro na Constituição Federal de 1988 a partir da análise de seu artigo 173, o qual consagra o princípio da subsidiariedade do Estado no campo econômico, ao dispor que, ressalvados os casos dispostos na própria Carta Magna, "a exploração direta da atividade econômica pelo Estado só será permitida quando necessária aos imperativos da segurança nacional ou a relevante interesse coletivo".

É justamente em razão de o setor particular dominar a economia que o poder público se volta às economias privadas para obter os recursos necessários para cumprir suas tarefas.

Evidentemente, a opção do legislador constituinte, ao determinar que o Estado deve estar separado da economia, foi pelo sistema econômico capitalista e pela economia de mercado, em que é dado aos agentes econômicos ampla margem de liberdade de atuação na produção material de riquezas.

Essa liberdade econômica pode ser verificada na Constituição de 1988 através dos seguintes dispositivos legais: (**a**) no *caput* do artigo 170, que estabelece o princípio da livre iniciativa; e (**b**) no inciso IV do artigo 170, que preconiza o princípio da livre concorrência.

Enquanto o princípio da livre iniciativa estabelece a liberdade para que todas as pessoas iniciem e desenvolvam atividades produtivas na sociedade, o princípio da livre concorrência, ao garantir a concorrência, faz com que os agentes econômicos procurem sempre reduzir cada vez mais os gastos na fabricação desses produtos ou prestação desses serviços para, consequentemente, abaixar os preços destes sem perder margem de lucro.

Em outras palavras, o constituinte previu que os cidadãos possuem ampla liberdade para iniciar e desenvolver atividades produtivas, bem como as organizar de modo a reduzir ao máximo os custos de seus produtos ou serviços.

[13] GODOI, Marciano Seabra. **Dever Fundamental de Pagar Impostos: O Que Realmente Significa e Como Vem Influenciando a Nossa Jurisprudência?** Belo Horizonte: Editora D'Plácido, 2022. p. 195.

Em vista disso, não há outra conclusão possível a não ser a de que existe um direito constitucional à auto-organização.

3. Sopesamento entre a existência do dever fundamental de pagar tributos e o direito constitucional à auto-organização no campo do planejamento tributário

Estabelecida a existência de um dever fundamental de pagar tributos e de um direito constitucional à auto-organização na Constituição Federal de 1988, cabe ponderar a respeito de como deve ser feito o sopesamento entre ambos no campo do planejamento tributário.

Por ainda não haver manifestação inequívoca do Poder Judiciário ou Legislativo acerca daquilo que se considera como elisão fiscal (planejamento tributário lícito) e evasão fiscal (planejamento tributário ilícito), observa-se que a validade dos planejamentos tributários dos contribuintes está sujeita à ideologia do seu respectivo intérprete.

Com efeito, a experiência demonstra que (i) se o intérprete vê o tributo como agressão ao seu patrimônio individual, por ter desconfiança do Estado, ele entenderá que poucos devem ser os limites ao planejamento tributário; (ii) se, por outro lado, o intérprete ver o tributo como dever fundamental do cidadão, por ser o instrumento para que o Estado possa cumprir sua função social, maior será a gama de limites ao planejamento tributário.[14]

Isso é uma decorrência lógica do fato de que o intérprete não é autômato. Ele integra o processo hermenêutico com sua pré-compreensão. Sua experiência, carga pessoal e vivência são elementos inerentes ao processo de interpretação do texto legal.[15]

Conforme será demonstrado a seguir, a predominância entre essas ideologias na jurisprudência administrativa tributária foi muito bem delineada por Marco Aurélio Greco, que, em busca de trazer claridade ao tema, aponta que,

[14] GRECO, Marco Aurélio. **Planejamento Tributário**. 4 ed. São Paulo: Quartier Latin, 2019. p. 311.

[15] GRECO, Marco Aurélio. **Planejamento Tributário**. 4 ed. São Paulo: Quartier Latin, 2019. p. 506.

(a) até o começo dos anos 2000, a ideologia predominante era a de que o tributo seria uma agressão ao patrimônio individual – a qual denominou de 1ª Fase: Liberdade, salvo simulação; (b) enquanto no desenrolar dos anos 2000, passou a prevalecer a visão do imposto como contributo fundamental – a qual denominou de 2ª Fase: Liberdade, salvo patologias.[16]

3.1. 1ª fase do planejamento tributário: predominância do direito constitucional à auto-organização

Marco Aurélio Greco aponta que a ideologia predominante daqueles que defendem a 1ª Fase do Planejamento Tributário é a visão do tributo como agressão ao patrimônio individual.[17]

Por entenderem a tributação como uma invasão do Estado, os adeptos a essa perspectiva defendem a liberdade absoluta dentro do planejamento tributário, em função da qual os indivíduos são livres para dispor da forma que quiserem de seus negócios, exceto se os atos forem ilícitos, realizados depois do fato gerador ou simulados.

Sob essa perspectiva, caberia, na verdade, ao legislador identificar e regular cada situação fática que seja considerada como forma abusiva de planejamento tributário. Não caberia ao intérprete requalificar os atos não simulados, lícitos e ocorridos antes do fato gerador que forem praticados pelo contribuinte, mas sim ao legislador criar leis sobre cada ato ou negócio jurídico que gere efeitos fiscais não desejados pelo ordenamento jurídico.

Essa visão de tributo como agressão na 1ª Fase culmina na defesa da legalidade estrita e tipicidade fechada em matéria de Direito Tributário.

Significa dizer que, na 1ª fase, o entendimento que predominava era o de que as normas tributárias teriam um desenho fechado, de modo que os termos da legislação deveriam ser interpretados quase literalmente. Isso porque, se o indivíduo aceitou ser agredido no seu patrimônio, só o aceitou naquilo de que não pode escapar.[18]

16 GRECO, Marco Aurélio. **Planejamento Tributário**. 4 ed. São Paulo: Quartier Latin, 2019. p. 141.

17 Aires F. Barreto, Alberto Xavier, André Mendes Moreira, Cristiano Carvalho, Ives Gandra da Silva Martins, Hugo de Brito Machado, Martha Tobias Leão, Paulo de Barros Carvalho e Paulo Ayres Barreto são alguns dos doutrinadores que sustentam essa posição.

18 GRECO, Marco Aurélio. **Planejamento Tributário**. 4 ed. São Paulo: Quartier Latin, 2019. p. 146.

Ora, se é verdade que o Fisco só pode cobrar mediante a literalidade da norma tributária, poderia-se dizer que tudo aquilo que não for alcançado por esta será considerado uma lacuna no ordenamento jurídico, na qual o contribuinte poderá agir sem objeção das autoridades fiscais.[19]

É justamente essa a visão utilizada na 1ª Fase para defender a ilegalidade de se impossibilitar planejamento tributário que ocorra dentro da máxima: o que não é proibido é permitido. Veja-se acórdão do antigo Conselho de Contribuintes nesse sentido:

> IRPF - GANHOS DE CAPITAL - SIMULAÇÃO - **Para que se possa caracterizar a simulação**, em atos jurídicos, **é indispensável que os atos praticados não pudessem ser realizados, fosse por vedação legal ou por qualquer outra razão.** Se não existia impedimento para a realização de aumentos de capital, a efetivação de incorporação e decisões, tal como realizadas e cada um dos atos praticados não é de natureza[20] (grifo nosso)

Esse entendimento só não se sustenta na 1ª Fase nos casos em que atos praticados pelo contribuinte com o objetivo de reduzir, evitar ou postergar seus deveres tributários forem ilícitos, simulados, ou realizados depois do fato gerador. Registre-se que, na 1ª Fase, ainda estava vigente o Código Civil Brasileiro de 1916, no qual o conceito de simulação (tanto absoluta quanto relativa) era entendido como um vício de vontade.

3.2. 2ª fase do planejamento tributário: liberdade, salvo patologias

A 2ª Fase do Planejamento Tributário, denominada por Marco Aurélio Greco como "liberdade, salvo patologias", é a atual fase em que a jurisprudência administrativa tributária se encontra.

---

19 GRECO, Marco Aurélio. **Planejamento Tributário**. 4 ed. São Paulo: Quartier Latin, 2019. p. 150.

20 BRASIL. Acórdão nº 106-09.343, Processo nº 13884.000029/95-33, Sexta Câmara do Primeiro Conselho de Contribuintes, Rel. Conselheiro GENÉSIO DESCHAMPS, Sessão de 18.09.1997. Disponível em: Conselho Administrativo de Recursos Fiscais (fazenda.gov.br).

Nela, o tributo deixou de ser visto como uma agressão ao patrimônio individual do contribuinte e passou a ser visto como um dever fundamental do cidadão – por representar o instrumento pelo qual o Estado consegue cumprir sua função social.

Essa nova visão se traduz, no campo do planejamento tributário, na necessidade de ponderação do direito de auto-organização do contribuinte com seu dever fundamental de pagar tributos.

Daí dizer que, diferentemente do defendido na 1ª Fase do Planejamento Tributário, o contribuinte não tem mais o direito de realizar planejamentos tributários dentro da máxima "o que não é proibido é permitido". Na 2ª Fase do Planejamento Tributário, mais limites são atribuídos à essas operações.

Nessa fase, além da simulação, que já era tratada como um limite na 1ª Fase do Planejamento Tributário, o abuso de forma, fraude à lei e o abuso de direito são outras patologias do negócio jurídico que são utilizadas para desconsiderar os planejamentos tributários realizados pelos contribuintes. A seguir, definimos cada uma dessas patologias.

A) SIMULAÇÃO - CÓDIGO CIVIL DE 2002

Como visto anteriormente, na 1ª Fase, época que estava vigente o Código Civil de 1916, predominava o entendimento de que a simulação seria um vício de vontade.

Na 2ª Fase, esse entendimento muda. Passou-se a entender que a simulação seria, na verdade, um vício de causa, em razão da publicação do Código Civil de 2002, que alterou as disposições relativas a esse defeito do negócio jurídico.

Com esse novo Diploma, deixou de ser relevante indagar sobre a intenção subjacente ao negócio (aspecto subjetivo do acordo de vontades); agora, importa simulação apenas a presença dos elementos objetivos previstos na norma.

E, de acordo com a parte majoritária da doutrina civilista, tais elementos objetivos, refletidos no parágrafo 1º do artigo 167 do Código Civil de 2002, estarão presentes nas situações em que se verifica uma incompatibilidade entre a finalidade típica (causa abstrata) e o fim visado pelas partes (causa concreta).[21]

[21] FERRAZ JUNIOR, Tercio Sampaio. **Simulação e negócio jurídico indireto no direito tributário e à luz do novo código civil.** Revista Fórum de Direito Tributário, v. 48, Belo Horizonte: Fórum, 2010, p. 9-25.

Se, por exemplo, em um negócio denominado "de compra e venda", o bem for trocado por quantidade absolutamente irrisória de dinheiro (preço simbólico), seria possível falar em simulação, tendo em vista que haveria uma divergência inconciliável entre a função do tipo negocial de compra e venda (relação bilateral ou sinalagmática que se exprime pela troca entre coisa e preço) e o resultado prático pretendido pelas partes (relação unilateral ou não sinalagmática que se exprime pela entrega da coisa).

B) ABUSO DE DIREITO

As autoridades fiscais têm entendido que haveria situações em que restaria configurado abuso do direito de auto-organização pelos contribuintes.

Tal abuso teria (i) um aspecto objetivo, decorrente da distorção do perfil do instituto de direito privado; e (ii) um aspecto subjetivo, decorrente dos motivos que levaram à prática do ato ou negócio jurídico.[22]

Note que o aspecto objetivo, pela definição apresentada acima, está contido no conceito de simulação da 2ª Fase do Planejamento Tributário – visto que esta é entendida como a dissonância entre causa concreta e causa abstrata do negócio jurídico.

Já o aspecto subjetivo do abuso do direito de auto-organização, por outro lado, não está contido no conceito de simulação. Ele demanda que haja uma justificativa extratributária para que o direito de auto-organização possa ser exercido. É o que a jurisprudência administrativa tributária tem chamado de propósito negocial.

C) ABUSO DE FORMA

O abuso de forma pode ser verificado quando há desnaturação de um dos elementos essenciais do negócio jurídico. Em outras palavras, temos abuso de forma quando as formas jurídicas são utilizadas em desvirtuamento de sua causa típica, com uma deformação artificial de sua finalidade jurídica.

Note que, pela definição apresentada acima, não há outra conclusão senão a de que, quando estivermos diante de abuso de forma, estaremos diante de simulação. Ora, se simulação, como abordado anteriormente, é entendida como a

22 GRECO, Marco Aurélio. **Planejamento Tributário**. 3 ed. São Paulo: Dialética, 2011. p. 233.

dissonância entre causa concreta e causa abstrata do negócio jurídico, resta claro que o abuso de forma estaria contido nela. Este, inclusive, é o entendimento de Marco Aurélio Greco. [23]

D) FRAUDE À LEI

A fraude à lei se verifica quando as partes burlam norma cogente para atingir fim por ela não amparado.

Um exemplo de fraude à lei seria uma empresa com prejuízos fiscais incorporar outra lucrativa apenas com o propósito de evitar a aplicação do artigo 33 do Decreto-Lei nº 2.341/1987 – regra antielisiva que veda a transferência de prejuízos fiscais quando a empresa incorporada é a que tem o prejuízo fiscal.

4. Apontamentos sobre a ADI nº 2.246

Em que pese a 2ª Fase do Planejamento Tributário, abordada acima, ser a posição preponderantemente defendida hoje pelas autoridades administrativas e órgãos julgadores, fato é que o tema ainda pende de pacificação pelos Tribunais Superiores.

Sobre o tema, o julgado mais recente do STF é a Ação Direta de Inconstitucionalidade nº 2.446 ("ADI nº 2.446")[24], que questionou a constitucionalidade do parágrafo único do artigo 116 do Código Tributário Nacional ("CTN"), o qual prevê a possibilidade de desconsideração de negócios jurídicos para fins fiscais quando reste configurada dissimulação.

Nesse julgado, os Ministros do STF reconheceram a liberdade do contribuinte de organizar seus negócios, mesmo que seu objetivo seja a de economia de tributos. No entanto, o Tribunal entendeu que, assim como todo direito constitucional, o direito à auto-organização não é absoluto. Existem limites a esse direito.

[23] GRECO, Marco Aurélio. **Planejamento Tributário**. 3 ed. São Paulo: Dialética, 2011. p. 285.

[24] BRASIL. Acórdão nº 106-09.343, Processo nº 13884.000029/95-33, Sexta Câmara do Primeiro Conselho de Contribuintes, Rel. Conseheiro GENÉSIO DESCHAMPS, Sessão de 18.09.1997. Disponível em: Conselho Administrativo de Recursos Fiscais (fazenda.gov.br).

A Ministra Relatora Cármen Lúcia, em seu voto, afirmou que o contribuinte poderia evitar de forma lícita o pagamento de tributo, desde que utilize "vias legítimas" e "comportamentos coerentes com a ordem jurídica".

Note que os termos utilizados pela relatora, destacados acima, são demasiadamente abstratos, de modo a dificultar a qualificação de atos praticados pelos contribuintes como legítimos ou ilegítimos à luz desse entendimento.

Com efeito, a depender da leitura que se faça dos votos, diversas podem ser as interpretações sobre o que restou decidido pela Suprema Corte.

Isso fica evidente, por exemplo, ao analisarmos a teoria de Sampaio Dória.[25] Nela, o autor prescreve que o abuso de formas seria um limite ao planejamento tributário, pois é um ato ilícito que estava contido no conceito de simulação previsto no art. 149, VII, do CTN. Partindo desta teoria, poderia-se dizer que a decisão do STF, ao estabelecer os atos ilícitos como limites ao planejamento tributário, teria convalidado que o abuso de formas é um limite ao planejamento tributário.

De outra parte, existem doutrinadores, como Helenilson Pontes, que sustentam que o STF, no julgamento da ADI nº 2.246, teria, na verdade, repudiado a desconsideração de atos com base na tese de abuso de forma e de direito, ao estipular que o planejamento tributário lícito é permitido.[26]

Note, portanto, apesar de a ADI nº 2.246 ser um importante julgado sobre o tema, fato é que as conclusões alcançadas pelo STF ainda não são suficientes para a solução de casos concretos sobre a legitimidade de planejamentos tributários.

Conclusões

O presente trabalho se propôs a investigar o embate entre o dever constitucional de pagar tributos e o direito constitucional à auto-organização, com o objetivo

[25] ROCHA, Sérgio André. **Planejamento Tributário na Obra de Marco Aurélio Greco**. 2 ed. Rio de Janeiro: Lumen Juris, 2022. p. 175.

[26] PONTES, Helenilson. **O Planejamento Tributário na visão do STF: a ADI 2.446**. Disponível em: https://www.conjur.com.br/2020-jul-22/consultor-tributario-planejamento-tributario-visao-stf-adi-2446. Acesso em: 10/08/2023.

de entender como deve ser feito o sopesamento entre ambos sob o prisma da Constituição Federal de 1988.

Em primeiro lugar, vimos que, pelo fato de o Brasil ser um Estado Fiscal, existe um dever fundamental de pagar tributos no País – tendo o STF, inclusive, reiterado esse ponto em diversas oportunidades.

Em segundo lugar, concluímos que, por a Constituição Federal de 1988 ter optado pelo sistema capitalista e ter adotado o princípio da livre concorrência e da livre iniciativa, o constituinte teria previsto ampla liberdade para que seus cidadãos iniciassem e desenvolvessem atividades produtivas, bem como as organizassem de modo a reduzir ao máximo os custos de seus produtos ou serviços, de modo que haveria também no Brasil um direito constitucional à auto-organização.

Esse direito constitucional à auto-organização, contudo, assim como todo direito, não é absoluto. Ele tem seus limites.

Atualmente, a jurisprudência administrativa tributária entende que tal direito deve ser sopesado com o dever fundamental de pagar tributos, de modo que determinado planejamento tributário só será considerado lícito se consistir em ato de diminuir, postergar ou evitar dever tributário que reste verificado que (a) não houve dissonância entre a causa abstrata e a causa concreta do negócio jurídico; (b) existem motivos extratributários para a realização de tal ato; e (c) não burlou norma cogente para atingir fim por ela não amparado.

Em que pese essa ser posição preponderantemente defendida hoje pelas autoridades administrativas e órgãos julgadores, fato é que o tema ainda pende de pacificação pelos Tribunais Superiores.

Referências

AMARAL, Talita; NASCIMENTO, Jairo. **Impostômetro atinge a marca de R$ 500 bilhões em 2023, diz associação.** Disponível em: https://www.cnnbrasil.com.br/economia/impostometro-atinge-a-marca-de-r-500bilhoes-em-2023-diz-associacao/. Acesso em: 20 de abril de 2023.

BETTI, Emilio. **Teoria Geral do Negócio Jurídico**. Campinas: Servanda, 2008.

FERRAZ JUNIOR, Tercio Sampaio. **Simulação e negócio jurídico indireto no direito tributário e à luz do novo código civil.** Revista Fórum de Direito Tributário, v. 48, Belo Horizonte: Fórum, 2010.

GODOI, Marciano Seabra (Coord.). **Dever Fundamental de Pagar Impostos: O Que Realmente Significa e Como Vem Influenciando a Nossa Jurisprudência?** Belo Horizonte: Editora D'Plácido, 2022.

GRECO, Marco Aurélio. **Planejamento Tributário.** 4 ed. São Paulo: Quartier Latin, 2019.

HOLMES, Stephen; SUNSTEIN, Cass R. **The Cost of Rights. Why Liberty Depends on Taxes.** W.W. Norton & Company, New York: London, 2000.

MACHADO, Hugo de Brito. **Elisão e Evasão de Tributos.** In: YAMASHITA, Douglas (Coord.). Planejamento Tributário à Luz da Jurisprudência. São Paulo: Lex, 2007.

MINKE, Paloma. **Brasil tem Alta Carga Tributária, mas continua oferecendo menor retorno à população**, 2021. Disponível em: https://ibpt.com.br/brasil-tem-alta-carga-tributaria-mas-continua-oferecendo-menor-retorno-a-populacao/. Acesso em: 20 de abril de 2023.

NABAIS, José Casalta. **O dever Fundamental de Pagar Impostos.** Coimbra: Almedina. 1988.

OLIVEIRA, Ricardo Mariz. **Simulação no Código Tributário Nacional e na Prática.** Revista Direito Tributário Atual, São Paulo, n. 27, 2012.

PONTES, Helenilson. **O Planejamento Tributário na visão do STF: a ADI 2.446.** Disponível em: https://www.conjur.com.br/2020-jul-22/consultor-tributario-planejamento-tributario-visao-stf-adi-2446. Acesso em: 10/08/2023.

ROCHA, Sérgio André. **Planejamento Tributário na Obra de Marco Aurélio Greco.** 2 ed. Rio de Janeiro: Lumen Juris, 2022.

ROCHA, Valdir de Oliveira (Coord.). **Grandes Questões Atuais do Direito Tributário**: 10º Volume. São Paulo: Dialética, 2006.

Jurisprudência

BRASIL, Supremo Tribunal Federal. RE 601314/SP – Recurso Extraordinário, Rel. Min. Edson Fachin. DJe. Brasília, 24/02/2016. Disponível em: https://portal.stf.jus.br/processos/detalhe.asp?incidente=2689108. Acesso em 08 de agosto de 2023.

BRASIL, Supremo Tribunal Federal. ADI 2246/SP – Ação Direta de Inconstitucionalidade, Rel. Carmén Lúcia. DJe. Brasília, 27/04/2022. Disponível em: https://portal.stf.jus.br/processos/detalhe.asp?incidente=1930159. Acesso em 08 de agosto de 2023.

BRASIL, Supremo Tribunal Federal. ARE 991.204/SP – Recurso Extraordinário com Agravo, Rel. Min. Edson Fachin. DJe. Brasília, 13/09/2016. Disponível em: https://portal.stf.jus.br/processos/detalhe.asp?incidente=5039015. Acesso em: 11 de agosto de 2023.

BRASIL, Supremo Tribunal Federal. RE 775401/MG – Recurso Extraordinário, Rel. Roberto Barroso. DJe. Brasília, 13/03/2014. Disponível em: https://portal.stf.jus.br/processos/detalhe.asp?incidente=4472998. Acesso em 24 de agosto de 2023.

BRASIL. Acórdão nº 106-09.343, Processo nº 13884.000029/95-33, Sexta Câmara do Primeiro Conselho de Contribuintes, Rel. Conselheiro GENÉSIO DESCHAMPS, Sessão de 18.09.1997. Disponível em: Conselho Administrativo de Recursos Fiscais (fazenda.gov.br).

PARTE II

DIREITO CONTRATUAL E PROCESSUAL

CAPÍTULO 4

A EXEQUIBILIDADE DO ACORDO DE CONFIDENCIALIDADE EM CASOS DE DESCUMPRIMENTO NAS RELAÇÕES CONTRATUAIS EMPRESARIAIS[1]

Ilberto da Silva Junior

Introdução

O contrato é fundamental para regular direitos entre as partes, sendo a principal forma de autonomia entre elas e principalmente das empresas. O contrato é responsável pela criação, modificação e extinção de direitos e está inserido no mundo empresarial.

Destaca-se a relevância dos contratos de confidencialidade na proteção de informações sensíveis, especialmente em fusões, aquisições e acordos de cooperação. Assim, busca-se responder a seguinte indagação: o acordo de confidencialidade possui exequibilidade nas relações por ele pactuadas em que ocorre descumprimento?

O Objetivo geral deste trabalho é responder este questionamento. Possui como objetivos específicos abordar os tipos de contratos existentes, que possuem autonomia negocial ampliada ou reduzida, a depender de sua natureza.

[1] Artigo elaborado a partir da monografia apresentada ao Núcleo de Monografia Jurídica da Faculdade de Direito da PUC-SP, sob a orientação do Professor Doutor Marcelo Guedes Nunes.

Busca também fazer a análise dos contratos de confidencialidade que possibilitam a transferência de informações nas operações de M&A.

Utilizou-se o método de abordagem dedutivo, procedimento monográfico e técnicas de pesquisa bibliográfica e documental. Dividiu-se o trabalho em duas partes, sendo a primeira sobre negócios jurídicos e o contrato e a segunda sobre casos de descumprimento e indenização.

1. Negócios jurídicos e o contrato

Os negócios jurídicos no direito privado possuem a função de servirem como meio de atuação das pessoas na esfera de sua autonomia privada. É por meio deles que os particulares determinam as regras e delimitam os interesses das obrigações às quais escolheram se subordinar. Assim, verifica-se a forte relação entre o negócio jurídico e a autonomia privada, uma vez que o primeiro é o instrumento que possibilita a concretização da autodeterminação das partes[2].

Porém, para que esse poder de escolha seja eficaz, faz-se necessária a "autonomia da vontade", que envolve a capacidade civil do agente de autodeterminar as relações jurídicas nas quais ele estará envolvido. A capacidade jurídica ou de direito encontra-se vinculada à personalidade jurídica, uma vez que a personalidade é um atributo que consiste na aptidão para o desempenho de uma determinada atividade jurídica, como adquirir direitos, extinguir direitos e contrair obrigações. Em contrapartida, a capacidade abordada se refere à capacidade de exercer os atos da vida civil, não se confundindo com o direito ou gozo[3].

Os negócios jurídicos plurilaterais, em geral, empregam diferentes termos, mas que devem ser observados quanto à sua realidade fática. O correto emprego da palavra "contrato" se enquadra na designação do negócio bilateral, na qual se pretenda obter a criação de um vínculo de cunho obrigacional. Some-se a isso o fato de a criação do contrato ocorrer com o encontro de duas declarações de

2 GOMES, Orlando. **Introdução ao Direito Civil**. 18ª ed. Rio de Janeiro: Forense, 2001, p. 264.

3 GONÇALVEZ, Carlos Roberto. **Direito Civil Brasileiro**. Volume 3: Contratos e atos unilaterais. 11 Ed. São Paulo: Saraiva, 2014, p. 48.

autonomia privada, que se uniram para um fim comum: criar, extinguir ou mesmo regular alguma relação jurídica patrimonial entre as partes[4].

A análise do negócio jurídico requer a compatibilização não apenas dos elementos mencionados, mas também a verificação da licitude do objeto do contrato, uma vez que a legislação impõe a observância da ordem pública e a não violação dos bons costumes. Outro aspecto crucial é a determinação do objeto, pois a ausência de possibilidade torna o contrato nulo. A prestação deve ser determinada ou determinável para que o contrato seja exequível[5].

A interpretação do contrato sofreu grandes modificações ao longo da sua evolução histórica, mas a que mais impactou a sua aplicabilidade foi a limitação da declaração de vontade, visto que deve observar a ordem pública e os bons costumes. Além disso, deve-se refletir a especificidade dos contratos, a aplicação da função social do contrato e a boa-fé objetiva até mesmo na fase pré-negocial, que teve a sua popularização após o século XIX com Jhering, na Alemanha[6].

Nessa seara, observa-se que os contratos podem ser entendidos como um gênero que agrupa uma série de espécies de contratos, tais como: contratos com consumidores, contratos civis e contratos empresariais. Esses últimos são aqueles celebrados entre empresas - sendo que somente essas fazem parte da relação pactuada - e que observam as particularidades dessa forma de negócio, visto que as partes estão centradas na busca de lucros.

O contrato surge como uma categoria que busca servir todas as relações por ele pactuadas, sem distinção de sua natureza social ou mesmo se o contrato for celebrado entre pessoas, empresas ou em cenários em que uma das partes é hipossuficiente, como é o caso dos contratos de trabalho e de consumo. Contudo, para manter equilíbrio na ordem econômica, o Estado se fez presente, visto que o mercado não é funcional para regular algumas áreas, como por exemplo a consumerista e a trabalhista[7].

Contratos empresariais têm diversos requisitos, sendo a confiança fundamental para o adequado cumprimento das obrigações contratuais. Essa não apenas é crucial do ponto de vista negocial, mas também contribui para a eficiência

4 FORGIONI, Paula Andrea. **Contratos Empresariais**: teoria geral e aplicação. 8ª ed. São Paulo: Thomson Reuters Brasil, 2023, p 30.

5 GOMES, Orlando. **Contratos**. Rio de Janeiro: Forense, 2009, p 31.

6 GOMES, Orlando. **Contratos**. Rio de Janeiro: Forense, 2009, p. 33.

7 GOMES, Orlando. **Contratos**. Rio de Janeiro: Forense, 2009, p. 39.

operacional, reduzindo custos ao manter parcerias existentes. Assim, a escolha cuidadosa de parceiros comerciais e a boa-fé objetiva são essenciais para o êxito do contrato. Dado que a complexidade dos contratos empresariais varia, desde transações imediatas até aquelas que se estendem por anos, marcadas por fases pré-negociais prolongadas e pré-contratos, possuem como elemento-chave o acordo de confidencialidade, normalmente conhecido como *Non-Disclosure Agreement* (NDA).

Em razão das operações de mercado de capitais possuírem informações confidenciais ou sensíveis, no início das negociações de compra, venda ou mesmo *joint ventures*, as partes costumam assinar um NDA, fundamental para dar continuidade ao processo de negociação[8].

Isso ocorre porque, durante a fase preliminar das negociações, informações confidenciais e, por vezes, sensíveis da empresa são compartilhadas, mesmo que as negociações não tenham caráter vinculante. O NDA geralmente inclui disposições para definir informações confidenciais, estipular o tratamento dessas informações, estabelecer divulgações permitidas, determinar o prazo das obrigações, bem como prever penalidades e outras obrigações conforme necessário, desde que estejam em conformidade com a legislação[9].

Assim, dada a complexidade de certas operações, é crucial realizar uma auditoria preliminar para (i) identificar fatores de risco influenciadores na decisão dos compradores; (ii) avaliar elementos que afetam ou fortalecem as declarações dos vendedores; (iii) verificar se os parâmetros de *valuation* refletem adequadamente passivos e possíveis problemas futuros; e (iv) criar uma imagem detalhada da empresa no momento da operação[10].

Nesse contexto, o NDA é fundamental, estabelecendo uma estrutura jurídica essencial para a troca de informações em operações no mercado de capitais. Sem esse contrato, as partes não teriam a segurança necessária para operacionalizar a transferência das informações cruciais para a realização da operação[11].

8 FREUND, James Chen. **Anatomy of a Merger**. Strategies and Techniques for Negotiating Corporate Acquisitions. Estados Unidos: Law Jornal Press, 1975, p. 235.

9 HWANG, Cathy. Deal Momentum. **UCLA Law Review**. 2018, p 392.

10 PIRES, Catarina Monteiro. **Aquisição de Empresas e de Participações Acionistas**: Problemas e Litígios. Coimbra: Almedina, 2018, p. 29.

11 MEISTER, Margaret Lewis. **Confidentiality Agreements and Due Diligence**. Disponível em: https://www.modrall.com/wp-content/uploads/2016/10/4701_ConfidentialityAgreementsandDueDiligence.pdf. Acesso em: 10 set. 2023, p. 7

Os NDAs possuem normalmente as seguintes cláusulas: (a) definição do significado de informação confidencial; (b) definição das partes e pessoas vinculadas, especialmente terceiros, como consultores e advogados; (c) definição da parte que será a divulgadora e da parte que será receptora; (d) usos permitidos das informações confidenciais; (e) destinação das informações caso uma das partes decida não prosseguir com a negociação; (f) disposições sobre a logística para divulgação e uso de informações; (g) termos gerais, como cláusulas de escolha de legislação e de integração; (h) regras de responsabilização em caso de uso indevido de informação confidencial pela parte receptora, que será o ponto central analisado no contrato[12].

À luz dessas considerações, o divulgador deve negociar uma definição razoavelmente ampla para as informações confidenciais, confirmando que possui um motivo legítimo para proteger determinada informação como confidencial. Ao produzir determinados documentos ao longo da operação, principalmente em uma auditoria preliminar, o divulgador pode rotular as informações como confidenciais para que não reste dúvidas de que aquela informação deve ser abarcada pelo contrato de confidencialidade[13].

A definição precisa da informação confidencial é crucial no contrato, pois delimita o que é sigiloso entre as partes. Além disso, especificar os objetivos autorizados para o uso da informação pelo destinatário é essencial como uma forma de impedir o uso não autorizado nos NDAs, visto que durante a auditoria prévia em transações de M&A, a informação confidencial é compartilhada apenas para avaliação da empresa-alvo[14].

Portanto, o contrato deve restringir tanto o uso quanto a divulgação, minimizando riscos. A obrigação de confidencialidade, irrevogável e irretratável, estende-se a partes relacionadas, como empregados e assessores, proibindo o uso não autorizado.

12 MEISTER, Margaret Lewis. **Confidentiality Agreements and Due Diligence**. Disponível em: https://www.modrall.com/wp-content/uploads/2016/10/4701_ConfidentialityAgreementsandDueDiligence.pdf. Acesso em: 10 set. 2023, p. 10.

13 PIRES, Catarina Monteiro. **Aquisição de Empresas e de Participações Acionistas**: Problemas e Litígios. Coimbra: Almedina, 2018, p. 31.

14 FREUND, James Chen. **Anatomy of a Merger**. Strategies and Techniques for Negotiating Corporate Acquisitions. Estados Unidos: Law Jornal Press, 1975, p. 238.

Nessa senda, para resguardar os direitos do divulgador, o NDA deve incluir uma cláusula penal para efetividade em casos de violação. Conforme Rubens Limonongi, essa cláusula desempenha três funções: de reforço, atuando como garantia da obrigação principal; de pré-avaliação dos danos, sendo compulsória independentemente de prova de prejuízo; e de pena, punindo transgressões contratuais e à ordem jurídica[15].

Destaca-se sua importância em contratos que regulam a divulgação de informações confidenciais, em que a divulgação pode anular o valor da informação. O Código Civil (CC) regula a cláusula penal, impondo restrições, como a impossibilidade de seu valor ser superior à obrigação principal, mas permitindo sua cumulação com perdas e danos comprovados. Além disso, o acordo pode prever indenizações por descumprimento contratual, conforme o artigo 927 do CC, que estabelece a obrigação de reparação por ato ilícito[16].

Ou seja, por ser considerado direito cogente, mesmo que as partes não pactuem ou prevejam este tópico em contrato, deverão observar a indenização em caso de descumprimento, salvo se, expressamente, renunciarem este direito, observado o limite imposto pelo artigo 421-A do CC.

O NDA deve detalhar o procedimento para a divulgação de informações, podendo incluir o uso de um "data room", uma plataforma online para armazenamento de arquivos confidenciais. Essa abordagem não apenas oferece segurança durante operações, mas também pode ser aplicada na rotina empresarial, visto que estabelece controle sobre quem terá acesso às informações. Por meio dessas plataformas, o divulgador, pode proibir a cópia de documentos, visando diminuir o risco, mas essa medida não é à prova de falhas[17].

Refletido nos contratos, o mercado de capitais muitas vezes prioriza o interesse próprio em detrimento do parceiro comercial, levando a problemas como o abuso do direito. O legislador, buscando frear atividades prejudiciais, estabeleceu medidas, como o disposto no artigo 187 do CC, que impõe a obrigação de reparar a quem excede os limites impostos pelo seu fim social e econômico. Ademais, a boa-fé objetiva, como pactuada entre as partes, visa ao cumprimento

---

15 FRANÇA, Rubens Limongi. **Teoria e Prática da Cláusula Penal**. São Paulo: Saraiva, 1988, p. 180.

16 BRASIL. Lei n.º 10.406, de 10 de janeiro de 2002. **Institui o Código Civil**. Planalto. Disponível em: https://www.planalto.gov.br/ccivil_03/leis/2002/l10406compilada.htm. Acesso em: 10 dez. 2023.

17 PIRES, Catarina Monteiro. **Aquisição de Empresas e de Participações Acionistas**: Problemas e Litígios. Coimbra: Almedina, 2018, p. 39.

total dos deveres, direitos e faculdades, sendo violada por condutas que buscam beneficiar uma parte em detrimento da outra, resultando em aumento dos custos de transação, maior dificuldade para os negócios e desestímulo ao fluxo de relações econômicas, frustrando uma economia eficiente e previsível[18].

Logo, observa-se que a boa-fé objetiva desempenha três funções cruciais. Primeiramente, serve como guia de comportamento para agentes econômicos, sendo fundamental para a aplicação das cláusulas contratuais. Em segundo lugar, desempenha um papel interpretativo essencial, fornecendo base para a interpretação de contratos empresariais, conforme estabelecido no artigo 113 do CC. Por fim, desempenha um papel integrador ao possibilitar a resolução de problemas inerentes à incompletude contratual[19].

No contexto dos contratos, especialmente no direito comercial, a boa-fé enfatiza a confiança no mercado e entre as partes, estabelecendo uma relação em que maior confiança resulta em transações mais eficientes durante a auditoria preliminar e negociações mais extensas. Ignorar a confiança pode levar a contratos de confidencialidade mais complexos e ações menos previsíveis em relações comerciais sem confiança mútua[20].

O acordo de confidencialidade, assim como outros contratos, enfrenta o desafio inerente da incompletude. Os NDAs, essenciais para proteger informações sigilosas, buscam ser completos, mas inerentemente possuem falhas, o que possibilita violações quando situações não previstas surgem e uma parte age contra a boa-fé contratual. O próximo subitem abordará essas violações à luz da boa-fé objetiva, princípios do direito comercial e análise de julgados nacionais em casos de violação do acordo de confidencialidade.

2. Casos de descumprimento e indenização

Em casos de descumprimento do acordo de confidencialidade, destaca-se a situação em que o receptor, ao manusear informações de maneira inadequada,

[18] BRASIL. Lei n.º 10.406, de 10 de janeiro de 2002. **Institui o Código Civil**. Planalto. Disponível em: https://www.planalto.gov.br/ccivil_03/leis/2002/l10406compilada.htm. Acesso em: 10 dez. 2023.

[19] MARTINS- COSTA, Judith. **A Boa-fé no Direito Privado**: critérios para a sua aplicação. São Paulo: Marcial Pons, 2015, p. 471.

[20] FORGIONI. Paula Andrea. **Contratos Empresariais**: teoria geral e aplicação. São Paulo: Thomson Reuters Brasil, 2023, p 45.

divulga dolosamente dados confidenciais ou os utiliza em benefício próprio, contrariando os termos previamente pactuados. Isso configura o inadimplemento contratual, visto que a parte receptora, que tinha a obrigação de não divulgar ou utilizar as informações de modo divergente do contratado, falha nessa incumbência. O descumprimento contratual é comumente associado à omissão de uma prestação devida, mas também pode ocorrer quando uma obrigação de não fazer não é observada, como é o caso da divulgação imprópria de informações confidenciais, que vai contra o estabelecido no contrato[21].

No caso de inadimplemento contratual, a parte que viola o contrato fica obrigada a reparar integralmente os danos sofridos pela parte divulgadora, incluindo prejuízos materiais e imateriais, buscando restituir a situação da parte divulgadora prévia à violação. A obrigação de indenização decorre do ilícito contratual, impondo à parte infratora o ressarcimento por perdas e danos, sem prejuízo da aplicação da cláusula penal, se existente. No entanto, se a divulgação não resultar em danos à parte divulgadora, a reparação não será necessária, pois é preciso que o ato gere um dano e possua nexo causal com o prejuízo, sendo a cláusula penal exigível independentemente de culpa ou dolo, manifestando seu caráter coercitivo[22].

Após a identificação de um possível inadimplemento contratual, como a divulgação não autorizada de informações, surge a problemática da responsabilização. A responsabilidade civil presume que quem viola um dever jurídico, seja por ato lícito ou ilícito, deve reparar o dano causado, conforme o artigo 186 do CC. Essa responsabilidade pode ser contratual, quando regida por norma estipulada entre as partes, ou extracontratual, quando baseada em norma legal. Os pressupostos para configurar a responsabilidade civil incluem conduta, dano e nexo de causalidade, sendo necessário que a ação ou omissão resulte em dano e que haja uma relação causal direta[23].

O NDA enfrenta desafios quanto ao estabelecimento do nexo causal em cenários de descumprimento. A responsabilidade civil, de natureza sancionadora, busca compensar danos e retornar ao *status quo ante*. Além disso, desempenha

---

[21] CORDEIRO, António Menezes Cordeiro. **Tratado de Direito Civil IX**. Direito das Obrigações. Coimbra: Almedina, 2017, p. 392.

[22] ROSENVAL, Nelson. In. PELUSO, CEZAR. Código Civil Comentado: **Doutrina e Jurisprudência**. 17ª ed. São Paulo: Manoele, 2023, p. 140

[23] GOMES, Orlando. Contratos. Rio de Janeiro: Forense, 2009, 70.

funções punitivas e socioeducativas, dissuadindo práticas prejudiciais e servindo de exemplo à sociedade. O CC, no artigo 884, estabelece a obrigação de restituir enriquecimento indevido. Em contratos empresariais, a apropriação indevida, como a violação de segredo industrial, pode resultar em aumento patrimonial injustificado para uma parte, prejudicando a outra. Por este motivo, essas situações requerem a análise da responsabilidade civil, do enriquecimento sem causa e, sobretudo, da boa-fé que orienta as relações[24].

O CC poderia prever expressamente casos de "não-cumprimento frontal" de contratos, especialmente quando ocorre de forma dolosa, aliviando a necessidade de interpretação jurisprudencial. No contexto do NDA, o descumprimento pode resultar de falhas na segurança, organização deficiente de documentos ou falta de correspondência à atitude devida. Contudo, exposição de conteúdo sensível, seja por culpa ou má-fé, configura inadimplemento contratual absoluto, impossibilitando a realização da obrigação[25].

O dano, caracterizado pela subtração ou diminuição de um bem jurídico, pode ser material, causando prejuízo patrimonial, ou moral, violando a honra ou imagem. O NDA é crucial para empresas ao proteger segredos industriais, que proporcionam vantagens competitivas por informações não patenteadas ou não registradas, preservando-as por mais tempo que o prazo máximo de proteção de patentes, caso fossem registradas.

Após constatar a violação do NDA pela parte receptora, a parte prejudicada pode buscar reparação. Isso pode ocorrer por meio de negociação ou conciliação, evitando um processo judicial longo. Caso a negociação não seja eficaz, a parte prejudicada pode recorrer à ação judicial, buscando indenização ou execução específica da cláusula penal. Ademais, alguns contratos preveem a resolução por arbitragem, mas isso requer uma cláusula compromissória arbitral no contrato[26].

A parte prejudicada, ao ingressar com ação judicial ou arbitragem, precisa comprovar em juízo que a violação do NDA resultou em prejuízos, haja visto que o ônus da prova, conforme o CPC, recai sobre o autor, exigindo que ele demonstre os danos causados pela ação da parte receptora das informações confidenciais.

---

[24] ALVIM, Agostinho. **Do enriquecimento sem causa**. São Paulo: Revista dos Tribunais, 1957, p. 15.

[25] CORDEIRO, António Menezes Cordeiro. **Tratado de Direito Civil IX**. Direito das Obrigações. 3ª ed. Coimbra: Almedina, 2017, p. 403.

[26] GOMES, Orlando. **Contratos**. Rio de Janeiro: Forense, 2009, p. 266.

Assim, a análise da prova leva em consideração diversas circunstâncias culturais, políticas, econômicas e sociais, reconhecendo que diferentes situações exigem abordagens específicas[27].

Ao buscar compensação por violação do NDA, a parte prejudicada enfrenta o desafio de comprovar suas alegações, incluindo o dano ao bem jurídico protegido pela conduta ilícita da outra parte, estabelecendo assim o nexo causal. A ausência de evidência dos requisitos para a responsabilidade civil resulta na falta de direito à reparação.

Sendo assim, a seguir, buscando garantir maior concretude à pesquisa teórica realizada até o momento, iniciar-se-á o estudo monográfico, proporcionando uma compreensão aprofundada das decisões sobre o tema e oferecendo uma estrutura robusta para as soluções práticas no cenário jurídico atual, transcendendo o âmbito do direito puramente teórico.

Este trabalho mergulha na intricada natureza dos contratos de confidencialidade, explorando os desafios associados à aplicação de indenizações em casos de descumprimento. Assim, para verificar a sua exequibilidade, foram analisados alguns julgados, com especial atenção às decisões proferidas pelo Superior Tribunal de Justiça, Tribunal de Justiça do Rio Grande do Sul (TJRS) e Tribunal de Justiça do Estado de São Paulo (TJSP).

Neste tópico analisar-se-á: (a) um julgado do STJ sobre a utilização de informação confidencial em proveito próprio, violando o previsto no NDA; (b) um julgado do TJRS, que traz a importância de se observar os requisitos necessários para validade do contrato e o impacto da sua não observância no caso concreto; (c) um julgado do TJSP sobre uma situação em que uma das partes, que possuía a obrigação de criação de uma melhoria em um equipamento, acabou descumprindo a obrigação e utilizou a criação em sua empresa recém constituída.

O primeiro caso aborda uma ação em que a parte prejudicada busca indenização por perdas e danos, materiais e morais, juntamente com uma medida para impedir a continuidade da violação. Alega-se que o concorrente estaria infringindo o compromisso de sigilo, além de violar uma patente devidamente registrada no INPI. A decisão inicial foi parcialmente favorável à parte autora,

---

27 THEODORO JÚNIOR, Humberto. **Curso de Direito Processual Civil**. Ed 56. V. III. Rio de Janeiro: Forense, 2023, p. 450.

condenando os réus a não desenvolverem ou comercializarem produtos patenteados e concedendo indenização por danos morais[28].

A defesa da parte acusada alegou permissão e colaboração da autora na criação dos produtos, cessação voluntária do uso da patente após notificação e existência de NDA. A decisão resultou na condenação da parte ré e na manutenção da indenização por danos morais, com o tribunal fixando uma multa por venda comprovada. O pedido de revisão da sentença foi indeferido, com o STJ referindo-se à Súmula 7 para justificar a recusa, destacando que a revisão da indenização só é possível em casos de valores exorbitantes ou ínfimos, o que não se aplicava ao presente caso.

No segundo caso, aborda-se a prestação de serviços para o desenvolvimento de um software inicialmente destinado ao site da empresa autora, que solicitou a adaptação do software para se tornar o principal instrumento de sua empresa, assemelhando-se ao AIRBNB, com funcionalidades adicionais. Embora o contrato não tenha sido assinado, as partes iniciaram as prestações, indicando aceitação tácita da proposta, mas o desenvolvedor não concluiu o projeto e o transferiu sem conformidade com o NDA, resultando em um pedido de indenização[29].

A decisão julgou improcedente o pedido, fundamentando-se na falta de assinatura do contrato como fator vinculante. Além disso, a apelação foi rejeitada, ressaltando a necessidade de prova da falha na prestação, a ausência de pedido de prova testemunhal ou pericial pela parte autora, e a falta de evidências da quebra do NDA. Ademais, os juízes consideraram a falta de assinatura como ausência de concordância expressa com as cláusulas contratuais, principalmente a multa, destacando a importância dos cuidados formais na validade dos contratos de confidencialidade e outros contratos empresariais.

No caso do TJSP, ocorreu a apropriação indevida de informações confidenciais contratadas para serviços de engenharia, haja visto que o réu violou o NDA, utilizando a melhoria desenvolvida para a autora. Desta forma, o juiz reconheceu a semelhança nas atividades empresariais e a quebra do acordo, ressaltando que, em casos de propriedade intelectual, a indenização não requer comprovação

28 BRASIL. Superior Tribunal de Justiça. **Agravo em recurso especial n.º 1834482** – SP, Brasília, DF: Superior Tribunal de Justiça.

29 BRASIL. Tribunal de Justiça do Rio Grande do Sul. **Apelação Cível n. 5000677-31.2016.8.21.1001**/ RS. Porto Alegre, RS: Tribunal de Justiça do Rio Grande do Sul, [2022].

direta dos prejuízos. Além disso, fixou a indenização em R$ 15.000, destacando a importância de produzir provas para respaldar alegações no NDA[30].

Portanto, fica evidente que a mera alegação de danos no acordo de confidencialidade sem a produção de provas que cumpram os requisitos da responsabilidade civil será de pronto afastada. No entanto, diante de grande dificuldade de comprovação da violação ao acordo, devem-se buscar formas de se garantir o sigilo, como cláusulas penais e demais mecanismos.

Conclusões

Os contratos empresariais desempenham um papel fundamental nas atividades empresariais e representam a forma mais clara de autonomia da vontade. Desta forma, devem observar determinados requisitos, os quais tendem a ser menos limitados na área de direito empresarial, devido ao impacto do princípio do *pacta sunt servanda*.

Os contratos de confidencialidade desemprenham um papel crucial no cenário empresarial, permitindo a transferência segura de informações. Contudo, violações ao acordo de confidencialidade podem ocorrer, seja por má-fé ou mesmo por imperícia, negligência ou imprudência, levando à divulgação não autorizada da informação confidencial. Neste cenário, para que a parte divulgadora da informação seja responsabilizada, faz-se necessário que se prove que a ação que resultou em dano possua nexo causal com ele e tenha seguido todos os princípios contratuais.

Portanto, os contratos de confidencialidade, desde que não contenham vícios em sua formação e sejam estabelecidos com base na autonomia da vontade, dentro dos limites constitucionais, devem ser aplicados em casos de descumprimento. Ou seja, os contratos de confidencialidade possuem exequibilidade, mas, para que estes possam ser executados, faz-se necessário a comprovação do dano ou da ação pela parte receptora das informações, conforme observado nos casos analisados, necessários para a devida reparação em casos de descumprimento.

30 BRASIL. Tribunal de Justiça de São Paulo. **Apelação Cível n. 1010903-06.2019.8.26.0554**, São Paulo, SP: Tribunal de Justiça de São Paulo, [2021].

Referências

ALVIM, Agostinho. **Do enriquecimento sem causa**. São Paulo: Revista dos Tribunais, 1957.

BRASIL. Lei n.º 10.406, de 10 de janeiro de 2002. **Institui o Código Civil**. Planalto. Disponível em: https://www.planalto.gov.br/ccivil_03/leis/2002/l10406compilada.htm. Acesso em: 10 dez. 2023.

BRASIL. Superior Tribunal de Justiça. **Agravo em recurso especial n.º 1834482** – SP, Brasília, DF: Superior Tribunal de Justiça.

BRASIL. Tribunal de Justiça de São Paulo. **Apelação Cível n. 1010903-06.2019.8.26.0554**, São Paulo, SP: Tribunal de Justiça de São Paulo, [2021].

BRASIL. Tribunal de Justiça do Rio Grande do Sul. **Apelação Cível n. 5000677-31.2016.8.21.1001**/RS. Porto Alegre, RS: Tribunal de Justiça do Rio Grande do Sul, [2022].

BRASIL. Tribunal de Justiça do Rio Grande do Sul. **Apelação Cível n. 5000677-31.2016.8.21.1001**/RS. Porto Alegre, RS: Tribunal de Justiça do Rio Grande do Sul, [2022].

CORDEIRO, António Menezes Cordeiro. **Tratado de Direito Civil IX**. Direito das Obrigações. Coimbra: Almedina, 2017.

FORGINIONI. Paula Andrea. **Contratos Empresariais**: teoria geral e aplicação. São Paulo: Thomson Reuters Brasil, 2023.

FRANÇA, Rubens Limongi. **Teoria e Prática da Cláusula Penal**. São Paulo: Saraiva, 1988.

FREUND, James Chen. **Anatomy of a Merger**. Strategies and Techniques for Negotiating Corporate Acquisitions. 1 ed. Estados Unidos: Law Jornal Press, 1975.

GOMES, Orlando. **Contratos**. Rio de Janeiro: Forense, 2009.

GOMES, Orlando. **Introdução ao Direito Civil**. Rio de Janeiro: Forense, 2001.

GONÇALVES, Carlos Roberto. **Direito Civil Brasileiro**. Responsabilidade Civil. São Paulo: Saraiva, 2016.

HWANG, Cathy. Deal Momentum. **UCLA Law Review**. 2018.

MARTINS- COSTA, Judith. **A Boa-fé no Direito Privado**: critérios para a sua aplicação. São Paulo: Marcial Pons, 2015.

MARTINS, Frans. **Contratos e Obrigações Comerciais**. Rio de Janeiro: Forense, 1997.

MEISTER, Margaret Lewis. **Confidentiality Agreements and Due Diligence**. Disponível em: https://www.modrall.com/wp-content/uploads/2016/10/4701_ConfidentialityAgreementsandDueDiligence.pdfAcesso em: 10 set. 2023.

PIRES, Catarina Monteiro. **Aquisição de Empresas e de Participações Acionistas:** Problemas e Litígios. Coimbra: Almedina, 2018.

ROSENVAL, Nelson. In. PELUSO, CEZAR. Código Civil Comentado: **Doutrina e Jurisprudência.** São Paulo: Manoele, 2023.

THEODORO JÚNIOR, Humberto. **Curso de Direito Processual Civil.** v. III. Rio de Janeiro: Forense, 2023.

CAPÍTULO 5

O CONTRATO DE DISTRIBUIÇÃO APLICADO À INDÚSTRIA CINEMATOGRÁFICA BRASILEIRA[1]

Elena Maria Amorim Sicherle

Introdução

Os contratos de distribuição ocupam muitos volumes na literatura jurídica empresarial, mas pouco se fala de suas características, funções e aplicação na indústria audiovisual, onde tem um papel chave.

A produção e comercialização de uma obra audiovisual se dá em cadeia, que tem início com a Produtora Audiovisual ("Produtora"), responsável por conceber a ideia inicial do filme ou série, desenvolver o roteiro, assegurar financiamento, selecionar equipe técnica e artística, realizar as gravações e a pós-produção; em suma, dar vida à obra.

Finalizada a obra, esta é entregue à Distribuidora Audiovisual ("Distribuidora"), que irá comercializá-la, ocupando-se do planejamento estratégico de lançamento do filme ou série, determinação da data de estreia, mercados e meios de exibição, negociação de exibição junto a cinemas, plataformas de streamings e canais de televisão.

1 Artigo elaborado a partir da monografia apresentada ao Núcleo de Monografia Jurídica da Faculdade de Direito da PUC-SP, sob a orientação da Professora Doutora Rosemarie Filardi.

Podemos, então, dizer que a Produtora é a "fornecedora" da obra audiovisual (produto) e que a Distribuidora irá fazer chegar, comercializar, (i.e. "distribuir") aos consumidores, mas não só isso. A Distribuidora muitas vezes atua também como financiadora da produção, adiantando à Produtora parte da receita futura de exibição. Esta peculiaridade, quando presente, reverbera com grande força no contrato de distribuição de obra audiovisual, moldando-o em uma categoria diferenciada do contrato de distribuição comercial em sua concepção clássica, como veremos a seguir.

1. O Contrato de Distribuição Empresarial

O contrato de distribuição é definido como o contrato no qual, uma das partes (**distribuidor**) se obriga a adquirir de forma contínua mercadorias da outra parte (**distribuído**) para sua colocação no mercado, tomando para si o risco do sucesso ou não do produto perante o consumidor, estipulando-se como remuneração o lucro da revenda, subtraídos os custos de distribuição.[2]

A legislação brasileira pouco tratou deste contrato. O Código Civil de 2002 (CC), em seu Capítulo XII, artigo 710, meramente o diferencia do contrato de agência, pelo fato de o distribuidor ser **proprietário** (e não mero possuidor) do produto que irá distribuir[3].

Vale observar que alguns autores, em especial Paula Forgioni[4], mas também Humberto Theodoro Júnior[5], Rosa Maria de Andrade Nery e Nelson Nery Junior[6], entendem que o CC no artigo aqui citado, não trataria do contrato de distribuição em si, mas sim de duas espécies do contrato de **agência**[7],

[2] O Contrato de Distribuição também é conhecido por parte da doutrina como contrato de *concessão comercial* (CHAMPAUD, 1999; REQUIÃO, 1972; COMPARATO, 1975; FORGIONI, 2014; ORLANDO GOMES, 1986).

[3] VENOSA, Silvio de Salvo. **Direito Civil: Contratos**. 23. Ed. Barueri: Editora Atlas, 2023. p. 550.

[4] FORGIONI, Paula A. **Contrato de Distribuição**. 3ª Ed. rev., atual. e ampl. São Paulo: Revista dos Tribunais, 2014.

[5] THEODORO JÚNIOR, H. In: ALVIM, A. A.; AUGUSTO, E. **Atualidades de direito civil**. vol. 1, Curitiba: Juruá, 2006.

[6] ANDRADE NERY, Rosa Maria; NERY JUNIOR, Nelson. **Instituições de Direito Civil: Das Obrigações, Dos Contratos e da Responsabilidade Civil**. ED 2. São Paulo: Thomas Reuters Brasil, 2019.

[7] FORGIONI, Paula A. Op. cit., 2014 p. 111

distinguindo-se do contrato de distribuição comercial[8] de que aqui tratamos, que deve ser considerado um **contrato atípico**[9]. Sob esta ótica, as obrigações assumidas pelas partes não se encontram disciplinadas em lei, mas nas cláusulas validamente compactuadas.

Típico ou atípico, o contrato aqui tratado é também visto pela doutrina como sendo:

— **contrato relacional**, dado que, pela sua longa duração, trata de questões futuras, para além da transferência da mercadoria, disciplinando o comportamento colaborativo entre as partes, colocando-as em posição de interdependência, atrelando o sucesso de uma parte a outra.[10]

— **contrato de colaboração,**[11] com a finalidade empresarial de regular o escoamento de produtos ou de serviços[12] através da figura do colaborador (distribuidor). Cabe a este **criar mercado**[13] aproximando os produtos e serviços ao consumidor através do arranje de negócios ou pela aquisição de mercadorias para revenda, sabendo, entretanto, que o sucesso econômico de ambos, fornecedor e distribuidor, será fruto de sua cooperação.

[8] Em breve comentário, Fábio Ulhôa apresenta duas classificações para o contrato de distribuição: (i) a distribuição-aproximação e (ii) a distribuição-intermediação. A primeira seria a espécie tratada pelo CC, na qual o distribuidor não possui a obrigação de comercializar o produto, cabendo-lhe apenas encontrar interessados na compra deste. Já na segunda, espécie atípica de distribuição, o distribuidor é obrigado a comercializar os produtos do distribuído. (COELHO, Fábio Ulhoa. **Curso de Direito Comercial**. 13. Ed. São Paulo: Saraiva, 2012. V. 3., p. 142).

[9] Vale mencionar a Lei 6.729, de 1979, que não trata do contrato de distribuição propriamente dito, mas disciplina a relação entre produtores e distribuidores de automóveis, denominados "concessionários" (remetendo-nos à concessão comercial).

[10] MACEDO JR., Ronaldo Porto. **Contratos relacionais e a defesa do consumidor**. São Paulo: Max Limonad, 1998. p. 163 e 166; FORGIONI. Opt. Cit, 2014.

[11] ULHÔA, 2012; THEODORO JÚNIOR, 2006; SACRAMONE, 2020.

[12] SACRAMONE, Marcelo Barbosa. **Manual de Direito Empresarial.** São Paulo: Saraiva, 2020. p. 532. Dentre a doutrina jurídica analisada neste trabalho, não encontramos outras referências à colaboração como uma prestação de serviços; no entanto, é possível entender a colocação feita por Sacramone, ainda mais em relações como as de agenciamento e representação comercial. No contexto da distribuição, referir-se a serviços pode parecer incorreto, uma vez que este contrato trata, essencialmente, de uma compra e venda; porém, se pensarmos nas obrigações acessórias embutidas na obrigação de comercialização assumidas pelo distribuidor, em especial o marketing e propaganda do produto distribuído – obrigações das mais importantes, pensando na distribuição audiovisual – a prestação de serviços se torna evidente.

[13] COELHO, Fábio Ulhoa. Opt. cit., 2012. p. 132.

— **contrato misto**, em que diversas obrigações tradicionais de outros contratos se conjugam em um só instrumento. Está no coração da distribuição a operação de compra e venda, que a diferencia do contrato. Mas a distribuição não é mera revenda. O distribuidor está sujeito às orientações do fornecedor para comercialização, devendo se ater a regras de uso de marca, identidade visual, entre outras. O distribuidor, ainda, costuma oferecer serviços necessários à comercialização do produto, como marketing e propaganda ou até transporte da mercadoria.

— **contrato comercial/empresarial**, é acordo firmado entre dois empresários, no qual o empresário-distribuidor adquire o produto para revenda, e não para utilizá-lo como "*matéria prima ou componente outro da produção*"[14], tomando para si os custos de formação de estoque, divulgação e até mesmo publicidade, na expectativa de que tais custos sejam cobertos pelo lucro das vendas futuras, sem qualquer garantia de amortização do investimento.

2. A Distribuição de Obra Audiovisual

A distribuição de obra audiovisual se encaixa perfeitamente nas classificações anteriormente mencionadas: é contrato de longa duração, firmado entre dois empresários, cujas principais cláusulas estão atreladas à relação distribuidor-distribuído, cujo resultado e seu **risco**[15] será partilhado por ambas as partes.

Dentre as principais cláusulas presentes no contrato de distribuição de obras cinematográficas compartilhadas pelo contrato de distribuição empresarial, podemos destacar:

— **Exclusividade de Distribuição**, que consiste em um compromisso assumido pelo distribuidor de não comercializar produtos concorrentes aos do distribuído dentro de limites materiais (produtos),

[14] DE MELO, Claudineu. **Contrato de Distribuição**. São Paulo: Ed. Saraiva, 1987. p. 36.

[15] COELHO, Fábio Ulhôa. Op. cit., 2012. p. 147

temporais (prazo) e espaciais (território)[16]. No setor audiovisual, a limitação espacial é acompanhada de uma cláusula de mídia, na qual fica definido em quais meios o filme poderá ser comercializado.

— **Territorialidade,** que delimita uma área de atuação do distribuidor e qual será o mercado a ser construído, garantindo ao distribuidor um território de atuação restrito a si, livre de outros revendedores do produto naquela mesma área, por determinado período. Frequentemente encontramos em contratos de distribuição audiovisual o território definido como "mundo", o que significa que o distribuidor terá a exclusividade de distribuir a obra em todos os países; há ainda distribuidores que buscam como território o "universo".

— **Quota de Fornecimento,** que condiciona a exclusividade e territorialidade do distribuidor à manutenção de um estoque capaz de atender as necessidades do consumidor na sua zona de atuação.

— **Concessão de Crédito,** em que o distribuidor, como contrapartida pelos serviços prestados, recebe condições comerciais mais favoráveis em comparação às entregues aos revendedores ordinários, como, por exemplo, prazo maior para pagamento (parcelamento) e descontos no preço das mercadorias.

Seguindo adiante com a caracterização dos contratos de distribuição audiovisual, é importante esclarecermos o que entendemos por *mercado audiovisual* e delimitar o seu alcance para fins deste artigo.

2.1. O mercado audiovisual e o setor cinematográfico

Neste artigo, trataremos da parcela da indústria dedicada à produção, comercialização e exibição de obras audiovisuais (filmes de longa-metragem, curta-metragem, documentários, séries etc.) em redes de cinema, televisão aberta, televisão por assinatura ou serviços de streaming, deixando de lado a produção audiovisual voltada a outras indústrias, como a da propaganda e da educação.

Dentre as indústrias, setores e mercados existentes, o mercado audiovisual se mostra um mercado *sui generis*: nele não são comercializados bens ou serviços,

16 COELHO, Fábio Ulhôa. Opt. Cit., 2012. p. 144.

mas sim criatividade (o que, para o direito, se traduzirá em direitos autorias). A produção de uma obra audiovisual, embora tenha uma clara estrutura e organização, não pode ser encaixada em uma linha de montagem à moda industrial[17].

Quando adquirimos um ingresso de cinema ou baixamos um filme no *streaming*, o que buscamos não é adquirir um bem matéria, mas ter uma experiência: o produto audiovisual deve *entreter*, o que faz como que consumidor não queira ir repetidamente ao cinema, ou à sua plataforma de streaming, para assistir a mesma obra. Diferentemente de um produto como uma Coca-Cola, em que, toda vez que uma pessoa adentrar um restaurante, ela pode pedir para acompanhar sua refeição, o expectador busca sempre algo novo; o desejo é sempre pelo *inédito*, por novas narrativas, novos personagens, novos efeitos visuais etc. Atender satisfatoriamente ao desejo dos expectadores pelo entretenimento inédito, por certo, é um dos principais fatores de risco do mercado audiovisual.

Para entendermos melhor a posição do contratual distribuidor neste mercado e as peculiaridades do produto distribuído, faremos uma rápida passagem pela cadeia de produção e comercialização de uma obra audiovisual. A produção de uma obra audiovisual pode ser dividida em quatro fases:

— **Desenvolvimento**, que consiste na etapa verdadeiramente criativa, em que, a partir de uma ideia ou tema original (argumento), elabora-se o roteiro para o filme, ressaltando-se que, aos olhos da Lei 9.610/98, artigo 8, I, tanto a ideia, quanto o tema, não recebem proteção legal.

— **Pré-produção**, que consiste em todos os preparativos necessários para a realização do filme, incluindo o planejamento financeiro, estético, prático e artístico da obra. A pré-produção envolve desde a captação de recursos para viabilizar o empreendimento até a pesquisa e visita de possíveis locações (*sets* de filmagem), contratação dos técnicos de filmagem e dos artistas que comporão o elenco.

— **Produção**, que deve ser entendida como a fase de materialização da obra concebida na etapa anterior; a produção compreende, em

[17] LITWAK, Mark. **Dealmaking in the film & television industry – from negotiations to final contracts.** 3 Ed. Los Angeles: Silman-James Press, 2009.

termos práticos, a filmagem. Ocorre, aqui, a transformação do texto (roteiro) em obra audiovisual.

— **Pós-produção**, etapa na qual será feito o tratamento das imagens gravadas, por meio da edição, montagem e da mixagem da obra, efetivamente concebida, pronta para comercialização.

Toda as quatro fases descritas, na maioria dos casos, são de responsabilidade da Produtora Audiovisual[18].

Com o filme em mãos, passa-se à uma outra etapa, que é a de comercialização ou **distribuição** da obra[19], quando entra em campo a Distribuidora, empresa responsável por levar o filme realizado pela Produtora ao expectador, através da *exibição* do filme nas salas de cinema (ou, em TV aberta/fechada, home vídeo e serviços de streaming), momento no qual a obra de fato chega ao consumidor final.

A exibição é costumeiramente feita por uma empresa especializada, a Exibidora, detentora das salas de cinema ou do meio no qual o filme será disponibilizado para o público.

Todo este encadeamento, pode ser ilustrado pelo esquema a seguir:

Temos, ainda, neste mercado, a figura o Estúdio, ou como são conhecidos no mercado, as *Majors*; estas são companhias que tomam para si todas as etapas da cadeia produtiva de um filme, sendo, ao mesmo tempo, produtoras, distribuidoras e exibidoras. É o caso de grandes *players* como Walt Disney/Fox, Paramount, Warner Brothers e Universal Pictures.[20]

18 É possível que a fase de desenvolvimento seja feita por roteiristas independentes que, uma vez elaborado o roteiro ou o argumento, o vendam para uma Produtora, que os utilizará.

19 I ULIN, Jefferey C.. **The Business of Media Distribution: Monetizing Film, TV and Video Content in an Online Word.**. Ed. Burlington: Focal Press, 2014.

20 Em terras tupiniquins temos o Grupo Globo como grande referência.

O Sistema de Estúdio, ou Sistema de Integração Vertical, tem origem no mercado estadunidense de cinema, na primeira metade do século XIX: com início da Primeira Guerra Mundial, a produção cinematográfica europeia enfrentou uma drástica redução, abrindo espaço para o cinema hollywoodiano, que passou a dominar os mercados europeu, latino-americano e japonês[21]. Diante do avassalador crescimento da indústria estadunidense, percebeu-se que o domínio do mercado seria certo caso uma grande empresa absorvesse a produção, distribuição e exibição das obras (funções tradicionalmente exercidas por entes distintos).

Não obstante sua atuação global, é possível que uma *Major* se utilize de entes independentes para determinadas partes da produção. Frequentemente, vemos a contração de uma Produtora independente para a realização de um filme ou série, que depois será distribuído pelo Estúdio: é o caso, por exemplo, da atuação da Disney no Brasil, que, para a criação de seus conteúdos destinados ao mercado brasileiro e latino-americano, contrata uma produtora nacional, para depois distribuir o conteúdo em seus veículos, sob o selo Disney (Disney+, Disney Channel, Star+ etc.).

Subdivisões do Estúdio podem, ainda, atuar de maneira independente, prestando serviços a *players* menores; como exemplo, temos a distribuição internacional do filme brasileiro "Cidade de Deus", produzido pela produtora nacional O2 e comercializada no exterior pela distribuidora Miramax (atualmente, parte do grupo estadunidense Paramount) ou a exibição da trilogia "Jogos Vorazes", do estúdio norte-americano Lionsgate, que teve sua distribuição no Brasil realizada pela distribuidora nacional Paris Filmes.

Neste ponto, faremos um breve intervalo para justificar nossa escolha pelo segmento de exibição em cinemas, para ancorar nossa discussão dos contratos de distribuição de obra audiovisual neste artigo.

Desde a primeira exibição de um filme em uma sala de cinema francês em 1895[22] até o advento dos arquivos digitais, o armazenamento de uma obra audiovisual era feito fisicamente em rolos de filmes de 35mm (tradicionalmente),

---

21 TURNER, Graene. **Cinema como prática social**. São Paulo: Summus, 1997. p. 24

22 É consenso entre aqueles que estudam a sétima arte que a primeira exibição de um filme (curta-metragem) se deu em 1885 no Grand Café, em Paris, onde foi exposto o filme *L'Arrivé d'un Train à la Ciotat,* dos irmãos Lumière.

sendo que cada película continha apenas uma "cópia" do filme; assim, para cada sala de cinema, era necessário um rolo próprio. Era indispensável, então, que a Distribuidora mantivesse um estoque físico de cópias e orquestrasse todo o transporte de tais cópias até o respectivo cinema para consumo pelo espectador.

A fabricação das películas, a manutenção do estoque, o transporte das cópias, somados aos demais custos envolvidos na comercialização da obra, geravam um grande custo à Distribuidora[23]

Com o advento do armazenamento digital de dados (e filmes), o custo da distribuição cinematográfica foi significativamente reduzido, mas a estrutura de distribuição se mantém custosa: as Distribuidoras passaram a ter que dispor de espaços para manter os HDs e sistemas informatizados, investir na modernização dos equipamentos de exibição e a sustentar um plano de divulgação mais complexo e trabalhoso, face ao crescente uso das redes sociais.

Desenha-se, assim, na distribuição cinematográfica convencional, uma clara relação de distribuição comercial, em sua forma mais tradicional apresentada pela doutrina jurídica: a Distribuidora, uma vez adquirido os direitos de exibição da Produtora, tem em sua posse o filme a ser distribuído (seja em suporte material, como a película, ou digital, como os HDs) e empregará recursos próprios para que o produto chegue ao consumidor.

Muito embora *streamings* sejam o principal veículo para consumo de entretenimento, vale notar que distribuição cinematográfica convencional ocupa um lugar de destaque no mercado audiovisual ainda hoje: "Vingadores: Ultimato" (2019) atingiu uma bilheteria global de 2.797 bilhões de dólares, "Top Gun: Maverik" (2022) apresentou um *Box-Office* de 1.493 bilhões de dólares, e em 2023, o *live-action* "Barbie", considerados por alguns uma obra de "nicho", trouxe 1.428 bilhões de dólares em vendas, acompanhado da bilheteria de quase 1 bilhão de dólares do drama histórico "Oppenheimer"[24].

2.2. Do Contrato de Distribuição de Obra Cinematográfica

Retornando ao contrato de distribuição audiovisual, entendemos que a relação Distribuidora-Produtora é uma relação de distribuição empresarial na forma

[23] **HOW much does it cost to release a film in the UK?**. Stephen Follows: Film Data and Education, 20 jan. 2014. Disponível em: https://stephenfollows.com/how-much-does-it-cost-to-release-a-film/

[24] Números obtidos na plataforma IMDBpro, em 09 de outubro de 2023.

apresentada pelo direito comercial, em grande parte pelo objetivo da relação econômica entre as partes (criação de um mercado consumidor para o produto), mas também pela estrutura contratual adotada.

Assim, são primordiais ao contrato de distribuição audiovisual: (i) a consolidação de um mercado consumidor e criação de uma estrutura de comercialização pelo distribuidor; (ii) a compra e venda continuada da mercadoria distribuída; (iii) a concessão de condições comerciais vantajosas ao distribuidor; (iv) a aquisição do produto pelo distribuidor para fins de revenda, e não com o intuito de utilizá-la como matéria-prima; e, (v) a delimitação de território de atuação do distribuidor, seja por meio de uma cláusula de território, ou pela atuação prática do distribuidor.

Trata-se, ademais, de contrato atípico, não recebendo, no ordenamento jurídico brasileiro, uma regulamentação própria. Encontramos legislação a respeito dos direitos autorais das obras audiovisuais e de sua exploração comercial (Lei nº 9.610/98, a Lei de Direitos Autorais, entre outras), mas não há disposição específica acerca da distribuição. Existem editais governamentais de incentivo à indústria audiovisual nacional que, ao viabilizarem verba para a distribuição destas obras, abordam a temática contratual, impondo determinadas características ao instrumento, mas disciplinam casos específicos, não podendo ser considerados de modo algum uma forma de caracterização ou tipificação do contrato.[25]

Passemos então às principais cláusulas e disposições do contrato de distribuição cinematográfica, buscando delimitar melhor o contorno deste instrumento do direito do entretenimento.

(A) O DIREITO DE EXIBIÇÃO COMO PRODUTO.

Está no centro da distribuição comercial a compra e venda de um produto ou serviço: o distribuidor adquire a mercadoria do fornecedor, para distribuí-la e

[25] Lembramos que as obras audiovisuais não estão sujeitas à disciplina do Conselho Nacional de Autorregulamentação Publicitária (*CONAR*). A atuação do CONAR está restrita às obras publicitárias, que compreendem toda "*obra audiovisual cuja destinação é a publicidade e propaganda, exposição ou oferta de produtos, serviços, empresas, instituições públicas ou privadas, partidos políticos, associações, administração pública, assim como de bens materiais e imateriais de qualquer natureza*" (definição apresentada no artigo 1º, XXXV, da Instrução Normativa ANCINE nº 105 de 10 de julho de 2012). É bem verdade que as peças promocionais elaboradas pela Distribuidora estarão sob o olhar do Conselho, mas tal questão foge do escopo do contrato de distribuição em si.

depois revendê-la. Na distribuição de obras cinematográficas, o que se distribui é o filme, que poderia ser visto como o objeto da operação de compra e venda. Contudo, na indústria audiovisual o que se produz é a criatividade e as mercadorias dela resultante são obras autorais legalmente protegidas[26]. Por força da propriedade intelectual presente, a Distribuidora não adquire o filme em si (o produto), mas o direito de comercialização da obra (também denominado de direito de exibição).[27]

Na sistemática adotada pelo direito brasileiro, o direito autoral sobre uma obra é dividido em duas categorias: (i) direitos morais e (ii) direitos patrimoniais. Os direitos morais são decorrentes do vínculo do autor com sua obra (da autoria propriamente dita), o que os tornam imprescritíveis e inalienáveis. Já os direitos patrimoniais são os relacionados à exploração comercial da obra, podendo ser negociados, adquiridos e transferidos mediante prévia e expressa autorização do autor[28].

Entende-se, portanto, que na distribuição de obras audiovisuais não estamos falando da aquisição de mercadorias, mas sim da aquisição de direitos, em específico o direito de exibir – o que permite, salvo disposição contratual expressa, à Distribuidora transferir (em realidade, vender) seus direitos de distribuição a outra Distribuidora (operação chamada na indústria de *venda de catálogo*, se envolvendo mais de um título). Em eventos recentes, o estúdio Disney, detentor do Marvel Studios desde 2009, adquiriu da Paramount Pictures os direitos de distribuição dos filmes "Homem de Ferro", "Homem de Ferro 2", "Thor" e "Capitão América: O Primeiro Vingador", para adicionar estas obras ao seu "Universo" Marvel, em construção na época.[29]

---

26 No ordenamento jurídico brasileiro, esta proteção se dá principalmente pela Lei nº 9.610/98, a Lei de Direitos Autorais, que já mencionamos.

27 Há aqui uma cadeia de direitos traçada: a produtora, detentora dos direitos autorias da obra audiovisual, licencia os direitos autorais patrimoniais à Distribuidora, que os sublicencia à exibidora.

28 Artigo 29, VI e VII, Lei de Direitos Autorais, Lei nº 9.610 de 19 de fevereiro de 1998.

29 A título de curiosidade, tais filmes foram concebidos pela Marvel Studios antes da aquisição do estúdio de super-heróis pela gigante estadunidense, que na época optou por entregar sua distribuição à Paramount. Em uma grande aposta no mundo dos quadrinhos, após adquirir a Marvel Studios, a Disney precisou recorrer aos antigos detentores da exploração destes filmes para poder somá-los ao seu universo de super-heróis. (**DISNEY Acquires Distribution Rights to Four Marvel Films from Paramount: Deal covers Iron Man, Iron Man 2, Thor, and Captain America: The First Avenger**. Business Wire, BurkBank, California, 2 jul. 2013. Disponível em: https://www.businesswire.com/news/home/20130702006078/en/Disney-Acquires-Distribution-Rights-to-Four-Marvel-Films-from-Paramount)

(B) A EXCLUSIVIDADE: TERRITORIALIDADE, JANELAS DE EXIBIÇÃO E PRAZO.

O contrato de distribuição cinematográfico tem como uma de suas principais cláusulas as de território, mídia e prazo (e consequentes limitações espaciais, materiais e temporais, já mencionadas).

A cláusula de território geralmente define o país em que o distribuidor poderá explorar o filme, sendo comum em contratos de distribuição audiovisual termos o território definido como "mundo" ou, ainda, o "universo"[30].

Logo após a cláusula de território, está a cláusula de mídia, em que se definem em quais meios, ou janelas, o filme poderá ser comercializado. As janelas mais comuns de distribuição são: (i) cinema, (ii) TV aberta, (iii) TV por assinatura, (iv) TV por promoção paga (*pay-per view*), (v) VOD (*vídeo-on-demand*), (vi) internet (estão aqui compreendidos streaming e downloads), e, (vii) exibição em aeronaves e navios. Nas cláusulas de mídias mais abrangentes, é possível ainda que exista o termo "novas mídias" ou "outras formas de veiculação", que entrega ao distribuidor os diretos de exibição sobre qualquer forma de disponibilização de conteúdo audiovisual que possa vir a ser criada[31]. Ainda, tratando da redação do contrato, para evitar futuras confusões e disputas acerca dos direitos sobre cada janela, cada segmento adquirido pela Distribuidora é detalhadamente descrito.

Muitas obras são produzidas pensando na exibição cinematográfica, tema deste trabalho, mas lembramos que a permanência de um filme nas salas de cinema é curta em comparação aos demais setores – em média, um filme ficará nos cinemas por 4 semanas; este período, é claro, poderá ser estendido a depender de sua popularidade para com o público[32]. Dado o breve período de exibição no cinema, em conjunto com os altos custos de distribuição, as Distribuidoras

---

30 LITWAK, Mark. **Risk Business: financing & distribution independent films.** 2 Ed. Beverly Hills, CA: Hampstead Enterprises, 2009. Litwak narra uma operação na qual o distribuidor, após solicitar a licença para o "universo" e ser ironizado pelo advogado, recebeu um pedido da NASA para exibir o filme negociado em seu ônibus espacial.

31 Em termos de minuta contratual, a redação para este tipo de disposição seria algo nos temos de: *"**Outras formas de veiculação:** qualquer outra forma de veiculação de obras audiovisuais existentes ou que venham a ser criadas incluindo-se, explicativamente, exibições privadas em meios de transportes de passageiros terrestre, marítimo, fluvial e aéreo; bases militares; quaisquer outros processos multimídia, circuitos fechados, transmissão por fira ótica, cabo ou satélite."*

32 GLAVAS, Luka. *How Long Do Movies Stay in Theaters? (With Statistics).* Fiction Horizon, Osijek, Croatia, 8 abr. 2022. Disponível em: https://fictionhorizon.com/how-long-do-movies-stay-in-theaters/.

buscam adicionar à licença outros segmentos mais rentáveis, como TV por assinatura, streaming etc.

No mais, relacionando território e mídia, ressaltamos que a Produtora poderá ter, em um mesmo território, mais de uma Distribuidora, em mídias distintas (uma Distribuidora responsável pela exibição em salas de cinema, e outra em plataformas de streaming, por exemplo).

Assim como na distribuição empresarial, a exclusividade de território e de mídia estão ambas sujeitas à uma limitação temporal, também conhecida como o prazo da licença. De modo geral, as Distribuidoras demandam prazos longos, na proporção de seu envolvimento no financiamento da obra.

(C) INVERSÃO DE PAPÉIS: DISTRIBUIDORA COMO FINANCIADORA.

Em um contrato de distribuição comercial, é comum observarmos a concessão de condições favoráveis ao distribuidor: o fornecedor, no contexto de uma relação duradoura, disponibiliza certo crédito ao contratado, permitindo que este parcele ou prolongue o pagamento pela aquisição da mercadoria. Disposições como esta nos permitem vislumbrar uma supremacia do fornecedor sobre o distribuidor.

No setor cinematográfico (e no audiovisual como um todo) a dinâmica é inversa. Dado o alto custo de produção de um filme, a Produtora muitas vezes busca financiamento de terceiros, voltando-se, na prática, à própria indústria audiovisual, e mais especificamente, à Distribuidora.

Antecipando parte da receita advinda da comercialização do filme, a Distribuidora contribuirá com o capital necessário para realizar o filme, assumindo aqui a posição de financiadora. Dado o risco deste financiamento, é comum a Distribuidora passar a deter controle artístico (influenciando na direção criativa, opinando sobre o roteiro, a escolha do elenco, do diretor, além dos direitos de distribuição e de parte dos direitos autorais da obra (incluindo aqui os direitos sobre obras derivadas, como sequências, *remakes*, *spin-offs* etc.).

É assim que nos contratos de distribuição audiovisual a cláusula de crédito e garantias assume uma dinâmica particular: o crédito é disponibilizado pelo distribuidor ao fornecedor, e não o contrário. Daí o porquê dos Estúdios, em sua maioria, nascerem de grandes Distribuidoras que, uma vez encarregadas de financiar o empreendimento, tomaram para si a etapa de realização da obra e passaram a deter total controle da etapa de produção.

(D) REMUNERAÇÃO E CONDIÇÕES COMERCIAIS.

Na distribuição de obras audiovisuais, além de suportar os gastos com a distribuição, a Distribuidora, ao atuar como financiadora da produção, assume riscos adicionais, se o filme não encontrar sucesso comercial. Nesse sentido, os contratos de distribuição audiovisual se aproximam da relação de agência, uma vez que as Distribuidoras costumam remunerar-se não com o lucro da revenda do produto, mas sim com uma porcentagem sobre o valor obtido com a comercialização do filme.

A base de cálculo para a remuneração costuma ser a *receita líquida* das vendas do filme, que é o valor da bilheteria deduzido dos custos de P&A (*Printing and Advertisement*) suportados pela Distribuidora e eventuais gastos com a exibição da obra. Temos aqui mais uma demonstração do domínio da Distribuidora nesta operação: antes de auferir lucro, o filme terá que abater os investimentos da Distribuidora. Isto significa que, em certos casos, após o ressarcimento das despesas com distribuição e pago o *fee* da Distribuidora, a Produtora poderá restar com pouquíssimo ou nenhum ganho.

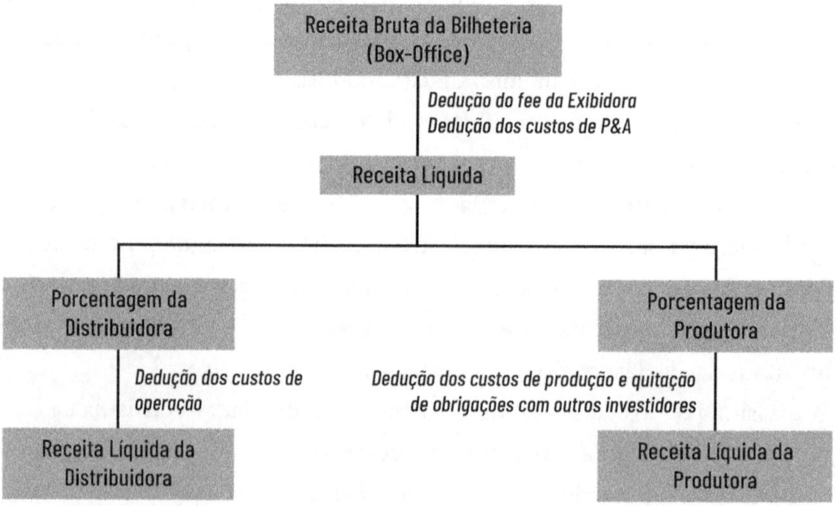

Tendo em vista as obrigações de pagamento assumidas pelas partes, vale mencionar a existência de uma **cláusula de *accounting*** na distribuição audiovisual, que traz à Distribuidora a obrigação de entregar à Produtora, periodicamente, um relatório da comercialização do filme.

Ao fim, na forma de remuneração, encontramos mais uma dessemelhança entre o contrato de distribuição empresarial e contrato de distribuição audiovisual: o pagamento. Em uma distribuição típica, o distribuidor, ao revender o produto (e subtrair o preço de aquisição e de comercialização deste) já tem consigo seus proventos; no mercado audiovisual, a compra dos direitos de exibição renderá frutos ao longo prazo. No caso de um megassucesso de bilheteria, é possível que o investimento realizado pela Distribuidora seja pago logo no lançamento do filme, mas o lucro propriamente dito virá futuramente, da receita com outras mídias.

Ainda existem os frutos da exploração indireta, caso outrem deseje explorar o filme ou parte deste, durante o prazo da licença concedida à Distribuidora. Temos também os acordos de distribuição nos quais é concedido o direito sobre obras derivadas; em arranjos como esse, caso surja o projeto para a criação de uma sequência da obra original anos depois de seu lançamento, a Distribuidora terá para si a comercialização deste filme também.

Retomamos aqui a característica da continuidade do contrato empresarial de distribuição em sua execução continuada[33]. Em um contrato de distribuição típico, a constância da relação entre as partes se daria pela compra e venda reiterada dos produtos distribuídos. No âmbito cinematográfico, a continuidade se dá na venda reiterada de um único filme por um longo período.

Para fecharmos as condições comerciais concedidas à Distribuidora, é possível que seja negociado um direito de preferência da Distribuidora em relação às obras derivadas ou complementares ao filme, o que significa que, caso o filme ou série distribuído receba alguma continuação, spin-off, making-off etc., os direitos destas futuras obras serão da Distribuidora.

33 REQUIÃO, R.. **O Contrato de concessão de venda com exclusividade (concessão comercial)**. Revista de Direito Mercantil 7/17, 1972.

(E) GASTOS COM A DISTRIBUIÇÃO (P&A).

Um dos elementos caracterizadores da distribuição comercial é o fato do distribuído investir recursos próprios para levar a mercadoria ao consumidor (infraestrutura, marketing e publicidade). Na indústria audiovisual, tais investimentos recebem o nome de *Printing and Advertisement Costs* (*P&A*)[34], que mencionamos acima, sendo a eles atribuídos uma cláusula específica e de presença obrigatória no contrato de distribuição cinematográfica.

Como o próprio nome indica, P&A significa todas as ações realizadas pela Distribuidora no âmbito da elaboração das cópias do filme, seu armazenamento e transporte (da entrega do filme propriamente dita), do marketing e promoção do filme, reserva das salas de cinema, realização da versão dublada ou legendada em língua estrangeria, e outras mais.[35]

Juntamente à cláusula de P&A, encontramos no contrato de distribuição algumas disposições importantes, que merecem destaque:

(I) **Cessão de direitos de uso de imagem e som** de parte do filme, para que a Distribuidora possa elaborar os devidos materiais promocionais;

(II) **Direitos de consulta**, em que a Distribuidora concede à Produtora direitos de consulta sobre o plano de comercialização do filme, permitindo que a Produtora faça sugestões nas estratégias de marketing e divulgação do produto, inclusive a palavra final, a depender do envolvimento financeiro da Distribuidora na produção;

(III) **Entrega de materiais**, disposição estipulando a obrigação da Produtora de entregar os materiais necessários para a realização da distribuição. Costumam ser listados como materiais a serem entregues: versão

[34] Em português, Custos de Impressão e Publicidade (tradução nossa).

[35] A cada ano que passa, os gastos dos Estúdios com festivais como Veneza, Cannes, e premiações como o Oscar aumentam estrondosamente. Face à crescente espetacularização da mídia, eventos como estes não dizem respeito apenas ao lançamento das obras e às premiações; o frenesi está nas celebridades, nos tapetes vermelhos, nas festas, no glamour. Sabemos que um Estúdio gasta, em média, entre 500.000 e 1.000.000 de dólares para participar do Festiva de Cannes: nesta conta estão desde gastos com a compra de outdoors e a inscrição de filmes, até despesas com o staff, presença de celebridades e eventos próprios do Estúdio (MCCLINTOCK, Pamela. **Massive Film Marketing Spends Are Back as Summer Tentpole Season Kicks Off.** The Holywood Reporter, [S. l.], 9 maio 2022. Disponível em: https://www.hollywoodreporter.com/business/business-news/movie-marketing-spends-summer-films-1235142253/)

final do filme (seja o rolo master, ou o arquivo digital), arquivos de áudio contendo os diálogos, sons e trilhas presentes na obra, fotos *still* para criação de peças promocionais, correlação de créditos, *clippings*, e quaisquer outros materiais acordados entre as partes.

Conclusões

Começamos este artigo explorando as distâncias entre o contrato empresarial de distribuição e a distribuição audiovisual.

Nesta trajetória, reunimos o que a doutrina jurídica entende por contrato de distribuição: é contrato bilateral, atípico, relacional, de colaboração, misto, de longa duração, por meio do qual uma das partes adquire os produtos fornecidos ou fabricados pela outra, com a obrigação de comercializá-los. A finalidade deste contrato? A criação de um mercado consumidor para as mercadorias.

No sistema brasileiro há algumas espécies de contrato de colaboração empresarial, sendo que alguns deles assemelham-se ao contrato de distribuição, objeto deste estudo. Nesse sentido, verificamos alguns pontos distintivos entre os contratos de distribuição e os contratos de agência e representação comercial: (i) a aquisição e consequente detenção da mercadoria pelo distribuidor para revenda; (ii) a forma de remuneração; o distribuidor será remunerado pelo lucro obtido com a revenda do produto, abatidos os custos da operação por ele incorridos; e (iii) o risco assumido pelo distribuidor.

Passamos brevemente pelas principais cláusulas encontradas no instrumento empresarial em comento: exclusividade de venda, território, quotas de fornecimento e a concessão de créditos e garantias. Vimos que estas disposições encontram eco no contrato utilizado pela indústria audiovisual, o que nos ajudou a caracterizá-lo como um contrato empresarial de distribuição.

Direcionando nossa análise ao mercado audiovisual, em especial ao cinema, esquematizamos seu funcionamento, desde a etapa de desenvolvimento, produção, até a comercialização e exibição (consumo) da obra. Nesta cadeia, consolidamos o papel da distribuição neste setor: para o audiovisual, distribuição é sinônimo de vendas – à Distribuidora Audiovisual é atribuída a função de comercializar o filme, encarregando-se da distribuição física propriamente dita, e também do planejamento e execução dos planos de divulgação da obra.

Traçamos os paralelos entre a distribuição empresarial e o instrumento utilizado no meio cinematográfico, aproximando-os, seja pela finalidade máxima de ambos os contratos (a construção de um mercado consumidor para o produto distribuído), pelo risco assumido pelo distribuidor, ou pelas cláusulas compartilhadas de prazo, exclusividade de distribuição e territorialidade.

Logo após, investigamos as diferenças entre os dois institutos.

O primeiro ponto de ruptura se dá em relação ao tipo de mercadoria distribuída, a obra audiovisual. Sendo obra fruto de criatividade, protegida por direitos autorais, um filme é inalienável, não podendo ser desígnio de uma compra e venda. O que pode ser adquirido, sim, são os direitos patrimoniais de exploração (exibição) da obra; assim, temos que a Distribuidora Audiovisual não compra a mercadoria propriamente, mas os *direitos* de comercializá-la.

Depois, deparamo-nos com outra particularidade da distribuição audiovisual, a remuneração do empresário. Se diferenciando do distribuidor ordinário, a Distribuidora Audiovisual receberá, em contrapartida pelos seus esforços, uma porcentagem da receita obtida com a venda do filme, depois de deduzidos seus gastos para com a estrutura de distribuição – neste aspecto, assemelha-se a outros contratos de colaboração, como a agência e a representação comercial que funcionam por um sistema de comissão de vendas.

Ainda verificamos que, frequentemente, a Distribuidora Audiovisual assumirá parte do financiamento da obra – sendo este, talvez, o aspecto mais interessante da relação de distribuição audiovisual. A Produtora, não sendo capaz de suportar sozinha os altos custos de produção do filme, recorrerá à Distribuidora, que, por sua vez, adiantará à Produtora parte da receita esperada da comercialização para custear o projeto. Com esta dinâmica, temos uma total inversão do jogo de poderes na relação de distribuição. Lembramos que, em uma distribuição típica, o fornecedor detém o controle, estipulando as vantagens comerciais a serem entregues ou não ao contratado. No audiovisual, a configuração é outra: assumindo o papel de investidor, a Distribuidora terá a posição dominante sobre a contratante, angariando, consequentemente, maiores benefícios, como prioridade de pagamento na partilha das receitas, controle criativo sobre a obra, entre outros. Se na distribuição empresarial fala-se de dependência econômica do distribuidor em relação ao fornecedor, na distribuição audiovisual a dependência se dá do fornecedor para com o distribuidor.

Por fim, semelhantemente ao contrato empresarial, a distribuição cinematográfica não recebe qualquer tratamento pela legislação brasileira, o que fez com que, neste trabalho, buscássemos desenhar este contrato atípico através do direito comercial e das práticas comuns do mercado. Uma vez caracterizado o contrato de distribuição cinematográfica, concluímos que, sim, trata-se essencialmente de um contrato empresarial de distribuição, com certas diferenças, parte pelo envolvimento do criativo, parte pela posição de econômica assumida pela Distribuidora.

Referências

ANDRADE NERY, Rosa Maria; NERY JUNIOR, Nelson. **Instituições de Direito Civil: Das Obrigações, Dos Contratos e da Responsabilidade Civil**. 2.ed. São Paulo : Thomas Reuters Brasil, 2019.

CHAMPAUD, Claude. **La Concession Comerciale**. Revue Trimmestrelle de Droit Comercial 24/453. 1999.

COELHO, Fábio Ulhoa. **Curso de Direito Comercial**. 13. Ed. São Paulo: Saraiva, 2012. V. 3.

COMPARATO. Fabio Konder. **Franquia e Concessão de vendas no Brasil: da consagração ao repúdio?** Revista de Direito Mercantil 18/53, 1975.

CONES, John W.. **The feature film distribution deal: a critical analysis of the single most important film industry agreement.** Carbondale: Southern Illinois University Press, 1997.

DE MELO, Claudineu. **Contrato de Distribuição**. São Paulo: Ed. Saraiva, 1987.

FORGIONI, Paula A. **Contrato de Distribuição**. 3ª Ed. rev., atual. e ampl. São Paulo: Revista dos Tribunais, 2014.

KAMINA, Pascal. **Droit du Cinemá**. 2. Ed. Paris: LexisNexis, 2014.

LITWAK, Mark. **Risk Business: financing & distribution independent films**. 2 Ed. Beverly Hills, CA: Hampstead Enterprises, 2009

Dealmaking in the Filmaking & Television Industry: From Negotiations to Final Contracts. 3. Ed. Los Angeles: Silman-James Press, 2009.

MACEDO JR., Ronaldo Porto. **Contratos relacionais e a defesa do consumidor.** São Paulo: Max Limonad, 1998. p. 163 e 166

GOMES, Orlando. **Contratos.** 11 Ed. Rio de Janeiro: Forense, 1986. p. 421

REQUIÃO, Rubens. **Aspectos Modernos de direito comercial.** 2 Ed. São Paulo: Saraiva, 1988. V. 1.

REQUIÃO, Rubens. **O Contrato de concessão de venda com exclusividade (concessão comercial).** Revista de Direito Mercantil 7/17, 1972.

SACRAMONE, Marcelo Barbosa. **Manual de Direito Empresarial.** São Paulo: Saraiva, 2020.

SALINAS, Rodrigo Kopke. **O CONTRATO DE COPRODUÇÃO AUDIOVISUAL: Uma operação econômica em rede.** 2016. Dissertação (Mestrado em Direito de Negócios). Escola de Direito de São Paulo da Fundação Getulio Vargas, 2016.

SILVA, João Guilherme Barone Reis e. **Assimetrias, dilemas e axiomas do cinema brasileiro nos anos 2000.** Revista FAMECOS, Porto Alegre, v. 18, no 3, p. 916-932, set. - dez. 2011.

THEODORO JÚNIOR, H. In: ALVIM, A. A.; AUGUSTO, E. **Atualidades de direito civil.** vol. 1, Curitiba: Juruá, 2006.

ULIN, Jefferey C.. **The Business of Media Distribution: Monetizing Film, TV and Video Content in an Online Word.** 2. Ed. Burlington: Focal Press, 2014.

VENOSA, Silvio de Salvo. Direito Civil: Contratos. 23. Ed. Barueri: Editora Atlas, 2023.

ZANETTI, Ana Carolina D.. **Contrato de Distribuição: O inadimplemento recíproco.** São Paulo: Editora Atlas, 2015

CAPÍTULO 6

UMA ANÁLISE SOBRE OS DESDOBRAMENTOS JURÍDICOS DA REGULAMENTAÇÃO DE MARCA DE POSIÇÃO NO BRASIL[1]

Luana Passos Dell'Erba

Introdução

O presente artigo tem como objetivo principal apresentar as balizas em torno das marcas de posição, bem como desenvolver uma análise sobre sua evolução jurídica em âmbito internacional e nacional e abordar os principais casos práticos que estão em volta deste tema.

As marcas de posição são formadas por um sinal posicionado de forma singular e específica de um determinado suporte. Trata-se de uma das formas não tradicionais das marcas, cujo registro no INPI foi aceito em meados de 2021 com a publicação da Portaria/INPI/PR nº 37, de 13.9.2021 e da Nota Técnica INPI/CPAD nº 02/2021. Tais normas foram muito aclamadas entre aqueles que se debruçam ao estudo da proteção das marcas no Brasil, pois assinalam uma inclinação da autarquia a explorar a proteção jurídica das marcas não tradicionais,

[1] Artigo elaborado a partir da monografia apresentada ao Núcleo de Monografia Jurídica da Faculdade de Direito da PUC-SP, sob a orientação da Professora Doutora Maitê Cecilia Fabbri Moro.

isto é, aqueles signos distintivos que não estão contemplados como marca nominativa, figurativa, mista ou tridimensionais.

Com base nestas noções preliminares, este estudo apresenta o histórico regulatório das marcas de posição em âmbito internacional e nacional, que culminou na publicação das normas supramencionadas. O presente trabalho também explora os desdobramentos da regulamentação jurídica do registro das marcas de posição no Brasil e as decisões de mérito da autarquia ao avaliar determinados pedidos de registro das marcas de posição.

1. DESENVOLVIMENTO

As marcas de posição resultam em conjunto distintivo formado por signo e posição, capaz de identificar produtos ou serviços e distingui-los de outros idênticos, semelhantes ou afins, desde que a aplicação do sinal na referida posição do suporte possa ser dissociada de efeito técnico ou funcional.

De acordo com Camille Rideau[2], a noção de marca de posição originou-se na Alemanha, onde consideravam tal modalidade de marca como uma forma especial de posicionar determinado sinal em um produto. Dentro deste raciocínio, se o sinal poderia ser registrado como marca sem estar posicionado em determinado produto, este não poderia ser considerado marca de posição.

Dessa forma, para que seja passível de proteção, a marca de posição, de acordo com ideário alemão, precisa ser analisada a partir de dois aspectos. O primeiro deles é o próprio sinal: é necessário que seja reconhecido como um elemento decorativo que o consumidor comum não considere uma indicação de origem do produto. Ou seja, o sinal não poderia ser distintivo a ponto de, sozinho, indicar o fabricante do produto.

O segundo aspecto diz respeito à posição, que deve ser incomum e particular. A posição por si só deve ser considerada uma indicação de origem do produto. Portanto, para que seja examinada a posição, deve-se considerar se o sinal

2 RIDEAU, Camille. França. Position Mark: A Category Of Signs Eligible For Trade Mark Protection? Different Standards Of Examination, Different Scope Of Protection? Centre d'Études Internacionales de la Propriété Intellectuelle, Valorisation des Biens Immatériels, Masters 2, 2009/2010. Strasbourg: Université de Strasbourg.

está posicionado no produto em uma parte incomum, que não seja esperado pelo público consumidor.

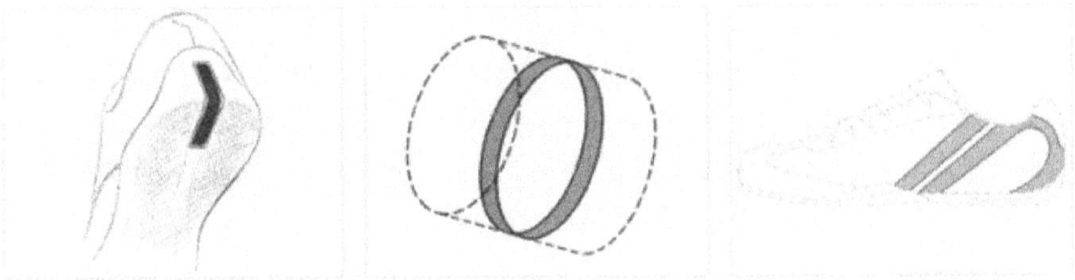

MUE 001027747 MUE 001180231 MUE 008586489

Fonte: Instituto da Propriedade Intelectual da União Europeia (2023).

Sob a ótica internacional, a Instituto da Propriedade Intelectual da União Europeia ("EUIPO") considerou que os pedidos de registro de posição *"effectively seek to extend protection to the specific way in which elements (figurative, colour, etc.) are placed on or affixed to the product."*[3]. Ou seja, para a EUIPO, a combinação do sinal e da posição deve apresentar, como um todo, caráter distintivo. Veja acima alguns exemplos fornecidos pela EUIPO de marcas de posição[4]:

Em análise a tal conceituação de marca de posição em âmbito internacional, Victor Kronemberger observou que:

> Ao passo que a distintividade é um aspecto fundamental para que um signo qualifique-se como uma marca, nem todo símbolo constante em uma posição incomum de um suporte (normalmente um produto) será considerado uma marca de posição. Elementos meramente estéticos/ornamentais, justamente por não terem caráter distintivo, não são marcas. Na prática, a percepção do consumidor, fundamental em discussões marcárias, será o balizador para definir se um signo é um elemento ornamental ou uma marca (de posição) propriamente dita[5].

3 Disponível em: https://guidelines.euipo.europa.eu/1803468/1789198/trade-mark-guidelines/12-----------11-position-marks. Acesso em 05.10.2023.

4 Disponível em: https://euipo.europa.eu/ohimportal/pt/trade-marks-examples#Position_mark. Acesso em 07.10.2023.

5 KRONEMBERGER, Victor Dreyssig. A proteção jurídica das marcas de posição no Brasil. Revista da ABPI. Digital. Rio de Janeiro, n. 180, p. 18-41. set./out. 2022.

Ou seja, de acordo com Victor Kronemberger, o consumidor possui um papel fundamental nas discussões marcárias. A percepção do público consumidor sobre determinado signo posicional a um produto é um dos fatores balizadores para definir se este signo seria uma marca de posição propriamente dita.

No Brasil, apesar da marca de posição ser compatível com as regras da LPI, esta só foi formalmente admitida em meados de 2021. Contudo, antes da legislação regulamentadora publicada, foram ajuizadas ações judiciais com vistas a buscar a proteção desse tipo de marcas.

Dentre essas ações, se destaca o processo nº 0000033-13.1991.4.02.0000, ajuizado pela famosa marca americana de *jeans* Levi's perante a Justiça Federal do Rio de Janeiro, a qual buscava proteção às linhas pontilhadas nos bolsos traseiros de suas peças. A ação, ajuizada muito tempo antes da regulamentação da marca de posição, tramitou durante 29 anos e foi apreciada pelo Superior Tribunal de Justiça, que ao analisar a matéria entendeu que a LPI e a Lei nº 5.772/1971 não proibiam o registro da marca na forma apresentada, sendo as linhas de costura posicionadas no bolso da calça passível de registro.

Não obstante, também pode-se citar o processo 0803946-89.2011.4.02.5101, ajuizado por empresa perante a Justiça Federal do Rio de Janeiro questionando os registros obtidos pela Adidas no INPI, todas registradas na forma figurativa, sobre as três listras posicionadas em seus produtos (Registros nºs 740148923, 800150350, 800158393, 800158407, 800158423, 821805037, 821805045, 822262800 e 826054978).

Em sede recursal, quando a matéria foi apreciada pelo Tribunal Regional Federal da 2ª Região, o Colegiado considerou que a pretensão do autor estava prescrita frente alguns registros, mas, ao analisar o mérito, entendeu que as marcas possuem distintividade, pois as listras foram ostensivamente utilizadas pela empresa, inclusive, sendo referenciada em seu logo "Adidas, a marca das três listras".

Vale ressaltar que este não foi o único processo envolvendo a proteção marcária conferida às três listras da Adidas. O Tribunal Regional Federal da 2ª Região já havia apreciado o tema no processo nº 1999.02.01.039235-2, bem como o Tribunal de Justiça do Estado de São Paulo (Apelação Cível nº 275.969-4/3-00). Nestas oportunidades anteriores, os tribunais entenderam que as listras da

Adidas constituíam elementos comuns, e que não poderiam ser apropriadas em caráter exclusivo.

Contudo, ao reavaliar a questão, o Tribunal Regional Federal da 2ª Região considerou que as três listras seriam suficientemente distintivas em razão do chamado *secondary meaning*. De acordo com Lélio Denicoli Schmidt[6], este fenômeno faz com que um sinal originariamente sem força distintiva adquira, pelo uso empresarial, a capacidade de identificar e diferenciar um produto ou serviço de outro, tornando-se passível de proteção marcária. Por meio deste fenômeno, a distintividade superveniente confere à marca um segundo significado (daí a utilização do termo "*secondary meaning*", cuja tradução literal é "significado secundário"), que é de natureza identificadora. Assim, este segundo significado passa a coexistir com o significado primário do signo enquanto entendido como usual e integrante do vocabulário ou estado da técnica.

Por fim, também vale mencionar o processo nº 9900015525 - INPI nº 000801/99 ajuizado perante a 16ª Vara Federal do Rio de Janeiro pela empresa New Balance em face do INPI, em que foi pleiteado o registro de marca figurativa do sinal "N". Vale esclarecer que, apesar da empresa buscar o registro na marca na forma figurativa, o sinal estava posicionado na lateral de seus tênis, sendo tal posição também contemplada no registro, o que configuraria uma marca de posição.

O pedido de registro nº 815547480 depositado pela New Balance perante o INPI havia sido indeferido, com base no art. 65, item 18 do até então vigente Código de Propriedade Industrial de 1971. Irresignada, a New Balance ajuizou ação requerendo a alteração desta decisão. O pedido foi julgado procedente. Veja abaixo imagem da marca registrada[7]:

6 SCHMIDT, Lélio D. A distintividade das marcas: secondary meaning, vulgarização e teoria da distância, 1ª Edição. São Paulo: Editora Saraiva, 2013. p. 127.

7 CESÁRIO, Kone Prieto Furtunato. O que são as marcas de posição. Revista da ABPI. Rio de Janeiro, n. 149, jul./ago. 2017. p. 25-33.

(BR, Reg. nº 815547480)

Fonte: Kone Prieto Furtunato Cesário (2017).

É evidente que as demandas judiciais e administrativas acima descritas relevaram a procura por esta proteção marcária e estimularam a regulamentação da marca de posição em nosso ordenamento jurídico, o que culminou, em meados em 2021, na publicação da Portaria/INPI/PR nº 37, de 13.9.2021, e da Nota Técnica INPI/CPAD nº 02/2021, de 21.09.2021.

1.1 Legislação Regulamentadora

A Portaria/INPI/PR nº 37, de 13.9.2021 ("Portaria"), em seu artigo 1º, propõe as balizas para registrabilidade da marca de posição, indicando que esta deve ser um conjunto distintivo capaz de identificar produtos ou serviços e distingui-los de outros idênticos, semelhantes ou afins, desde **(i)** que seja formado pela aplicação de um sinal em uma posição singular e específica de um determinado suporte e **(ii)** que a aplicação do sinal na referida posição do suporte possa ser dissociada de efeito técnico ou funcional.

O parágrafo único do referido artigo garante que, caso a marca de posição não atenda ao requisito disposto no caput, isto é, apresente conjunto distintivo capaz de identificar produtos ou serviços e distingui-los de outros idênticos semelhantes ou afins, o pedido de registro de marca de posição não poderá ser deferido. Os demais artigos da Portaria não tratam, especificamente, do conceito de marca de posição, mas cuidam do processo de sua registrabilidade.

Quanto à Nota Técnica INPI/CPAD nº 02/2021, de 21.09.2021 ("Nota Técnica"), seu papel é complementar a Portaria para garantir o entendimento do ato normativo de forma ampla. Por meio dela, foram apresentados 8 aspectos relevantes sobre a registrabilidade da marca de posição, os quais são (i) definição; (ii) limites da proteção; (iii) representação gráfica e descrição da marca;

(iv) adequação quanto à forma de apresentação; (v) análise da especificação; (vi) análise da distintividade; (vii) análise da disponibilidade; e, por último, (viii) as disposições finais.

No que tange à definição da marca de posição, temos que as disposições não atingiram o esperado. No item 4 da Nota Técnica foi indicado que "o sinal aplicado ao suporte pode ser composto por quaisquer elementos visualmente perceptíveis ou suas combinações, como: palavras, letras, algarismos, ideogramas, símbolos, desenhos, imagens, figuras, cores, padrões e formas, desde que não compreendidos nas proibições legais".

Ao comentar tal disposição, Victor Kronemberger indica que:

> Como se sabe, é comum que o sinal de uma marca de posição seja composto por elementos isolados, como uma letra, um algarismo ou uma cor, afixados em posições peculiares. Embora a Nota Técnica mencione que o sinal pode ser composto por quaisquer elementos ou suas combinações, sugerindo que os sinais poderiam ser formados tanto por elementos isolados quanto em conjunto, o fato de os exemplos contidos na Nota Técnica – "palavras, letras, algarismos, ideogramas, símbolos, desenhos, imagens, figuras, cores, padrões e formas" – estarem no plural abre margem para uma dúvida importante: afinal, se o sinal for uma única cor, letra ou algarismo, ele será registrável como marca de posição? Essa dúvida é especialmente pertinente por conta das proibições contidas no artigo 124, II e VIII, da LPI, que vedam o registro de uma letra, um algarismo ou uma cor, isoladamente, como marcas.[8]

Ao que se percebe, a Nota Técnica apresenta um impasse e um conflito com o ordenamento, dado que sugere que elementos isolados poderiam servir como marca de posição. Ocorre que a LPI proíbe que sejam registrados algarismos, cores e letras de forma isolada.

De todo modo, ao indicar alguns exemplos de registrabilidade da marca de posição e modo pelo qual serão feitas as análises pelo INPI, foi indicado que a letra "A" envolta de um círculo vermelho posicionada em um cabo de uma chaleira

[8] KRONEMBERGER, Victor Dreyssig. A proteção jurídica das marcas de posição no Brasil. Revista da ABPI. Digital. Rio de Janeiro, n. 180, p. 18-41. set./out. 2022.

não poderia ser registrada à luz dos artigos 122 e 124, II da LPI, combinados com o art. 1º da Portaria. Contudo, este mesmo sinal acrescido da letra "B", isto é, formando, o signo "AB" envolto de um círculo vermelho posicionado no cabo da chaleira, poderia ser passível de registro. Veja abaixo imagem apresentada na Nota Técnica:

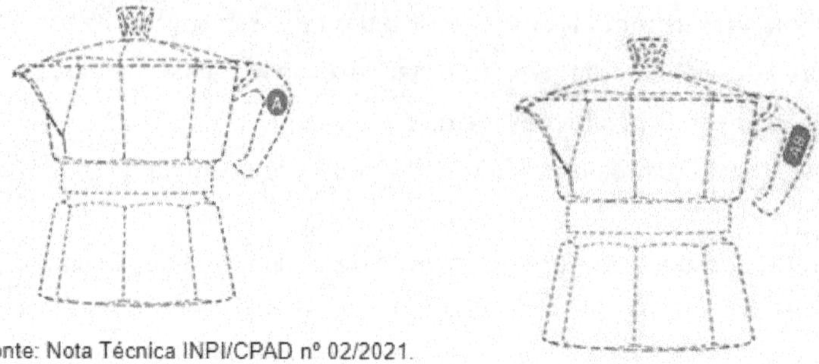

Fonte: Nota Técnica INPI/CPAD nº 02/2021.

Ao que se denota, esse entendimento também apresenta um conflito com as diretrizes consideradas no caso da New Balance, comentado no capítulo anterior deste trabalho, onde foi entendido como registrável como marca de posição a letra "N" posicionada na lateral de tênis.

A Nota Técnica também apresenta um impasse frente ao caso da New Balance no que tange à posição da letra "N" no tênis. É comum que no mercado em questão que seja posicionado determinado sinal na parte lateral do calçado. A Nota Técnica, em atenção ao que foi determinado na Portaria, indica, como exemplo, que sinais posicionados no lado esquerdo superior de uma camisa na região próxima à manga não poderiam ser registrados como marca de posição, dado que o art. 122 da LPI, combinado com o parágrafo único do art. 1º da Portaria, indicam que a posição em que o sinal for aplicado deve ser distintivo, visualmente:

Marca	Registrabilidade
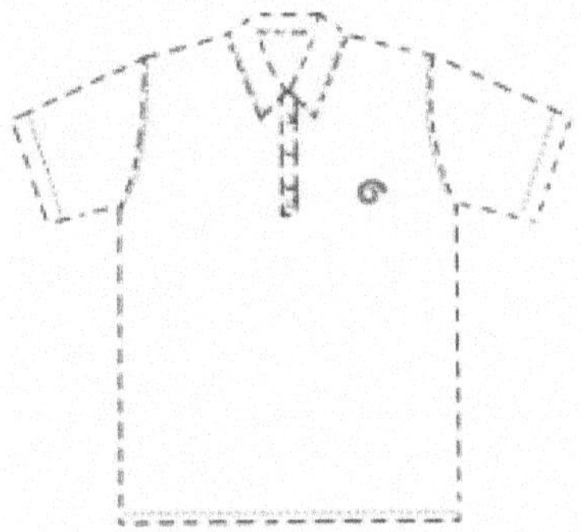 Para assinalar "Camisas".	**Irregistrável à luz do art. 122 da LPI, combinado com o parágrafo único do art. 1º da Portaria INPI/PR nº 37/2021.** A posição em que o sinal foi aplicado é corriqueiramente utilizada para aplicação de marcas em camisas e camisetas. A proporção do sinal em relação às dimensões do produto também já é consagrada no mercado em questão.

Fonte: Nota Técnica INPI/CPAD nº 02/2021.

A posição da letra "N" no tênis da New Balance é tão comum quanto o sinal posicionado na camiseta acima, de modo que nos faz questionar como será a avaliação de mérito de pedidos de registro de marcas de posição semelhantes a estas comentadas.

De qualquer maneira, é necessário observar os caminhos que serão percorridos na prática pelo INPI para a concessão dos registros de marca de posição. Desde a regulamentação do tema, poucos foram os pedidos que passaram pela análise de mérito. De todo modo, abaixo serão apresentadas algumas das decisões do INPI sobre o tema.

1.2 Análise das decisões de mérito do INPI sobre o tema

Poucas são ainda as decisões acerca das marcas de posição no Brasil; no entanto, os casos a seguir nos dão uma breve noção de como o INPI se pronunciará acerca das marcas de posição. Analisam-se três casos que foram avaliados pelo INPI:

1.2.1 O CASO OSKLEN

Desde que o INPI passou a aceitar e analisar os pedidos de registro de marca de posição, apenas um deles foi concedido. Trata-se do processo nº 830621660, depositado em 14.05.2010 pela empresa "Terras de Aventura Industria de Artigos Esportivos S.A.", famosa fabricante de produtos de vestuário que vincula seus produtos por meio da marca "Osklen", e concedido em 30.5.2023.

A empresa buscava registrar o sinal constituído por uma sequência de três ilhoses idênticos, no qual o ilhós do meio mantém a mesma distância entre os demais localizados à sua esquerda e sua direita. Os três ilhoses estão posicionados na face superior do tênis e em frente à parte coberta por cadarços, visualmente:

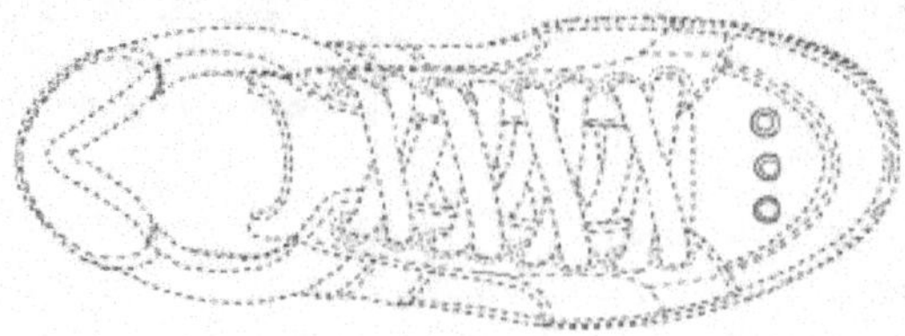

Fonte: Instituto Nacional da Propriedade Industrial.

Ao analisar o mérito do pedido de registro de tal marca, o INPI concluiu que o sinal, em conjunto à posição em que se localiza no suporte, apresenta distintividade suficiente para individualizar o produto frente aos seus concorrentes e considerando que as buscas realizadas não apresentaram anterioridades relevantes, o pedido de registro da marca poderia concedido.

1.2.2 O CASO HAVAIANAS

Como exemplo de pedidos de registros de marcas de posição que não foram concedidos, há o caso Havaianas. A empresa "Alpagartas S.A.", que vincula a sua linha de chinelos de borracha por meio da marca "Havaianas", depositou em 25.3.2013 os pedidos de nºs 906025281, 906025397 e 90602514, os quais pretendiam, respectivamente, o registro das seguintes marcas: (i) sinal formado pelo elemento nominativo "havaianas" em moldura elíptica horizontal, aplicado a um suporte (sandália ou "chinelo de dedos"), mais precisamente à área central da palmilha (parte superior do corpo do calçado); (ii) sinal formado pelo elemento nominativo "havaianas" aplicado a um suporte (sandália ou chinelo de dedos), mais precisamente a uma de suas tiras. Na imagem, o sinal consta aplicado à tira direita, e no sentido da própria tira; (iii) sinal formado por um padrão de desenhos geométricos em relevo, aplicado a um suporte – sandália ou chinelo de dedos –, mais precisamente às suas duas tiras (em toda a extensão da parte superior das tiras). Veja abaixo as imagens:

Registro nº 906025281

Fonte: Instituto Nacional da Propriedade Industrial.

Registro nº 906025397

Fonte: Instituto Nacional da Propriedade Industrial.

Registro nº 906025214

Fonte: Instituto Nacional da Propriedade Industrial.

Ao analisar estes pedidos nºs 906025281 e 906025397, o INPI entendeu que as posições em que os sinais formados por elementos nominativos estão localizados são comumente utilizadas pela concorrência, de modo que, por meio de pesquisa de internet, foram localizados vários exemplos de chinelos/sandálias em que o signo está posicionado nestes mesmos locais do suporte.

Desta forma, apesar de não encontrar anterioridades quanto ao sinal nominativo, dado que a depositante detém vários registros da marca "havaianas", o INPI considerou que os pedidos de registro das marcas de posição não cumprem com o requisito da singularidade da posição do sinal no suporte, presente no item 5.13.2 do Manual de Marcas e na Portaria INPI/PR nº 8/2022, que consolida os atos normativos sobre a recepção e o processamento de pedidos e petições de marcas e sobre o Manual de Marcas da Autarquia.

No que tange ao pedido nº 906025214, o INPI considerou que "a posição na qual o presente sinal se aplica ao calçado é comumente utilizada pela concorrência. Foram encontrados exemplos suficientes de chinelos/sandálias cujas tiras (direita e esquerda) recebem a posição de desenhos em relevo".

Além disso, o INPI também entendeu que o sinal em questão (desenho em relevo) não seria distintivo em um suporte, devendo o pedido também ser indeferido com base no art. 122 da LPI, combinado com o parágrafo único da Portaria INPI/PR nº 8/2022. Trata-se de um sinal correspondente a um desenho de caráter ornamental, o qual, segundo o INPI, já é esperado no segmento mercadológico dos calçados. Portanto, considerando a falta de cunho distintivo do sinal aplicado, o pedido de registro da marca de posição em questão não poderia ser concedido.

1.2.3 O CASO LOUBOUTIN

Fonte: Instituto Nacional da Propriedade Industrial.

Além dos pedidos de registro de marca de posição mencionados no tópico anterior deste trabalho, também foi indeferido aquele de nº 901514225, depositado em 13.3.2009 pela empresa “Clermon et Associes”, que vincula seus produtos por meio da marca “Christian Louboutin”. A empresa buscou o registro de sinal constituído pela cor vermelha posicionado na sola de calçados (vide imagem da página 94).

O INPI, contudo, entendeu que o pedido não poderia ser deferido em razão do art. 122 e 124, VIII, da LPI c/c Parágrafo único do art. 84 da Portaria INPI/PR nº 8/2022. A autarquia considerou que o sinal é não é suficientemente distintivo e ainda indicou que o pedido de registro se assemelha a dois exemplos de indeferimento de sinais por ausência de distintividade fornecidos no Manual de Marcas do INPI, os quais estão apresentados abaixo[9]:

Marca	Observações
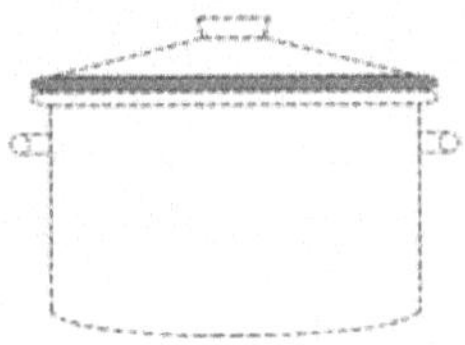 Para assinalar "Panelas".	**Irregistrável à luz dos arts. 122 e 124, VIII, da LPI, combinados com o parágrafo único do art. 1º da Portaria INPI/PR nº 37/2021.** A aplicação da cor na borda da tampa da panela não resulta em disposição peculiar ou distintiva no conjunto depositado como marca de posição.
 Para assinalar "Cafeteiras".	**Irregistrável à luz dos arts. 122 e 124, II, da LPI, combinados com o parágrafo único do art. 1º da Portaria INPI/PR nº 37/2021.** O sinal aplicado é composto por letra isolada que não conta com qualquer outro elemento que confira cunho distintivo ao conjunto depositado como marca de posição.

Fonte: Nota Técnica INPI/CPAD nº 02/2021.

9 Disponível em http://manualdemarcas.inpi.gov.br/projects/manual/wiki/5%C2%B713_An%C3%A1lise_de_pedidos_de_marca_tridimensional_e_de_marca_de_posi%C3%A7%C3%A3o#:~:text=84%20da%20Portaria%20INPI%2FPR,ou%20afins%2C%20desde%20que%20a. Acesso em: 08.10.2023.

No mais, o INPI, em análise a este pedido de registro, entendeu que, apesar da posição apresentar certo grau de singularidade, o sinal aplicado não era suficientemente distintivo por ser constituído de apenas uma única cor, a qual seria vermelho.

Inconformada com esta decisão, a empresa ajuizou ação de nulidade de ato denegatório de pedido de registro de marca cumulado com tutela de urgência perante a 13ª Vara Federal do Rio de Janeiro, na Justiça Federal do Rio de Janeiro, requerendo, liminarmente, a suspensão da decisão administrativa proferida pela autarquia em análise ao pedido de registro em questão, e, no mérito, a declaração de nulidade do ato administrativo e que, em contramão, seja ajustada a especificação do pedido para que abranja "calçados" e que seja publicada decisão de deferimento do pedido de registro.

Um dos principais argumentos apresentados pela empresa para converter a decisão da autarquia se baseia no fato de que o sinal seria suficientemente distintivo em razão do notório conhecimento entre público consumidor sobre "o solado vermelho" ser usado para identificar seus produtos no mercado, tendo adquirido, portanto, *secondary meaning.*

A empresa também invocou o princípio *telle-quelle*, positivado no art. 6 *quinquies* da Convenção de Paris, o qual estipula que qualquer marca registrada no país de origem deve ser admitida para registro e protegida na sua forma original nos demais países signatários. Assim, sendo o Brasil signatário da Convenção, este seria obrigado a conceder o registro da marca de posição em questão, tendo em vista que no país de origem da empresa, França, há o registro desta marca na modalidade marca de posição.

No mais, a empresa também ressaltou o Julgamento do REsp nº 1.677.787/SC, em que foi entendido que o solado vermelho dos sapatos Louboutin deve ser considerado um signo dotado de distintividade.

A empresa também mencionou que a decisão do INPI se difere da decisão de inúmeros órgãos de propriedade industrial no estrangeiro que deferiram o registro da marca em questão como sendo marca de posição. Foram comprovados o registro da marca nos EUA, Canadá, México, Grã-Bretanha e Irlanda do Norte, BENELUX, Kuwait, Líbano, EUIPO, Índia, Singapura, Noruega, França, Indonésia, Macau, Malásia, Panamá, Federação Russa, Emirados Árabes Unidos, Vietnã, Peru e OMPI. A empresa também comprovou que há decisões da EUIPO, da Cour d'Appel de Paris e do Tribunal de Justiça da Comunidade Europeia pela registrabilidade da marca.

Após análise aos argumentos apresentados pela empresa, foi proferida decisão liminar que deferiu o pedido de suspensão da decisão administrativa proferida pelo INPI até a decisão final da demanda. A Juíza responsável pelo caso entendeu que **(i)** a marca pretendida é formada pela aplicação de um sinal em uma posição singular e específica de um determinado suporte; **(ii)** a aplicação do sinal em tal posição do suporte não está associada a qualquer efeito técnico ou funcional; **(iii)** solados de sapatos não são uma posição tradicionalmente usada para aplicação de marcas; **(iv)** apesar de a cor ser aplicada na totalidade do solado, não ocupa a totalidade do suporte (sapato feminino de salto alto) e sim uma posição específica (o solado do sapato feminino, com exceção da área correspondente ao salto alto); **(v)** o conjunto resultante da aplicação da cor vermelho P em solados de sapatos femininos de salto alto apresenta, em princípio, potencial distintivo, reunindo características que o tornam capaz de ser reconhecido pelo público consumidor e associado aos produtos que visa assinalar.

Assim, foi entendido que a probabilidade do direito está demonstrada pelas razões invocadas para a procedência do pedido e justifica o perigo de dano pelo fato do indeferimento da marca equivaler a uma declaração do INPI de que o sinal distintivo pretendido ser de domínio público, o que resulta no impedimento ao exercício legal dos direitos da empresa. Foi considerado que, no caso dos autos, a decisão do INPI seria ainda mais gravosa, pois foi inserida de ofício uma ressalva de que sua especificação se fazia constar "calçados femininos de salto alto".

Conclusões

Este artigo apresentou o histórico das marcas de posição, tendo sido originadas na Alemanha, onde consideravam tal modalidade de marca uma forma especial de posicionar determinado sinal em um produto. Após discorrer sobre as fontes embrionárias das marcas de posição, foram apresentados alguns casos judiciais envolvendo o tema no Brasil antes da regulamentação das marcas de posição.

Por fim, foram apresentados os aspectos da Portaria/INPI/PR nº 37, de 13.9.2021 e da Nota Técnica INPI/CPAD nº 02/2021, de 21.09.2021, que regulamentam as marcas de posição em nosso ordenamento jurídico. A publicação destas normas possibilitou que as marcas de posição fossem registradas no INPI e, como resultado, foi registrada, no início de 2023, a primeira marca de posição no Brasil, no que seria conhecido como o caso Osklen.

O presente estudo também analisou outras decisões de mérito do INPI sobre pedidos de registro de marcas de posição, as quais foram depositadas pela Alpagartas S.A. (caso Havaianas) e pela Clermon et Associés (caso Louboutin).

As decisões de mérito dos pedidos de registro de marcas de posição proferidas pelo INPI nos casos apresentados demonstram a forma pela qual a Portaria/INPI/PR nº 37, de 13.9.2021 e da Nota Técnica INPI/CPAD nº 02/2021, de 21.09.2021. Estes materiais são valiosos precedentes de âmbito administrativo para entender as chances de deferimento de determinado pedido de registro das marcas de posição.

Além disso, o caso Louboutin demonstra a repercussão que as marcas de posição podem alcançar. Ao declarar o indeferimento do pedido de registro de marca de posição, o INPI teve de enfrentar ação judicial, que até o momento resultou em decisão liminar que suspendeu, até o final da demanda, tal ato administrativo. É inegável o impacto que esta decisão provoca na aplicação da Portaria/INPI/PR nº 37, de 13.9.2021 e da Nota Técnica INPI/CPAD nº 02/2021, de 21.09.2021.

De forma geral, o histórico do caso Louboutin releva que as regulamentações tangentes às marcas de posição, por terem sido recentemente inseridas em nosso ordenamento, estão sendo destrinchadas, o que revela a contemporaneidade do tema e deste estudo.

Referências

AGUIAR, Adriana. **INPI nega registro para o solado vermelho da francesa Louboutin**. In: Valor Econômico. 02.06.2023. Disponível em: https://valor.globo.com/legislacao/noticia/2023/06/02/inpi-nega-registro-para-o-solado-vermelho-da-francesa-louboutin.ghtml.

ALMEIDA, Alberto Francisco Ribeiro de. **Denominação de origem e marca.** Coimbra: Coimbra Editora, 1999.

BAIOCCHI, Enzo. **Marca de posição finalmente é regulamentada.** In: Migalhas. Publicado em 19.10.2021. Disponível em: https://www.migalhas.com.br/depeso/353255/marca-de-posicao-e-finalmente-regulada-pelo-inpi.

BARBAS, Leandro Moreira Valente. **Marcas não tradicionais: a propriedade intelectual dos novos tipos de sinais.** Rio de Janeiro: Lumen Juris, 2016.

BARBOSA, Denis Borges. **Tratado da propriedade intelectual.** Rio de Janeiro: Lumen Juris, 2015.

BORDA, Ana Lúcia de Sousa. **Marcas de posição e sua regulamentação pelo Instituto Nacional da Propriedade Industrial INPI.** Revista da ABPI. Rio de Janeiro, n. 176, p. 34-43. fev. 2022.

CESÁRIO, Kone Prieto Furtunato. **O que são as marcas de posição.** Revista da ABPI. Rio de Janeiro, n. 149, p. 25-33. jul./ago. 2017.

KRONEMBERGER, Victor Dreyssig. **A proteção jurídica das marcas de posição no Brasil.** Revista da ABPI. Digital. Rio de Janeiro, n. 180, p. 18-41. set./out. 2022.

MURGOLOVA, Olga. **Non-traditional trademarks: Registration of aural and olfactory signs as trademarks in accordance with the latest amendments of the European Trademark Regulation 2015/2424 and Trademark Directive 2015/2436.** Uppsala University. Department of Law. 2017.

OLIVEIRA. Adriana Tolfo de. **O regime jurídico internacional das marcas: estudo da aplicação das normas nos principais tribunais brasileiros.** 1. ed. Porto Alegre: Síntese, 2003.

OLIVEIRA, Maurício Lopes de. **Direito de Marcas.** 1. ed. Rio de Janeiro: Editora Lume Juris, 2004.

REIS, André Provedel de Menezes Junqueira; TURLÃO, Lilian. **Marcas de posição no Brasil: um estímulo à proteção dos sinais não tradicionais**. Disponível em: https://www.migalhas.com.br/depeso/356914/marcas-de-posicao-no-brasil-um-estimulo-aprotecao.

RIDEAU, Camille. França. **Position Mark: A Category Of Signs Eligible For Trade Mark Protection? Different Standards Of Examination, Different Scope Of Protection?** Centre d'Études Internacionales de la Propriété Intellectuelle, Valorisation des Biens Immatériels, Masters 2, 2009/2010. Strasbourg: Université de Strasbourg.

RODRIGUES, Flávia Tremura Polli; AMARAL, Rafael Lacaz. **Marcas não tradicionais e alternativas perante o INPI.** Revista da ABPI. Rio de Janeiro, n. 176, p. 23-33. fev. 2022.

SCHMIDT, Lélio D. **A distintividade das marcas: secondary meaning, vulgarização e teoria da distância**, 1. ed. São Paulo: Editora Saraiva, 2013.

SILVEIRA, Newton. **Propriedade intelectual: propriedade industrial, direito de autor, software, cultivares, nome empresarial, título de estabelecimento, abuso de patentes.** 6. ed. Barueri: Editora Manole, 2018.

VILHENA, Pedro. **Redescobrindo as fronteiras do direito de marcas: o desafio das formas não tradicionais de apresentação.** Revista da ABPI. Rio de Janeiro, n. 176, p. 7-22. fev. 2022.

CAPÍTULO 7

UTILIZAÇÃO DE MEDIDAS ATÍPICAS NO PROCESSO EXECUTIVO À LUZ DA AÇÃO DIRETA DE INCONSTITUCIONALIDADE N. 5.941[1]

Beatriz Martinelli Siviero

Introdução

O processo executivo tem como objetivo assegurar ao credor a satisfação de uma obrigação consubstanciada em um título executivo. Afinal, um título executivo de nada vale se o credor não possui os meios necessários para satisfazê-lo.

Entretanto, em diversos casos, as medidas típicas previstas de forma taxativa no Código de Processo Civil são insuficientes para garantir o adimplemento, razão pela qual faz-se necessária a adoção de medidas criativas e enérgicas.

Nesse sentido, as medidas atípicas, que podem ser deferidas com fundamento no artigo 139, IV do Código de Processo Civil, ganham destaque, uma vez que podem se mostrar de extrema utilidade para, em casos atípicos, forçar o devedor a cumprir sua obrigação.

A possibilidade de adotar tais medidas foi validada pelo Supremo Tribunal Federal que, recentemente, reconheceu a constitucionalidade do artigo 139, IV

1 Artigo elaborado a partir da monografia apresentada ao Núcleo de Monografia Jurídica da Faculdade de Direito da PUC-SP, sob a orientação do Professor Doutor Cassio Scarpinella Bueno.

do Código de Processo Civil por meio do julgamento da Ação Direta de Inconstitucionalidade nº 5.941.

1. Possibilidade de Adoção de Medidas Atípicas para Satisfação da Tutela Executiva

1.1. Medidas Típicas x Medidas Atípicas

A legislação processual brasileira prevê de forma expressa e detalhada quais são os meios executivos que poderão ser utilizados para a satisfação de uma tutela executiva. Trata-se do princípio da tipicidade dos atos executivos.

Referido princípio tem como finalidade assegurar o devido processo legal – garantia constitucional prevista no art. 5º, LIV da CF –, pelo qual garante-se ao devedor a ciência a respeito do modo pelo qual seu patrimônio será atingido no curso do processo ao mesmo tempo em que garante ao credor ciência a respeito dos atos que poderão por ele ser adotados.[2]

Contudo, a tipicidade dos meios executivos pode servir como pano de fundo para aqueles que não desejam adimplir com suas obrigações. Afinal, ao possuir plena ciência das medidas judiciais que poderão ser adotadas com a judicialização da demanda, o devedor pode simplesmente diligenciar para dificultar ou até mesmo anular a atividade executiva estatal.[3]

É diante desse cenário que a legislação brasileira, por meio do art. 139, IV do CPC, privilegiou o princípio da atipicidade dos meios executivos.

O referido artigo concedeu aos magistrados o dever-poder de determinar todas as medidas necessárias para o cumprimento de uma ordem judicial. Por meio de tal dispositivo, o legislador permitiu aos magistrados a adoção de medidas executivas atípicas para a satisfação da tutela executiva.[4]

---

2 MINAMI, Marcos Youji. **Da vedação ao non factibile: uma introdução às medidas executivas atípicas.** 2ª ed. Salvador: Editora JusPodivm, 2020, p. 338/339.

3 MINAMI, Marcos Youji. **Da vedação ao non factibile: uma introdução às medidas executivas atípicas.** 2ª ed. Salvador: Editora JusPodivm, 2020, p. 338/339.

4 RODRIGUES, Marcelo Abelha. **Manual de execução civil.** 5ª ed. Rio de Janeiro: Forense, 2015, p. 98.

A permissão legal supramencionada, contudo, não pode ser tratada meramente como um poder, mas, sim, como um dever-poder. Isso porque os magistrados têm a obrigação legal de prestar a tutela jurisdicional que lhes fora solicitada, devendo envidar todos seus esforços para tanto.[5] Logo, o julgador não só pode, mas deve escolher as medidas lhe pareçam ser mais eficientes e adequadas às peculiaridades do caso concreto.

Como se vê, o art. 139, IV do CPC trata de uma cláusula geral que permite ao magistrado solucionar os problemas concretos submetidos ao seu crivo, possibilitando a satisfação da tutela pretendida.

Importa destacar que, apesar de a cláusula geral contida no art. 139, IV do CPC ser comumente associada às medidas atípicas coercitivas, ela autoriza a adoção de outras modalidades de medidas, tais como as indutivas, mandamentais e sub-rogatórias.

Tanto as medidas coercitivas quanto as indutivas representam determinações que têm como objetivo pressionar a parte para que ela cumpra determinada obrigação. Entretanto, enquanto as medidas coercitivas representam uma "pressão negativa" destinada à satisfação de uma ordem judicial como as astreintes, as medidas indutivas, por sua vez, representam uma "pressão positiva" ao oferecer à parte benefícios,[6] ou seja, sanções premiais caso a ordem seja cumprida,[7] tal como a previsão constante no art. 916 do CPC que busca induzir ao pagamento da dívida.

As medidas mandamentais, por sua vez, são aquelas que veiculam uma ordem que pode ser destinada às partes ou a um terceiro, de modo que produzam "*parte dos efeitos de uma decisão de cunho constitutivo, mas que não se confundem com a própria tutela pretendida*".[8] Exemplo disso é a ordem proferida pelos magistrados com fundamento no art. 774, V, do CPC para que o devedor indique bens à penhora com vistas à satisfação da tutela executiva.

---

5 BUENO, Cassio Scarpinella. **Curso Sistematizado de Direito Processual Civil: teoria geral do direito processual civil - parte geral do Código de Processo Civil**. 9ª ed. São Paulo: Editora Saraiva, 2023, p. 319.

6 TALAMINI, Eduardo. **Poder geral de adoção de medidas coercitivas e sub-rogatórias nas diferentes espécies de execução**. Revista de processo, v. 284. São Paulo: Revista dos Tribunais, 2018, p. 139/184.

7 MARINONI, Luiz Guilherme; ARENHART, Sérgio Cruz; MITIDIERO, Daniel. **Novo Código de Processo Civil Comentado**. 2ª ed. São Paulo: Revista dos Tribunais, 2016, p. 213.

8 DONIZETTI, Elpídio. **Curso didático de direito processual civil**. 20ª ed. São Paulo: Atlas, 2017, p. 423.

Por fim, as medidas sub-rogatórias consistem em mecanismos para o cumprimento de uma ordem judicial que dispensam a colaboração do ordenado, uma vez que a prestação pode ser atribuída a terceiro, que realizará resultado prático equivalente àquele que seria operado pelo sujeito passivo.[9] É o que ocorre, por exemplo, com a expedição de mandados de busca e apreensão.

À luz do exposto, como se vê, por meio do princípio da atipicidade dos meios executivos, o papel dos magistrados foi transformado. Antes os magistrados eram meros espectadores, mas, agora, passaram a ser partícipes ativos na busca da efetividade da tutela executiva.[10]

Nesse sentido, é importante destacar que, apesar de ser concedido aos magistrados um amplo poder no manuseio dos meios executivos, não há qualquer discricionariedade na escolha do meio atípico. Isso porque a medida escolhida como adequada ao caso concreto deverá ser devidamente fundamentada como toda e qualquer decisão judicial nos termos dos arts. 93, IX, da CF e 489, §1º, do CPC.

Denota-se, portanto, que o legislador privilegia os direitos do credor, pois a falta de previsão normativa sobre determinada técnica executiva não pode e não deve inibir a atuação do Judiciário à luz do art. 139, IV, do CPC. Afinal, se o Judiciário, em atenção à garantia constitucional do amplo acesso à justiça (art. 5º, XXXV da CF), não pode deixar de se posicionar sobre uma demanda a ele submetida, ele também não pode deixar de auxiliar o credor em fazer valer o seu direito:

> O acesso à justiça pleno traduz-se não apenas no acesso ao judiciário e obtenção de uma decisão. É preciso efetivá-la. Da mesma forma, se existe uma promessa legislativa de que o título executivo extrajudicial uma vez não honrado – inadimplemento – deve ser efetivado, a falta de procedimento não pode ser desculpa para que isso não ocorra.[11]

---

9 ARENHART, Sérgio Cruz. **A intervenção judicial e o cumprimento da tutela específica**. Revista Jurídica, v. 57, n. 385. Porto Alegre, 2009, p. 45/60.

10 RODRIGUES, Marcelo Abelha. **Manual de execução civil**. 5ª ed. Rio de Janeiro: Forense, 2015, p. 74.

11 MINAMI, Marcos Youji. **Proposta de concretização dogmática das cláusulas gerais executivas do Código de Processo Civil Brasileiro de 2015**. Tese de Doutoramento apresentada à Universidade Federal da Bahia, Bahia, 2017, p. 87.

Logo, constata-se que a legislação processual civil à luz das mais diversas situações fáticas submetidas ao Judiciário concedeu aos magistrados o dever-poder de adotar a modalidade executiva adequada ao caso concreto, cumprindo com a promessa constitucional da efetividade da prestação jurisdicional.

1.2. Requisitos Doutrinários para a Utilização das Medidas Atípicas

Em se tratando da utilização de medidas atípicas para a satisfação da tutela executiva, é necessário investigar qual o parâmetro de controle da escolha realizada pelo magistrado, que deve ser a mais adequada ao caso concreto, com vistas a obter o melhor rendimento jurisdicional. Ocorre que a escolha da medida atípica pelo magistrado não é tarefa simples, razão pela qual há um conjunto de diretrizes e princípios que guiam sua atuação, estabelecendo limites para a escolha da medida adequada.[12]

Os princípios que regem o processo executivo funcionam como parâmetro para a escolha da medida atípica adequada ao caso concreto, pois caso assim não fosse, haveria uma explícita violação ao CPC.

Dessa forma, à luz dos princípios consagrados no CPC, a escolha da medida atípica deve ser realizada de forma proporcional e razoável, sem excessos, de forma eficiente e com a menor onerosidade possível ao devedor.[13]

Nesse sentido, a doutrina pátria estabelece três critérios essenciais que devem ser observados pelos magistrados no momento da realização de sua escolha: a adequação, a necessidade e a proporcionalidade da medida.[14]

No que tange ao critério da adequação, para que a medida atípica seja legítima, o magistrado deverá considerar e vislumbrar uma relação de meio/fim existente entre a medida executiva deferida e o resultado a ser obtido, determinando a providência que se mostre mais propícia a gerar aquele resultado.[15]

12 DIDIER JR., Fredie; CUNHA, Leonardo Carneiro da; BRAGA, Paula Sarno; OLIVEIRA, Rafael Alexandria de. **Curso de Direito Processual Civil: Execução.** 9ª ed. Salvador: Juspodivm, 2017, p. 111.

13 RODRIGUES, Marcelo Abelha. **O que fazer quando o executado é um "cafajeste"? Apreensão de passaporte? Da carteira de motorista?** Migalhas, 2016.

14 GUERRA, Marcelo Lima. **Direitos fundamentais e a proteção do credor na execução civil.** São Paulo: Revista dos Tribunais, 2002, p. 127.

15 DIDIER JR., Fredie; CUNHA, Leonardo Carneiro da; BRAGA, Paula Sarno; OLIVEIRA, Rafael Alexandria de. **Curso de Direito Processual Civil: Execução.** 9ª ed. Salvador: Juspodivm, 2017, p. 114.

Trata-se, portanto, de um requisito balizado pelo princípio da efetividade, visto que a escolha do meio atípico deve ser capaz de proporcionar a satisfação da tutela executiva cujo adimplemento se busca.

Por sua vez, o requisito da necessidade tem como finalidade assegurar que a medida atípica escolhida gere o menor sacrifício possível ao devedor. Ou seja, a medida atípica deve resultar no menor prejuízo possível ao devedor, dentro do estritamente necessário para que se atinja a tutela pretendida, tal como determina o art. 805 do CPC.[16]

Por fim, o critério da proporcionalidade assegura às partes que as vantagens da utilização da medida atípica não superarão as desvantagens de seu uso, de modo que a medida representará uma solução adequada aos interesses do credor e do devedor em conflito.[17]

Logo, os critérios que necessitam ser observados para a utilização de uma medida atípica não representam qualquer inovação, visto que são exatamente os mesmos que balizam a atividade jurisdicional executiva, que pode ser traduzida como a *"resposta estatal certa, imparcial e regida pela proporcionalidade"*.[18]

1.3. Utilidade Práticas das Medidas Atípicas

Apesar de o Código de Processo Civil prever de forma expressa em seus artigos 5º e 6º que *"aquele que de qualquer forma participa do processo deve comportar-se de acordo com a boa-fé"* e *"todos os sujeitos do processo devem cooperar entre si para que se obtenha, em tempo razoável, decisão de mérito justa e efetiva"*, essa não é a realidade.

Apenas para ver seu direito satisfeito, o credor leva em média 5 anos e 3 meses, conforme dados do relatório "Justiça em Números" do CNJ.[19] Tal demora se dá, além da inerente morosidade do Poder Judiciário, em razão dos processos

16 RODRIGUES, Marcelo Abelha. **Manual de execução civil**. 5ª ed. Rio de Janeiro: Forense, 2015, p. 74.

17 DIDIER JR., Fredie; CUNHA, Leonardo Carneiro da; BRAGA, Paula Sarno; OLIVEIRA, Rafael Alexandria de. **Curso de Direito Processual Civil: Execução**. 9ª ed. Salvador: Juspodivm, 2017, p. 114.

18 MINAMI, Marcos Youji. **Proposta de concretização dogmática das cláusulas gerais executivas do Código de Processo Civil Brasileiro de 2015**. Tese de Doutoramento apresentada à Universidade Federal da Bahia, Bahia, 2017, p. 87.

19 BRASIL. **Justiça em números 2022**. Conselho Nacional de Justiça Brasília: CNJ, 2022.

paralisados diante da inexistência de bens no patrimônio do devedor que possam ser penhorados e, consequentemente, levados a hasta pública.[20]

Entretanto, é essencial diferenciar duas situações fáticas: execuções que estão frustradas diante da absoluta inexistência de bens e execuções nas quais os devedores ocultam e blindam seu patrimônio, criando verdadeiros empecilhos processuais para a satisfação do direito do credor.

Com efeito, faz-se essencial distinguir dois tipos de devedores: aqueles que efetivamente não possuem condições de arcar com as dívidas que contraíram e os devedores contumazes, que, apesar de possuírem plenas condições para adimplirem com suas obrigações, simplesmente optam por não fazê-lo.[21]

Nesse contexto, diante da recalcitrância do devedor solvente em adimplir com sua obrigação, a possibilidade de adoção de medidas executivas atípicas ganha relevância. Afinal, por meio delas o magistrado possui liberdade para a cumprir o seu dever-poder de oferecer tutelas jurisdicionais adequadas à luz do caso concreto, criando meios para que o devedor se veja e se sinta forçado a adimplir com a obrigação por ele contraída.[22]

Ou seja, as medidas atípicas podem e devem ser utilizadas como um meio para vencer a recalcitrância do devedor e satisfazer a tutela executiva, influenciando psicologicamente na sua vontade a fim de assegurar o cumprimento de uma ordem judicial.

Dessa forma, as medidas atípicas possuem uma função coercitiva, podendo ser adotadas caso existam indícios de que a satisfação da obrigação judicializada é possível, mas sua inadimplência é uma opção consciente e programada do devedor:

> A adoção de qualquer medida executiva, as atípicas especialmente, deve ser amparada em indícios presentes no processo de que a pressão

20 JUNIOR, Mauro Nicolau. **A inutilidade do processo de execução como justificativa para sua extinção: incidência dos princípios constitucionais da celeridade e efetividade da prestação jurisdicional.** Revista do GEDICON, v. 1. Rio de Janeiro: 2013, p. 146.

21 DINAMARCO, Cândido Rangel. **Instituições de direito processual civil: execução forçada.** 4ª ed. São Paulo: Malheiros, 2004, p. 58.

22 NETO, Olavo de Oliveira. **Poder geral de coerção.** Enciclopédia jurídica da PUC-SP, p. 11

psicológica por elas exercida pode efetivamente funcionar para se obter no caso concreto a satisfação do direito exequendo.[23]

Logo, constata-se que as medidas executivas coercitivas atípicas podem se mostrar uma solução eficaz para satisfazer a tutela executiva pleiteada pelo credor, levando a um processo executivo mais efetivo na satisfação do crédito.

2. Ação Direta de Inconstitucionalidade nº 5.941

Em 10 de maio de 2018, o Partido dos Trabalhadores ajuizou a Ação Direta de Inconstitucionalidade nº 5.941, pela qual buscava ver declarada a inconstitucionalidade dos arts. 139, IV; 297; 390, parágrafo único; 403, parágrafo único; 536, *caput* e §1º; e 773, todos do CPC.

No entender do Partido dos Trabalhadores, seria inconstitucional a adoção de medidas atípicas oriundas da aplicação dos supramencionados dispositivos, tais como a apreensão de Carteira Nacional de Habilitação e/ou suspensão do direito de dirigir, a apreensão de passaporte, a proibição de participação em concurso público e em licitação pública.

Isso porque tais medidas supostamente representariam um sacrifício aos direitos fundamentais previstos constitucionalmente, bem como um retrocesso, visto que a responsabilidade por uma obrigação migraria do patrimônio do devedor para sua pessoa.

Em resumo, as medidas atípicas seriam inconstitucionais, pois concederiam aos magistrados um arbítrio incondizente com a Constituição Federal, notadamente em razão de limitarem direitos como o de livre locomoção e o da dignidade humana, e violarem o princípio da proporcionalidade.

Em 9.2.2023, a Ação Direta de Inconstitucionalidade nº 5.941 foi julgada improcedente diante da manifesta constitucionalidade da utilização de medidas atípicas para a satisfação da tutela executiva.

O relator Ministro Luiz Fux, acompanhado da maioria, votou pela improcedência da ação, pois eventual inconstitucionalidade na utilização de medidas

[23] NEVES. Daniel Amorim Assumpção. **Medidas executivas coercitivas atípicas na execução de obrigação de pagar quantia certa – art. 139, IV, do novo CPC**. Revista de Processo, n. 265. São Paulo: Revista dos Tribunais, 2017, p. 129

atípicas somente pode ser analisada diante do caso concreto, uma vez que sua adequação, necessidade e proporcionalidade podem ser examinadas apenas à luz das peculiaridades e provas existentes nos autos.[24]

Reconhecer a inconstitucionalidade de forma geral e abstrata retiraria dos magistrados o leque de ferramentas disponíveis para que possam fazer valer suas determinações.

O voto proferido pelo relator ainda destacou que as medidas atípicas têm como função assegurar as garantias constitucionais da inafastabilidade da jurisdição, da efetividade, da celeridade e da duração razoável do processo.

Entretanto, o voto pontuou que a aplicação de tais medidas exige observância às balizas constitucionais e infraconstitucionais para que não haja qualquer violação legal. A harmonização com os limites já estabelecidos pelo ordenamento jurídico evita o uso arbitrário e desmensurado de quaisquer medidas eleitas pelo magistrado à luz do caso concreto.

Com efeito, concluiu-se que os princípios da proporcionalidade, adequação e necessidade devem funcionar como critérios avaliativos para analisar eventual necessidade e a possibilidade da aplicação das medidas atípicas.

3. Aplicação da Ação Direta de Inconstitucionalidade nº 5.941 pelo Tribunal de Justiça do Estado de São Paulo

O Supremo Tribunal Federal estabeleceu requisitos – já previstos e consagrados pela doutrina pátria – que devem ser observados pelos julgadores a fim de possibilitar a utilização de medidas atípicas, visando a satisfação de tutela executiva. Em resumo, as medidas podem ser deferidas apenas se forem adequadas, necessárias e proporcionais diante das peculiaridades do caso concreto.

À luz do entendimento exarado pelo STF, passaremos à análise de alguns recentes julgados como forma de tentar ilustrar o impacto, bem como compreender a aplicação prática que a tese definida no julgamento da ADI nº 5.941 teve nos tribunais pátrios.

[24] STF. Ação Direta de Inconstitucionalidade nº 5.941, Rel. Min. Luiz Fux, Tribunal Pleno, j. em 9.2.2023.

É importante destacar que a maioria dos tribunais brasileiros ainda não enfrentou os impactos que o julgamento da ADI nº 5.941 trouxe em relação à possibilidade de se utilizar medidas atípicas para satisfazer uma tutela executiva.

O Tribunal de Justiça do Estado de São Paulo é o tribunal que, apesar de ainda possuir poucos julgados sobre o tema, efetivamente se debruça sobre os efeitos da decisão proferida pelo STF, razão pela qual a análise desse artigo tem como enfoque os julgados deste tribunal.

O Agravo de Instrumento nº 2046451-49.2023.8.26.0000[25] foi interposto contra decisão que deferiu o bloqueio da Carteira Nacional de Habilitação, do passaporte, bem como dos cartões de crédito de titularidade do devedor.

A turma julgadora entendeu que a decisão de origem deveria ser mantida, uma vez que os elementos dos autos demonstram que, embora mantivesse vida luxuosa, o devedor não possuía nenhum patrimônio em seu nome. No caso concreto, a utilização das medidas atípicas, além de ser constitucional, se tratava de medida razoável e proporcional que garantiria o resultado útil do processo, satisfazendo o direito creditório do exequente.

Outro julgado que merece destaque é o Agravo de Instrumento nº 2137230-50.2023.8.26.0000.[26] Em tal julgado discutia-se a possibilidade da expedição de ofícios à Polícia Federal e ao Departamento Estadual de Trânsito para averiguar se os executados possuíam passaportes e Carteiras Nacionais de Habilitação válidas.

A turma julgadora entendeu que tais medidas se mostrariam adequadas ao caso concreto, pois, por meio delas, o exequente, ciente da vida luxuosa que os devedores levavam, busca tão somente obter "*informações acerca de viagens ao exterior e da habilitação de motorista, para nortear futuro e eventual prosseguimento da execução*".

O julgado destacou o fato de que a adoção de medidas atípicas como as pleiteadas no caso já teve sua constitucionalidade reconhecida por meio do julgamento da ADI nº 5.941 e que, em consonância com o quanto definido pelo STF, elas não violam qualquer direito fundamental dos executados e se mostram

[25] TJSP. Agravo de Instrumento nº 2046451-49.2023.8.26.0000, 20ª Câmara de Direito Privado, Rel. Correia Lima, j. em 14.7.2023.

[26] TJSP. Agravo de Instrumento nº 2137230-50.2023.8.26.0000, 1ª Câmara Reservada de Direito Empresarial, Rel. Cesar Ciampolini, j. em 9.8.2023.

proporcionais e razoáveis ao caso concreto em que havia indícios da existência de patrimônio em nome dos devedores, que viviam luxuosamente.

Em outro julgado, no Agravo de Instrumento nº 2052946-12.2023.8.26.0000,[27] entendeu-se que as medidas atípicas poderiam ser utilizadas quando as demais diligências realizadas nos autos retornassem negativas, em atenção aos princípios da proporcionalidade e da razoável duração do processo. As medidas atípicas, que tiveram sua constitucionalidade declarada pelo STF, tratariam de medidas subsidiárias que poderiam ser adotadas como última *ratio* como forma de trazer efetividade à satisfação da tutela executiva.

Entretanto, este entendimento viola o quanto definido no julgamento da ADI nº 5.941, pois a mera inexistência de patrimônio em nome do devedor não é capaz de, por si só, demonstrar a proporcionalidade e razoabilidade da aplicação de medidas atípicas.

Isso porque as medidas atípicas podem ser adotadas tão somente se, no caso concreto, mostrarem-se efetivas para a satisfação do débito. Inexistindo indícios de que o devedor pode cumprir a obrigação, sua adoção se mostra desarrazoável e desproporcional.

Tem sido justamente esse o entendimento do TJSP, que, na maioria dos julgados analisados, negou a utilização de medidas atípicas no caso concreto justamente por entender que elas não seriam capazes de proporcionar a satisfação da tutela executiva.[28]

No julgamento do Agravo de Instrumento nº 2190627-24.2023.8.26.0000,[29] por exemplo, apesar de a turma julgadora ter reconhecido a possibilidade de adoção de medidas atípicas notadamente diante do reconhecimento de sua constitucionalidade, ela entendeu que, em razão de não terem sido demonstrados indícios da existência de patrimônio em nome do devedor apto a cumprir a obrigação, sua adoção no caso concreto era impossível. Afinal, diante da inexistência

27 TJSP. Agravo de Instrumento nº 2052946-12.2023.8.26.0000, 34ª Câmara de Direito Privado, Rel. Costa Wagner, j. em 29.7.2023.

28 A título exemplificativo: Agravo de Instrumento nº 2222186-96.2023.8.26.0000, Rel. Luiz Antonio de Godoy, 1ª Câmara de Direito Privado, j. em 4.9.2023; Agravo de Instrumento nº 2223932-96.2023.8.26.0000, Rel. Almeida Sampaio, 25ª Câmara de Direito Privado, j. em 31.8.2023; Agravo de Instrumento nº 2216665-73.2023.8.26.0000, Rel. Ricardo Chimenti, 18ª Câmara de Direito Público, j. em 23.8.2023; Agravo de Instrumento nº 2106727-46.2023.8.26.0000, Rel. Lavínio Donizetti, 38ª Câmara de Direito Privado, j. em 31.8.2023.

29 TJSP. Agravo de Instrumento nº 2190627-24.2023.8.26.0000, 38ª Câmara de Direito Privado, Rel. Lavínio Donizetti, j. em 31.7.2023.

de qualquer patrimônio em nome do devedor, a adoção das medidas atípicas seria inócua para satisfação do crédito.

Dessa forma, apesar de a jurisprudência do TJSP ainda ser tímida sobre o tema – notadamente em razão de se tratar de uma discussão recente – nota-se que ela tem seguido as diretrizes estabelecidas pelo STF.

Inclusive, constata-se que são poucos os julgados em que a adoção das medidas atípicas é efetivamente deferida, pois, na visão do TJSP, são poucos os casos em que elas se mostram efetivas, razoáveis e proporcionais à luz do caso concreto.

Os recentes julgados do TJSP apenas confirmam a razão pela qual a ADI nº 5.941 foi julgada improcedente: as medidas atípicas não podem e não são concedidas em todo e qualquer caso, apenas naqueles em que se mostram necessárias, adequadas e efetivas.

Conclusões

A utilização das medidas atípicas se mostra como uma alternativa útil para satisfazer obrigações judicializadas de forma célere e eficaz. Afinal, elas se apresentam como uma solução para compelir o devedor a adimplir com a obrigação por ele pactuada em um cenário em que as medidas tipicamente previstas pelo legislador se mostram insuficientes.

A bem da verdade, a adoção de soluções enérgicas e criativas que se mostrem adequadas ao caso concreto se trata de um dever-poder atribuído aos magistrados, que têm a obrigação de assegurar a satisfação da tutela jurisdicional executiva.

Entretanto, apesar de serem medidas previstas de forma abstrata, as medidas atípicas, não podem e não devem ser aplicadas de forma irrestrita e discricionária. Como já afirmado, elas somente podem ser deferidas caso se mostrem como uma medida adequada, necessária e proporcional à luz do caso concreto.

E não foi outro o entendimento do STF ao julgar improcedente a Ação Direta de Inconstitucionalidade nº 5.941 e reconhecer a constitucionalidade da adoção de medidas atípicas no curso de processo destinado a satisfazer tutela executiva.

Ocorre que o julgamento da Ação Direta de Inconstitucionalidade nº 5.941 não representou qualquer inovação no ordenamento jurídico brasileiro, pois ele se prestou apenas a consolidar e sedimentar o que já era defendido pela doutrina havia anos: as medidas atípicas podem ser adotadas, desde que observem as balizas e princípios constitucionais e infraconstitucionais.

Por fim, é importante destacar que, ao defender a adoção das medidas atípicas, não se acredita que elas tratam de uma solução mirabolante que garantirá a satisfação das milhares de execuções que tramitam nos tribunais pátrios, mas, sim que elas se mostram como uma alterativa eficaz e interessante para dinamizar os procedimentos executivos, notadamente quando há suspeita de patrimônio exequível oculto pelo devedor.

Referências

ARENHART, Sérgio Cruz. **A intervenção judicial e o cumprimento da tutela específica**. Revista Jurídica, v. 57, n. 385. Porto Alegre, 2009.

ASSIS, Araken de. **Manual da Execução**. 20ª ed. São Paulo: Thomson Reuters, 2018.

BRASIL. **Justiça em números 2022**. Conselho Nacional de Justiça Brasília: CNJ, 2022.

BUENO, Cassio Scarpinella. **Curso Sistematizado de Direito Processual Civil: teoria geral do direito processual civil - parte geral do Código de Processo Civil**. 9ª ed. São Paulo: Editora Saraiva, 2023.

DINAMARCO, Cândido Rangel. **Instituições de direito processual civil: execução forçada**. 4ª ed. São Paulo: Malheiros, 2004.

DIDIER JR., Fredie; CUNHA, Leonardo Carneiro da; BRAGA, Paula Sarno; OLIVEIRA, Rafael Alexandria de. **Curso de Direito Processual Civil: Execução**. 9ª ed. Salvador: Juspodivm, 2017.

DONIZETTI, Elpídio. **Curso didático de direito processual civil**. 20ª ed. São Paulo: Atlas, 2017.

GUERRA, Marcelo Lima. **Direitos fundamentais e a proteção do credor na execução civil**. São Paulo: Revista dos Tribunais, 2002.

JUNIOR, Mauro Nicolau. **A inutilidade do processo de execução como justificativa para sua extinção: incidência dos princípios constitucionais da celeridade e efetividade da prestação jurisdicional**. Revista do GEDICON, v. 1. Rio de Janeiro: 2013.

MARINONI, Luiz Guilherme; ARENHART, Sérgio Cruz; MITIDIERO, Daniel. **Novo Código de Processo Civil Comentado.** 2ª ed. São Paulo: Revista dos Tribunais, 2016.

MINAMI, Marcos Youji. **Da vedação ao non factibile: uma introdução às medidas executivas atípicas.** 2ª ed. Salvador: Editora JusPodivm, 2020.

MINAMI, Marcos Youji. **Proposta de concretização dogmática das cláusulas gerais executivas do Código de Processo Civil Brasileiro de 2015.** Tese de Doutoramento apresentada à Universidade Federal da Bahia, Bahia, 2017.

NETO, Olavo de Oliveira. **Poder geral de coerção.** Enciclopédia jurídica da PUC-SP. Celso Fernandes Campilongo, Alvaro de Azevedo Gonzaga e André Luiz Freire (coords.). Tomo: Processo Civil. Cassio Scarpinella Bueno, Olavo de Oliveira Neto (coord. de tomo). 2ª ed. São Paulo: Pontifícia Universidade Católica de São Paulo, 2021. Disponível em https://enciclopediajuridica.pucsp.br/verbete/456/edicao-2/poder-geral-de-coercao. Acesso em 27 de novembro de 2024.

NEVES. Daniel Amorim Assumpção. **Medidas executivas coercitivas atípicas na execução de obrigação de pagar quantia certa – art. 139, IV, do novo CPC.** Revista de Processo, n. 265. São Paulo: Revista dos Tribunais, 2017.

RODRIGUES, Marcelo Abelha. **Manual de execução civil.** 5ª ed. Rio de Janeiro: Forense, 2015.

RODRIGUES, Marcelo Abelha. **O que fazer quando o executado é um "cafajeste"? Apreensão de passaporte? Da carteira de motorista?** Migalhas, 2016. Disponível em https://www.migalhas.com.br/depeso/245946/o-que-fazer-quando-o-executado-e-um--cafajeste---apreensao-de-passaporte--da-carteira-de-motorista. Acesso em 27 de novembro de 2024.

TALAMINI, Eduardo. **Poder geral de adoção de medidas coercitivas e sub-rogatórias nas diferentes espécies de execução.** Revista de processo, v. 284. São Paulo: Revista dos Tribunais, 2018.

PARTE III

DIREITOS FUNDAMENTAIS E DIREITOS HUMANOS

CAPÍTULO 8

ACORDOS BILATERAIS COMO FERRAMENTA DE TRANSFERÊNCIA INTERNACIONAL DE DADOS: UMA ANÁLISE À LUZ DO *SAFE HARBOR*, *PRIVACY SHIELD* E *DATA PRIVACY*[1]

Natan Jamil Angelo

Introdução

Atualmente, abordar proteção de dados é também abordar economia e regulação de mercado. Os dados pessoais se mostraram como um bem infinito e abundante podendo vir a ser objeto de transações comerciais. As novas tecnologias agregam valor aos dados pessoais tratados, por isso que sua coleta, armazenamento e transferência são relevantes aspectos mercadológicos para o desenvolvimento econômico.

Sob o enfoque específico das transferências internacionais, este Artigo se propõe a analisar como mecanismos alternativos conseguem respaldar este tipo de tratamento de dados. O objetivo é entender, a partir de uma metodologia indutiva, como acordos bilaterais são mecanismos eficientes que podem justificar

[1] Artigo elaborado a partir da monografia apresentada ao Núcleo de Monografia Jurídica da Faculdade de Direito da PUC-SP, sob a orientação da Professora Doutora Clarisse Laupman Ferraz Lima.

uma transferência internacional. Por isso, este Artigo analisará três acordos bilaterais firmados entre União Europeia (UE) e Estados Unidos da América (EUA): *Safe Harbor Agreement, Privacy Shield* e *Data Privacy Framework*.

Portanto, a primeira Seção propõe-se a inserir um panorama geral sobre como as demandas de proteção de dados e as transferências internacionais foram surgindo com passar dos tempos. Na segunda Seção serão abordados os acordos bilaterais firmados entre UE e EUA, e a partir disso, uma análise será feita das decisões exaradas pelo Tribunal de Justiça da União Europeia (TJUE). Na terceira Seção, o intuito é expor como seria cabível um acordo bilateral na legislação brasileira e, ainda, qual seria um conteúdo mínimo esperado numa versão brasileira do tema.

1. TRANSFERÊNCIA INTERNACIONAL DE DADOS

A sociedade mundial se desenvolveu a ponto de conhecer um novo bem infinito: seus próprios dados. Para enfatizar a mudança de paradigmas, pesquisadoras da *Nebraska University* citam Michael Palmer em comentários sobre a palestra de Clive Humby em 2006: dados são o novo petróleo.[2] Com a mudança nas dinâmicas mundiais de transposição de valores ao novo petróleo, a Europa iniciou o processo de sua regulamentação na Convenção nº 108/1981 que era destinada à proteção de dados pessoais em tratamentos automatizados e seu compartilhamento.[3]

Com esforço, o Parlamento e o Conselho da UE nas décadas seguintes foram responsáveis pela adoção de outras regulamentações como a Diretiva 95/46/CE e a sua revogação pelo recente Regulamento Geral de Proteção de Dados (RGPD). Por sua vez, o Brasil, ao descobrir as divulgações do caso Snowden, que envolvia a espionagem online pelo governo estadunidense de sua população e de líderes mundiais, promulgou a Lei nº 12.965/2014 (Marco Civil da

[2] SRIVASTAVA, Prachi; SINGH, Rupinder; SONKAR, Sharad Kumar. **Mapping of Research Output in the field of Big Data Analytics: Scientometric Study**. 6378ª ed. Nebraska: Library Philosophy and Practice, 2021, p.2 apud PALMER, Michael. ANA Marketing Maestros: Data is the New Oil. 2006.

[3] CONSELHO DA EUROPA. **Convention for the Protection of Individuals with regard to Automatic Processing of Personal Data**. 1981.

Internet). Após isto, a Lei nº 13.709/2018 (LGPD) surgiu e foi responsável por sistematizar a estrutura de proteção de dados que existe hoje no Brasil.[4]

Dada esta breve contextualização, este Artigo perpassará por um dos aspectos mais relevantes da proteção de dados: transferência internacional de dados pessoais. A dinâmica das transferências internacionais é relevante para compreender o cenário instituído e a relevância do tema para o mundo.

Atualmente, é necessário entender que regular transferência internacional é regular mercado. As regulamentações destinadas às transferências internacionais possuem caráter comercial, a depender do país, mais protecionista ou menos.[5] Em decorrência da relação entre mercado e transferência internacional é que podem existir distorções regulatórias que influenciam a atração de diferentes empresas para cada país.[6]

Na tentativa de harmonizar os diferentes modelos regulatórios mundiais e reduzir o impacto das fronteiras nacionais, Kuner sugere que existem mecanismos que podem ser implementados para a harmonização de diferentes sistemas jurídicos, como, por exemplo por meio de tratado ou convenção multilateral ou bilateral. [7] Com isto em mente, foram criados *frameworks* legais baseados na concordância de padrões para proteção de dados pessoais.

A criação de um *framework* legal é justa quando comparada com o tempo necessário para uma autoridade de proteção de dados expedir uma decisão de adequação. Kuner argumenta que existem 192 Estados-membros da ONU, ao subtrair os 36 Estados-membros da UE, da EFTA e aqueles considerados adequados perante o RGPD, restam 156 países passíveis de serem considerados adequados no âmbito europeu. Para efeitos de argumentação, pode-se então assumir que talvez metade destes países restantes nunca seriam considerados adequados por várias razões (e.g. falta de um sistema democrático) restando assim

4 DONEDA, Danilo. **Panorama histórico da proteção de dados pessoais.** In: BIONI, Bruno *et al.* Tratado de Proteção de Dados Pessoais. Rio de Janeiro: Forense, 2021, p. 37.

5 Ibidem, p. 311.

6 SANTOS, Luiza Mendonça da S. B.; VERONESE, Alexandre. **Padrões de conformidade nacionais de proteção de dados pessoais: anotações na perspectiva de compliance após a invalidação do Privacy Shield firmado entre os Estados Unidos da América e a União Europeia.** In: CUEVA, Ricardo Villas B (coord.); FRAZÃO, Ana (coord.). Compliance e Política de Proteção de Dados. São Paulo: Thomson Reuters Brasil, 2021, p. 95.

7 KUNER, Christopher. **An International Legal Framework for Data Protection: Issues and Prospects.** Vol. 25. P. 307-317. [s.l]: Computer Law & Security Review, 2009a, p. 12. Disponível em: https://papers.ssrn.com/sol3/papers.cfm?abstract_id=1443802.

78 países possíveis candidatos à adequação. Em continuidade, pode-se assumir que as futuras decisões de adequação serão aprovadas ao mesmo ritmo que têm sido desde a entrada em vigor da Diretiva 95/16/CE (i.e. aproximadamente seis países a cada dez anos). Portanto, seriam necessários cerca de 130 anos para que os 78 países fossem considerados adequados ao RGPD.[8]

Dessa forma, analisar caminhos alternativos que visem a encurtar o período que pode ser demasiadamente longo é uma necessidade frente ao hiperconectado. Portanto, acordos bilaterais podem ser um instrumento relevante de eficácia e rapidez frente as outras possibilidades existentes atualmente. Por isso, este Artigo visa analisar este fenômeno alternativo que é a entabulação de um acordo bilateral.

2. ACORDOS BILATERAIS DE TRANSFERÊNCIA INTERNACIONAL DE DADOS

Esta Seção será responsável por abordar os acordos firmados entre os europeus e os estadunidenses para fins de legalizar as transferências internacionais de dados. Para a persecução da análise destes acordos, o objeto de estudo está delimitado nos seguintes acordos bilaterais: *Safe Harbor Agreement, Privacy Shield* e *Data Privacy Framework*. No mais, a análise dos acordos também considerará as decisões emanadas pelo Tribunal de Justiça da União Europeia (TJUE) na invalidação dos dois primeiros acordos mencionados.

2.1. *SAFE HARBOR AGREEMENT*

Com negociações iniciadas em 1998 e sob o comando da Diretiva 95/46/CE, foi-se entabulado o primeiro acordo bilateral de transferência internacional de dados: o *Safe Harbor.* A Comissão Europeia publicou a Decisão 2000/520/EC entendendo que o *Safe Harbor* e seu FAQ asseguravam um nível adequado de

[8] KUNER, Christopher. **Developing an Adequate Legal Framework for International Data Transfers**. p. 263-273. [s.l.]: Springer Science+Business Media B.V., 2009b, p. 3. Disponível em: https://papers.ssrn.com/sol3/papers.cfm?abstract_id=1464323.

proteção dos dados pessoais.[9] Importante ressaltar, a exceção de aplicação contida no preâmbulo do acordo viria a ser o grande problema, veja-se: "A adesão a estes princípios pode ser limitada: a) na medida necessária para observar requisitos de segurança nacional, interesse público ou execução legal".[10]

Assim, por meio de um programa voluntário de autocertificação em relação aos princípios contidos no *Safe Harbor*, as transferências internacionais de dados foram regulamentadas e exigiu-se que empresas estadunidenses fossem submetidas aos padrões de proteção de dados mais elevados.[11] O referido acordo estabeleceu princípios de privacidade que foram: aviso, escolha, transferência posterior, segurança, integridade dos dados, acesso e aplicação.

Entretanto, em 2013, o caso Snowden revelou uma reação de Maximillian Schrems pela invalidação do acordo.[12] O seu fundamento era em relação à utilização do sistema PRISM, que inicialmente havia sido criado para rastrear estrangeiros suspeitos de terrorismo, mas que, na verdade, coletava dados em massa sem distinção de usuários. Portanto, Schrems alegou que não havia proteção significativa na lei ou na prática dos EUA em relação à privacidade, principalmente em relação à exceção de segurança nacional.

O austríaco apresentou uma denúncia à Autoridade de Proteção de Dados Irlandesa (APD), alegando que a transferência internacional de dados para os EUA era incompatível com as regras de privacidade estabelecidas na UE.[13] A APD, por sua vez, declinou sua competência, o que levou Schrems a recorrer

9 UNIÃO EUROPÉIA. Comissão das Comunidades Europeias. **2000/520/CE:** Decisão da Comissão de 26 de Julho de 2000 nos termos da Diretiva 95/46/CE do Parlamento Europeu e do Conselho e relativa ao nível de proteção assegurado pelos princípios de "porto seguro" e pelas respectivas questões mais frequentes (FAQ) emitidos pelo Department of Commerce dos Estados Unidos da América. Bruxelas: Jornal Oficial da União Europeia, 2000, p. 4. Disponível em: https://eur-lex.europa.eu/legal-content/PT/TXT/PDF/?uri=CELEX:02000D0520-20000825.

10 Ibidem, p. 7.

11 SANTOS, Luiza Mendonça da S. B.; VERONESE, Alexandre. **Padrões de conformidade nacionais de proteção de dados pessoais: anotações na perspectiva de compliance após a invalidação do Privacy Shield firmado entre os Estados Unidos da América e a União Europeia**. In: CUEVA, Ricardo Villas B (coord.); FRAZÃO, Ana (coord.). Compliance e Política de Proteção de Dados. São Paulo: Thomson Reuters Brasil, 2021, p. 118.

12 Ibidem, p. 119-120.

13 NI LOIDEAIN, Nora. **The End of Safe Harbor: Implications for EU Digital Privacy and Data Protection Law.** Vol. 19, nº 8. Cambridge: Journal of Internet Law, 2016, p. 9. Disponível em: https://papers.ssrn.com/sol3/papers.cfm?abstract_id=2734698

à Suprema Corte irlandesa, que encaminhou seus questionamentos ao TJUE, sendo questionado e invalidado em meados de 2015.[14]

O TJUE considerou que a exceção contida em relação à segurança nacional deveria operar na estrita medida do necessário, uma vez que tinha a capacidade de cercear direitos fundamentais. Ademais, considerou que o acordo inviabilizou que o titular recorresse às vias legais para exercer seus direitos e, portanto, isto violaria o direito fundamental a uma proteção jurisdicional efetiva.[15]

As práticas do governo estadunidense para garantia da segurança nacional levaram à derrocada do *Safe Harbor*, tendo o TJUE enfatizado a necessidade de um nível adequado de privacidade que proteja seus cidadãos. A partir deste ponto, um novo acordo bilateral precisou ser delineado e, assim, nasceu o *Privacy Shield*.

2.2. *PRIVACY SHIELD*

Aproximadamente quatro meses após a invalidação do *Safe Harbor*, os EUA e a UE chegaram a um novo acordo: o *Privacy Shield*. A Comissão Europeia publicou sua decisão de adequação em 2016, considerando que o novo mecanismo era essencialmente equivalente às leis da UE, após algumas alterações, inclusive, na legislação interna estadunidense.[16]

O *Privacy Shield* previu princípios e princípios suplementares mais detalhados que o *Safe Harbor*. Conforme Kuner, o *Privacy Shield* incluiu "compromissos de autoridades de segurança nacional dos EUA relativamente às proteções concedidas aos dados de cidadãos da UE, bem como cartas e declarações de outros funcionários do governo dos EUA".[17]

Como ressaltado por Santos e Veronese, o novo acordo previu obrigações robustas para as empresas estadunidenses, a fiscalização das regras do acordo

[14] SANTOS, Luiza Mendonça da S. B.; VERONESE, Alexandre. **Padrões de conformidade nacionais de proteção de dados pessoais: anotações na perspectiva de compliance após a invalidação do Privacy Shield firmado entre os Estados Unidos da América e a União Europeia.** In: CUEVA, Ricardo Villas B (coord.); FRAZÃO, Ana (coord.). Compliance e Política de Proteção de Dados. São Paulo: Thomson Reuters Brasil, 2021, p. 120.

[15] Ibidem, p. 120.

[16] KUNER, Christopher. **Reality and Illusion in EU Data Transfer Regulation Post Schrems.** Vol. 18, nº 4, p. 881-918. [s.l.]: German Law Journal, 2017, p. 883. Disponível em: https://papers.ssrn.com/sol3/papers.cfm?abstract_id=2732346.

[17] Ibidem, p. 903.

com a possibilidade de aplicação de sanções, um aumento nas limitações dos órgãos de inteligência contando com revisões anuais pela UE e a possibilidade de reparação dos titulares de dados.[18]

Ao conter versões mais fracas de alguns princípios de privacidade da UE[19], o *Privacy Shield* concentrou sua matriz legal em quatro princípios fundamentais após a experiência Schrems I: integridade dos dados e limitação da finalidade, escolha, aplicação e supervisão. No entanto, as alterações não foram suficientes, visto que Schrems realizou uma nova reclamação em dezembro de 2015 sobre o nível de proteção fornecido pelo acordo.[20]

Em 16 de julho de 2020, o TJUE proferiu seu acórdão que declarou o *Privacy Shield* inválido. Isto pois, o acesso por sistemas de vigilância no território estadunidense era frontalmente contrário às "exigências que garantam[iam], no cumprimento do princípio da proporcionalidade, um nível de proteção substancialmente equivalente".[21] Além disso, o TJUE entendeu que a impossibilidade de oposição ao tratamento de dados de cidadãos europeus por agências de inteligência estadunidenses contrariaria o Art. 45 (2), a, do RGPD, e o Estado Democrático de Direito diante da inexistência de mecanismos que garantissem o exercício dos direitos dos titulares.[22]

Apesar de originalmente prever mecanismos de resolução de conflitos, o *Privacy Shield* era ineficaz, uma vez que as decisões tomadas nestes mecanismos de resolução não cabiam via recursal. Portanto, o acordo foi invalidado, uma vez

---

18 SANTOS, Luiza Mendonça da S. B.; VERONESE, Alexandre. **Padrões de conformidade nacionais de proteção de dados pessoais: anotações na perspectiva de compliance após a invalidação do Privacy Shield firmado entre os Estados Unidos da América e a União Europeia**. In: CUEVA, Ricardo Villas B (coord.); FRAZÃO, Ana (coord.). Compliance e Política de Proteção de Dados. São Paulo: Thomson Reuters Brasil, 2021, p. 122.

19 SCHWARTZ, Paul M.; PEIFER, Karl-Nikolaus. **Transatlantic data privacy law**. Vol. 106, nº 1, p. 115-179. [s.l.]: The Georgetown Law Journal, 2017, p. 161. Disponível em: https://www.law.georgetown.edu/georgetown-law-journal/wp-content/uploads/sites/26/2019/10/Transatlantic-Data-Privacy-Law_Schwartz-and-Peifer.pdf.

20 SANTOS, Luiza Mendonça da S. B.; VERONESE, Alexandre. **Padrões de conformidade nacionais de proteção de dados pessoais: anotações na perspectiva de compliance após a invalidação do Privacy Shield firmado entre os Estados Unidos da América e a União Europeia**. In: CUEVA, Ricardo Villas B (coord.); FRAZÃO, Ana (coord.). Compliance e Política de Proteção de Dados. São Paulo: Thomson Reuters Brasil, 2021, p. 124.

21 UNIÃO EUROPEIA. Tribunal de Justiça da União Europeia. **Acórdão (Grande Seção) de 16 de julho de 2020**. Processo C-311/19. Luxemburgo: [s.n.], 2020, p. 45. Disponível em: https://eur-lex.europa.eu/legal-content/PT/TXT/PDF/?uri=CELEX:62018CJ0311&qid=1696466060668.

22 Ibidem, p. 47.

que, na prática, não proporcionava um nível de proteção essencialmente compatível ao RGPD.

2.3. *DATA PRIVACY FRAMEWORK*

Em meados de julho de 2023, a Comissão Europeia publicou a Decisão nº 2023/1795 de adequação do novo acordo bilateral: o *Data Privacy Framework*. O *Data Privacy* incluiu os ajustes necessários a partir dos casos Schrems I e II, como, por exemplo, instrumentos de reparação às transferências internacionais com a criação de um Tribunal de Revisão da Proteção de Dados que teria competência para analisar qualquer fluxo transatlântico de dados.[23] Além disso, as vias administrativas e judiciais recursais foram remodeladas para que o titular de dados pudesse exercer seus direitos plenamente.

O novo acordo previu novas obrigações às empresas, a fim de garantir a proteção à privacidade, como, por exemplo, elaboração de acordos de processamento de dados entre controladores e operadores; obtenção do consentimento dos titulares dos dados; e o fornecimento das divulgações necessárias conforme o RGPD.[24]

Em que pese as remodelações, o futuro do *Data Privacy* ainda não está delineado, pois paira a dúvida sobre a efetividade deste acordo, em virtude de todos os problemas enfrentados frente às agências de investigação. Por mais incerto que seja, Schrems já indicou que planeja interpor um recurso contra a decisão de adequação, a fim de invalidar o novo acordo.[25]

23 BRYANT, Jennifer. **EU-US Data Privacy Framework adopted, what now?**. [s.l.]: IAPP, 2023. Disponível em: https://iapp.org/news/a/eu-us-data-privacy-framework-adopted-what-now/.

24 DEL SESTO, Ronald W.; SPIES, Axel; GUO, Jiazhen. **How to comply with the new EU-US Data Privacy Framework**. [s.l]: [s.n], 2023. Disponível em: https://www.morganlewis.com/pubs/2023/07/how-to-comply-with-the-new-eu-us-data-privacy-framework.

25 BARCZENTEWICZ, Mikolaj. **Schrems III: Gauging the Validity of the GDPR Adequacy Decision for the United States**. Portland: International Center for Law & Economics, 2023, p. 4.

3. TRANSFERÊNCIA INTERNACIONAL DE DADOS POR MEIO DE ACORDOS BILATERAIS NA PERSPECTIVA BRASILEIRA

Este Artigo procurou demonstrar aspectos gerais da dinâmica das transferências internacionais e como os acordos bilaterais podem facilitar o desenvolvimento econômico, mas também os entraves que resultaram em suas anulações. Isto posto, esta última Seção visa analisar à luz da legislação brasileira a possibilidade legal de um acordo bilateral, considerando aspectos anteriormente problemáticos entre UE e EUA.

A LGPD, em seu Art. 33, I, dispõe que transferências internacionais podem ocorrer mediante a autorização legal em caso de países ou organismos internacionais que proporcionem grau de proteção de dados pessoais adequado. Sendo que esta hipótese é idêntica ao embasamento legal utilizado para validar o *Safe Harbor, Privacy Shield* e *Data Privacy.*

A proximidade da LGPD com o RGPD é um fator que facilita a convergência regulatória em torno das transferências internacionais de dados, uma vez que os padrões globais consideram o RGPD como um norte a ser seguido. Isto posto, faz-se necessário delinear, a partir dos fundamentos que levaram à invalidação dos acordos entre UE e EUA, preocupações legítimas que devem ser endereçadas em eventual acordo bilateral brasileiro.

A partir da experiência delineada pela UE e os EUA, vê-se que elementos centrais gravitam em torno da invalidação de acordos bilaterais, sendo eles: acesso aos dados por serviços de inteligência; exercício dos direitos dos titulares de dados; supervisão e reparação; e limitação da finalidade.

O primeiro aspecto a ser considerado é em relação ao acesso por serviços de inteligência. Deve-se considerar que não exista exceção legal para que o governo possa coletar dados massivamente, mesmo que em prol da segurança nacional. O princípio da necessidade demonstrará que o tratamento de dados pessoais deve ser o mínimo necessário, de forma proporcional e não excessiva em relação às suas finalidades. Portanto, não se pugna pela impossibilidade deste tipo de tratamento de dados por agências de segurança, mas sim dentro de ditames legais e razoáveis, inclusive com a possibilidade de intervenção do Poder Judiciário na ponderação das requisições em nível nacional, ainda que para fins de segurança.

Os mecanismos de salvaguardas que podem limitar a atuação potestativa estatal também estão inseridos no âmbito do exercício dos direitos dos titulares de dados pessoais. A criação de mecanismos de transparência, como, por exemplo, a adoção do *opt out* em caso de oposição à transferência internacional de seus dados é necessária. Maneiras de garantir a autodeterminação informativa vão ao encontro do exercício dos direitos, mesmo diante de sua perda em meio às assimetrias do mercado informacional e a mística capacidade de controle dos seus dados.[26]

Além disso, os direitos dos titulares devem ser levados a cabo; deve-se garantir que os titulares tenham conhecimento da finalidade da coleta e da eventual utilização de seus dados. Neste sentido, ensina Ruaro e Sarlet que se deve "igualmente relembrar o direito ao conhecimento da finalidade da coleta e da eventual utilização dos dados para arrolar o direito à retificação e, a depender do caso, de exclusão de dados pessoais".[27] É importante ressaltar que a criação de mecanismos que viabilizem a resolução de conflitos deve ser considerada, garantindo o direito recursal do titular em caso de negativas no exercício de seus direitos, consoante ao art. 5º, LV, da CRFB.

A criação de um órgão supranacional que abarque representantes das partes é essencial para uma melhor prestação de contas e responsabilidade, pois garantiria que os termos do acordo estariam sendo cumpridos. Este órgão deve ser capaz de receber denúncias e petições de titulares para avaliações dos termos das transferências, sem, contudo, excluir a competência das autoridades de proteção de dados nacionais na investigação e fiscalização. Em consonância ao regime de responsabilidade da LGPD, a possibilidade de o titular de dados ser ressarcido

26 BIONI, Bruno Ricardo. **Proteção de Dados Pessoais: a função e os limites do consentimento**. 3ª ed. Rio de Janeiro: Forense, 2021, p. 197. Disponível em: https://integrada.minhabiblioteca.com.br/reader/books/9788530994105/epubcfi/6/10%5B%3Bvnd.vst.idref%3Dcopyright%5D!/4/26/4/2/2/2.

27 RUARO, Regina Linden; SARLET, Gabrielle Bezerra S. **O direito fundamental à proteção de dados sensíveis no sistema normativo brasileiro: uma análise acerca das hipóteses de tratamento e da obrigatoriedade do consentimento livre, esclarecido e informado sob o enfoque da lei geral de proteção de dados (LGPD) – Lei 13.709/2018**. In: BIONI, Bruno *et al*. Tratado de Proteção de Dados Pessoais. Rio de Janeiro: Forense, 2021, p. 202. Disponível em: https://integrada.minhabiblioteca.com.br/ - /books/9788530992200/

por danos causados pelas transferências internacionais indevidas ou sem as salvaguardas necessárias deve fazer parte do acordo.

Por fim, mas não menos importante, deve-se delinear um contexto específico para a finalidade do tratamento originalmente informado ao titular. O tratamento posterior incompatível com aquele informado ao titular deve ser vedado, nos termos do art. 6º, I, da LGPD. Deve-se garantir que os dados sejam tratados com uma finalidade específica e limitados à estrita necessidade para atingimento da finalidade. Isto pois, conforme ensina Mendes e Fonseca, "o titular de dados se encontra no centro do processo decisório acerca do que é feito com seus dados pessoais".[28]

Delimitações em relação à finalidade contêm uma importância intrínseca à proteção de dados, isto pois, nas palavras de Döhmann, "a finalidade define e limita o tratamento de dados a essa finalidade. Caso os dados sejam tratados em um passo adicional, ou sejam, mais tarde, tratados para uma outra finalidade, faz-se necessária uma justificativa nova e à parte".[29]

Conclusões

As transferências internacionais de dados pessoais são condições *sine qua non* para o desenvolvimento econômico. Como demonstrado neste Artigo, as transferências estão intimamente ligadas à comercialização de dados na sociedade da informação. As transferências internacionais encontram um obstáculo difícil quando se fala em fronteiras digitais entre países com diferentes sistemas legais de proteção à privacidade.

Como se pôde ver, a análise dos acordos bilaterais entre UE-EUA e suas causas de invalidação foi necessária, pois demonstra que acordos bilaterais podem ser mecanismos efetivos de transferências internacionais, por mais que

28 MENDES, Laura Schertel; FONSECA, Gabriel Campos S. **Proteção de dados para além do consentimento: tendências de materialização**. In: BIONI, Bruno *et al.* Tratado de Proteção de Dados Pessoais. Rio de Janeiro: Forense, 2021, p. 94. Disponível em: https://integrada.minhabiblioteca.com.br/ - /books/9788530992200/.

29 DÖHMANN, Indra Spiecker Gen. **A proteção de dados pessoais sob o Regulamento Geral de Proteção de Dados da União Europeia**. In: BIONI, Bruno *et al.* Tratado de Proteção de Dados Pessoais. Rio de Janeiro: Forense, 2021, p. 121. Disponível em: https://integrada.minhabiblioteca.com.br/ - / books/9788530992200/

tenham problemas de harmonização legal. Neste sentido, aguardar uma decisão de adequação pode ser um caminho custoso que um tempo desnecessário frente à urgência do desenvolvimento econômico, principalmente em países do sul global.

Como delineado no desenvolvimento deste Artigo, a partir da experiência Schrems, um conteúdo mínimo deve ser entendido como necessário nas salvaguardas dos titulares de dados, sendo eles: acesso aos dados por serviços de inteligência, exercício dos direitos de titulares, supervisão e reparação, e limitação da finalidade. Isto posto, do ponto de vista legal, a legislação brasileira comporta os mesmos mecanismos adotados entre EU-EUA.

REFERÊNCIAS

BARCZENTEWICZ, Mikolaj. **Schrems III: Gauging the Validity of the GDPR Adequacy Decision for the United States**. Portland: International Center for Law & Economics, 2023. Disponível em: https://papers.ssrn.com/sol3/papers.cfm?abstract_id=4585431. Acesso em: 5 out. 2023.

BIONI, Bruno Ricardo. **Proteção de Dados Pessoais: a função e os limites do consentimento**. 3ª ed. Rio de Janeiro: Forense, 2021. Disponível em: https://integrada.minhabiblioteca.com.br/reader/books/9788530994105/epubcfi/6/10%5B%3Bvnd.vst.idref%3Dcopyright%5D!/4/26/4/2/2/2. Acesso em: 5 out. 2023.

BRASIL. **Constituição da República Federativa do Brasil de 1988**. Brasília: Diário Oficial da União, 1988. Disponível em: https://www.planalto.gov.br/ccivil_03/constituicao/constituicao.htm. Acesso em: 12 jul. 2023.

BRASIL. **Lei nº 13.709, de 14 de agosto de 2018.** Lei Geral de Proteção de Dados Pessoais (LGPD). Brasília: Diário Oficial da União, 2018. Disponível em: https://www.planalto.gov.br/ccivil_03/_ato2015-2018/2018/lei/l13709.htm. Acesso em: 5 de jul. 2023.

BRYANT, Jennifer. **EU-US Data Privacy Framework adopted, what now?**. [s.l.]: IAPP, 2023. Disponível em: https://iapp.org/news/a/eu-us-data-privacy-framework-adopted-what-now/. Acesso em: 4 out. 2023.

CONSELHO DA EUROPA. **Convention for the Protection of Individuals with regard to Automatic Processing of Personal Data**, 1981. Disponível em: https://rm.coe.int/1680078b37. Acesso em: 25 jun. 2023.

CONSELHO DA EUROPA; PARLAMENTO EUROPEU. **Regulation (EU) 2016/279 – General Data Protection Regulation (GDPR)**. On the protection of natural persons with regard to the processing of personal data and on the free movement of such data, and repealing Directive 95/46/EC. 2016. Disponível em: https://eur-lex.europa.eu/legal-content/EN/TXT/?uri=CELEX%3A32016R0679&qid=1689553254770. Acesso em: 16 jul. 2023.

DEL SESTO, Ronald W.; SPIES, Axel; GUO, Jiazhen. **How to comply with the new EU-US Data Privacy Framework**. [s.l]: [s.n], 2023. Disponível em: https://www.morganlewis.com/pubs/2023/07/how-to-comply-with-the-new-eu-us-data-privacy-framework. Acesso em: 4 out. 2023.

DÖHMANN, Indra Spiecker Gen. **A proteção de dados pessoais sob o Regulamento Geral de Proteção de Dados da União Europeia**. In: BIONI, Bruno *et al.* Tratado de Proteção de Dados Pessoais. Rio de Janeiro: Forense, 2021. Disponível em: https://integrada.minhabiblioteca.com.br/ - /books/9788530992200/ . Acesso em: 5 out. 2023.

DONEDA, Danilo. **Panorama histórico da proteção de dados pessoais**. In: BIONI, Bruno *et al.* Tratado de Proteção de Dados Pessoais. Rio de Janeiro: Forense, 2021. Disponível em: https://integrada.minhabiblioteca.com.br/ - /books/9788530992200/ . Acesso em: 5 jul. 2023.

EUROPEAN DATA PROTECTION BOARD. **Information note on data transfers under the GDPR to the United States after the adoption of the adequacy decision on 10 July 2023**. Bruxelas: [s.n], 2023. Disponível em: https://edpb.europa.eu/system/files/2023-07/edpb_informationnoteadequacydecisionus_en.pdf. Acesso em: 4 out. 2023.

KUNER, Christopher. **An International Legal Framework for Data Protection: Issues and Prospects.** Vol. 25. P. 307-317. [s.l]: Computer Law & Security Review, 2009a. Disponível em: https://papers.ssrn.com/sol3/papers.cfm?abstract_id=1443802. Acesso em: 09 jul. 2023.

KUNER, Christopher. **Developing an Adequate Legal Framework for International Data Transfers**. p. 263-273. [s.l.]: Springer Science+Business Media B.V., 2009b. Disponível em: https://papers.ssrn.com/sol3/papers.cfm?abstract_id=1464323. Acesso em : 2 out. 2023.

KUNER, Christopher. **Reality and Illusion in EU Data Transfer Regulation Post Schrems**. Vol. 18, nº 4, p. 881-918. [s.l.]: German Law Journal, 2017. Disponível em: https://papers.ssrn.com/sol3/papers.cfm?abstract_id=2732346. Acesso em: 2 out. 2023.

MENDES, Laura Schertel; FONSECA, Gabriel Campos S. **Proteção de dados para além do consentimento: tendências de materialização**. In: BIONI, Bruno *et al.* Tratado de Proteção de Dados Pessoais. Rio de Janeiro: Forense, 2021. Disponível em: https://integrada.minhabiblioteca.com.br/ - /books/9788530992200/ . Acesso em: 5 out. 2023.

NI LOIDEAIN, Nora. **The End of Safe Harbor: Implications for EU Digital Privacy and Data Protection Law.** Vol. 19, nº 8. Cambridge: Journal of Internet Law, 2016.

Disponível em: https://papers.ssrn.com/sol3/papers.cfm?abstract_id=2734698. Acesso em: 01 out. 2023.

RUARO, Regina Linden; SARLET, Gabrielle Bezerra S. **O direito fundamental à proteção de dados sensíveis no sistema normativo brasileiro: uma análise acerca das hipóteses de tratamento e da obrigatoriedade do consentimento livre, esclarecido e informado sob o enfoque da lei geral de proteção de dados (LGPD) – Lei 13.709/2018.** In: BIONI, Bruno *et al.* Tratado de Proteção de Dados Pessoais. Rio de Janeiro: Forense, 2021. Disponível em: https://integrada.minhabiblioteca.com.br/ - / books/9788530992200/ . Acesso em: 5 jul. 2023.

SANTOS, Luiza Mendonça da S. B.; VERONESE, Alexandre. **Padrões de conformidade nacionais de proteção de dados pessoais: anotações na perspectiva de compliance após a invalidação do Privacy Shield firmado entre os Estados Unidos da América e a União Europeia.** In: CUEVA, Ricardo Villas B (coord.); FRAZÃO, Ana (coord.). Compliance e Política de Proteção de Dados. São Paulo: Thomson Reuters Brasil, 2021.

SCHWARTZ, Paul M. **The EU-US privacy collision: a turn to institutions and procedures**. Vol. 126, p. 1966-2009. Boston: Harvard Law Review, 2013. Disponível em: https://harvardlawreview.org/print/vol-126/the-eu-u-s-privacy-collision-a-turn-to-institutions-and-procedures/. Acesso em: 27 set. 2023.

SCHWARTZ, Paul M.; PEIFER, Karl-Nikolaus. **Transatlantic data privacy law.** Vol. 106, nº 1, p. 115-179. [s.l.]: The Georgetown Law Journal, 2017. Disponível em: https://www.law.georgetown.edu/georgetown-law-journal/wp-content/uploads/sites/26/2019/10/Transatlantic-Data-Privacy-Law_Schwartz-and-Peifer.pdf. Acesso em: 27 set. 2023.

SRIVASTAVA, Prachi; SINGH, Rupinder; SONKAR, Sharad Kumar. **Mapping of Research Output in the field of Big Data Analytics: Scientometric Study**. 6378 ed. Nebraska: Library Philosophy and Practice, 2021 apud PALMER, Michael. **ANA Marketing Maestros: Data is the New Oil**. 2006. Disponível em: https://digitalcommons.unl.edu/libphilprac/6378. Acesso em: 18 jun. 2023.

UNIÃO EUROPÉIA. Comissão das Comunidades Europeias. **2000/520/CE**: Decisão da Comissão de 26 de Julho de 2000 nos termos da Diretiva 95/46/CE do Parlamento Europeu e do Conselho e relativa ao nível de protecção assegurado pelos princípios de "porto seguro" e pelas respectivas questões mais frequentes (FAQ) emitidos pelo Department of Commerce dos Estados Unidos da América. Bruxelas: Jornal Oficial da União Europeia, 2000. Disponível em: https://eur-lex.europa.eu/legal-content/PT/TXT/PDF/?uri=CELEX:02000D0520-20000825. Acesso em: 01 out. 2023.

UNIÃO EUROPÉIA. Tribunal de Justiça da União Europeia. **Acórdão (Grande Seção) de 6 de outubro de 2015**. Processo C-362/14. Luxemburgo: [s.n.], 2015. Disponível em: https://eur-lex.europa.eu/legal-content/PT/TXT/PDF/?uri=CELEX:62014CJ0362&qid=1696292787731. Acesso em: 2 out. 2023.

UNIÃO EUROPÉIA. Comissão Europeia. **2016/1250**: Decisão de Execução da Comissão de 12 de julho de 2016 relativa ao nível de proteção assegurado pelo Escudo de Proteção da Privacidade UE-EUA, com fundamento na Diretiva 95/46/CE do Parlamento Europeu e do Conselho. 2016. Bruxelas: Jornal Oficial da União Europeia, 2016. Disponível em: https://eur-lex.europa.eu/legal-content/PT/TXT/PDF/?uri=CELEX:32016D1250&qid=1696299969427. Acesso em 3 out. 2023.

UNIÃO EUROPÉIA. Tribunal de Justiça da União Europeia. **Acórdão (Grande Seção) de 16 de julho de 2020**. Processo C-311/19. Luxemburgo: [s.n.], 2020. Disponível em: https://eur-lex.europa.eu/legal-content/PT/TXT/PDF/?uri=CELEX:62018CJ0311&qid=1696466060668. Acesso em: 4 out. 2023.

UNIÃO EUROPÉIA. Comissão Europeia. **2023/1795**: Decisão da Comissão de 10 de julho de 2023 nos termos do Regulamento (UE) 2016/679 do Parlamento Europeu e do Conselho sobre a adequação do nível de proteção dos dados pessoais no âmbito Quadro de Privacidade de Dados UE-EUA. Bruxelas: Jornal Oficial da União Europeia, 2023. Disponível em: https://eur-lex.europa.eu/legal-content/PT/TXT/PDF/?uri=CELEX:32023D1795&qid=1696470363117. Acesso em: 4 out. 2023.

C A P Í T U L O 9

A RESPONSABILIDADE DO BRASIL FRENTE AOS OBJETIVOS DA AGENDA 2030: UMA VISÃO SOB A PERSPECTIVA DO COMBATE ÀS PRÁTICAS DE MUTILAÇÃO GENITAL FEMININA[1]

Catarina Machado Perondini

INTRODUÇÃO

A prática da mutilação genital feminina (MGF) ainda é pouco discutida no Brasil. Por ter baixa incidência em território brasileiro, não se relaciona muito o país com o tema. No entanto, o combate às práticas de MGF é um dos subobjetivos dos Objetivos de Desenvolvimento Sustentável (ODS ou Agenda 2030), do qual o Brasil é signatário e com o qual tem responsabilidade de contribuir.

A principal finalidade do presente artigo é analisar de que forma o Brasil tem se movimentado para contribuir no combate às práticas de MGF, posterior a um contexto de retrocesso quando da supressão dos dispositivos estabelecidos para monitoramento e avaliação dos ODS no país.

[1] Artigo elaborado a partir da monografia apresentada ao Núcleo de Monografia Jurídica da Faculdade de Direito da PUC-SP, sob a orientação da Professora Doutora Clarisse Laupman Ferraz Lima.

O artigo se desenvolveu em três tópicos: de início, trazendo um conteúdo mais aprofundado sobre os ODS; em seguida, passando para a MGF em si; e, por fim, analisando a atuação do Brasil no combate às práticas de MGF.

No primeiro tópico, com a finalidade de abordar o tema da eliminação da prática, será trazido o contexto em que surgiu a Agenda 2030 e de que forma o estabelecimento do Objetivo n. 5 direcionou a atenção às práticas de MGF.

O objetivo n. 5 dos ODS diz respeito à igualdade de gênero, na qual se busca exatamente alcançar essa igualdade e empoderar todas as mulheres e meninas, através de medidas de combate à desigualdade, considerando a situação de cada país. Nesse sentido, os subobjetivos serviram para destrinchar o grande objetivo em metas mais específicas.

É o subobjetivo n. 5.3 que trata da eliminação de todas as práticas nocivas, como os casamentos prematuros, forçados e de crianças e mutilações genitais femininas, sendo a última o foco do estudo. A MGF está muito relacionada com questões históricas e culturais das comunidades em que ocorrem, mas não deixa de ser considerada uma violação dos direitos das mulheres, com base na discriminação e violência de gênero.

No segundo tópico, o foco passará para a MGF em si, seu contexto, consequências físicas e violação dos direitos humanos. À vista disso, o entendimento sobre o tema também implicará na discussão sobre a necessidade de elaboração de um plano de ação que envolva diversos países e comunidades dispostos a abordar o tema de forma respeitosa, assimilando o contexto cultural em que a prática ocorre.

No terceiro e último tópico, haverá um estudo no âmbito da responsabilidade do Brasil em atingir os objetivos estabelecidos pela Organização das Nações Unidas (ONU) e sua atuação para a eliminação das práticas de MGF. A análise contemplará os governos entre os anos de 2019 a 2023 para verificar seu desempenho.

Muito relevante para esta análise é a atuação do Comitê Nacional para os Refugiados (CONARE) sobre o tema, especialmente no que diz respeito à decisão sobre o reconhecimento *prima facie* da condição de refugiadas para meninas e mulheres nacionais de países com alta prevalência da prática de Corte ou Mutilação Genital Feminina.

Apesar de ser uma questão recente, a reflexão será a partir da importância do refúgio na atuação do Brasil para eliminar todas as práticas de MGF. Também será objeto de estudo a influência desse reconhecimento para as refugiadas e para o próprio país, que estabeleceu uma regra inovadora para o reconhecimento do *status* de refugiado.

Por fim, trazidas as hipóteses que serão propostas ao longo do artigo, o método de abordagem a ser utilizado será o dialético, em que serão feitas análises de diferentes autores sobre o tema, e o método de procedimento será o monográfico, com a apresentação de teorias e suas análises.

1. AGENDA 2030: OBJETIVOS DE DESENVOLVIMENTO SUSTENTÁVEL

O tema da MGF foi trazido de forma mais precisa quando da elaboração dos ODS. Para entender todo o contexto, é indispensável compreender o início de tudo: a Agenda 2030.

Dessa forma, vale começar o estudo com a contextualização dos ODS, que compõem uma agenda mundial de 17 objetivos, desdobrados em 169 metas, que visam à construção e implementação de políticas públicas. A ideia dos ODS foi inicialmente trazida em junho de 2012, durante uma Conferência da ONU no Rio de Janeiro, a Rio+20, que marcava o vigésimo aniversário da Conferência da ONU sobre Meio Ambiente e Desenvolvimento, realizada em 1992[2].

Apesar da Rio+20 representar que os objetivos estabelecidos na Conferência de 1992 não foram inteiramente cumpridos, havia algo a ser celebrado: os Objetivos de Desenvolvimento do Milênio (ODM), adotados em setembro de 2000, com o objetivo principal de combater a extrema pobreza e a fome global.

O progresso dos ODM no compromisso de combater a pobreza extrema após 12 anos de sua implementação fez com que os líderes mundiais decidissem direcionar a atenção do mundo para o desafio do desenvolvimento sustentável. Foi então na Rio+20 que 193 Estados-Membros da ONU (re)afirmaram seu

2 OKADO, Giovanni Hideki Chinaglia e QUINELLI, Larissa. **Megatendências mundiais 2030 e os Objetivos de Desenvolvimento Sustentável (ODS): uma reflexão preliminar sobre a "nova agenda" das Nações Unidas**. Revista Baru, Goiânia, v.2, n. 2, p. 109-110, jul/dez. 2016, p. 119.

compromisso com o desenvolvimento sustentável, e, após quase três anos de negociação, foram estabelecidos os 17 ODS, determinados para serem cumpridos de 1º de janeiro de 2016 até o final de 2030.

A oficialização da Agenda 2030 originou o documento intitulado "*Transforming our world: the 2030 Agenda for Sustainable Development*"[3], o qual se preocupou em ser mais abrangente e inclusivo que os ODM, equilibrando a dimensão econômica, social e ambiental para o efetivo desenvolvimento sustentável.

O propósito da Agenda 2030 está inter-relacionado com demais desafios trazidos e discutidos em outras Conferências da ONU, comprometendo-se com a trajetória do desenvolvimento sustentável, a partir de uma cooperação que visa o *win-win*[4]. Portanto, a Agenda 2030 vai além de apenas apresentar os ODS, tendo também considerado os possíveis meios de colocar em prática esses objetivos, que compreendem financiamento, tecnologia, capacitação técnica, comércio global, entre outros.

1.1. Igualdade de Gênero: Alcançar a igualdade de gênero e empoderar todas as mulheres e meninas

O Objetivo 5 da Agenda 2030, que consiste na igualdade de gênero, trata de um desdobramento mais ambicioso do Objetivo 3 dos ODM. A finalidade seria estabelecer medidas de combate à desigualdade de gênero, que é distinta em cada país, tanto na dimensão, quanto na forma em que a discriminação se manifesta.

A evolução dos ODM para os ODS trouxe um processo de criação mais inclusivo e as justificativas para sua criação foram: (i) a abrangência mundial da desigualdade de gênero; (ii) o impacto dessas desigualdades em outras áreas do desenvolvimento humano; e (iii) a visibilidade que o combate à desigualdade trouxe quando do exercício dos ODM.

Nesse contexto, a importância dos ODS também recai sobre a concepção de que o empoderamento das mulheres, especialmente no âmbito econômico, pode ser útil na redução das desigualdades de gênero, isto pois a discriminação é

[3] ORGANIZAÇÃO DAS NAÇÕES UNIDAS. ***Transforming our World: The 2030 Agenda for Sustainable Development***. Index: A/RES/70/1 [Resolução 70/1], p. 2. Disponível em: https://documents-ddsny.un.org/doc/UNDOC/GEN/N15/291/89/PDF/N1529189.pdf?OpenElement. Acesso em: 07 jun. 2023.

[4] Literalmente traduzida como "ganha-ganha", a expressão diz respeito a uma situação ou resultado em que todas as partes envolvidas são beneficiadas; o resultado é bom para todos.

uma prática ineficiente para o mercado, tendo em vista a contramão na expansão de oportunidades.

Ainda que existam mais mulheres no mercado de trabalho hoje em dia, incentivar mulheres e meninas contribui para o crescimento econômico, crucial para a participação de mais mulheres em posições de liderança, de forma que o Objetivo 5 da Agenda 2030 acaba por representar grandes avanços como sucessor dos ODM.

1.2. Eliminação de todas as práticas nocivas, como os casamentos prematuros, forçados e de crianças e mutilações genitais femininas

O Objetivo 5 da Agenda 2030 possui dentre suas metas a eliminação de todas as práticas nocivas, como os casamentos prematuros, forçados e de crianças, e mutilações genitais femininas (Objetivo 5.3). A atenção nesse momento diz respeito ao tópico da eliminação das práticas de MGF, que é reconhecida internacionalmente como uma violação dos direitos humanos, da saúde e da integridade das meninas e mulheres[5].

Para que a eliminação ocorra de fato, é necessário que haja um plano de ação que envolva diversos países e comunidades, incluindo aqueles que não sofrem com a prática, para que se dediquem à igualdade de gênero. As ações, portanto, devem ser baseadas em intervenções: (i) multissetoriais, vindas de diversas fontes para que possa afetar diversas áreas; (ii) continuadas, produzindo impacto a longo prazo; (iii) e conduzidas pela comunidade, que conhecem a sua realidade.

A prática de MGF é, portanto, uma questão pertinente, tendo em vista que perpassa questões históricas e culturais ao atingir os direitos humanos, saúde pública e igualdade da mulher. Os países signatários, inclusive o Brasil, tem o compromisso com todos os objetivos da Agenda 2030, e no que tange ao subobjetivo aqui em específico, o Brasil tem se movimentado, em particular quanto

5 ORGANIZAÇÃO DAS NAÇÕES UNIDAS. ***Ending Female Genital Mutilation by 2030***. Disponível em: https://www.un.org/en/observances/female-genital-mutilationday#:~:text=UN%20Action,of%20Sustainable%20Development%20Goal%205. Acesso em: 17 abr. 2023.

ao reconhecimento *prima facie*[6] como refúgio para mulheres e meninas vindas de países em que a prática ocorre, tema que será melhor abordado mais adiante.

2. A MUTILAÇÃO GENITAL FEMININA E SEUS IMPACTOS

Conceituando brevemente, a MGF são todos os procedimentos que resultam na remoção parcial ou total dos órgãos genitais externos femininos, ou até mesmo traumas nos órgãos genitais femininos, que sejam realizados por motivos não médicos[7].

Acredita-se que, quando do surgimento da prática de MGF, a principal motivação seria a diferenciação de gênero entre homens e mulheres, vez que "o clitóris representava a parte masculina da mulher, tal como o prepúcio representava a feminina do homem. A remoção quer de um quer de outro ser[ia] então necessária para a assunção de um papel social definido em função do gênero"[8], dessa forma então é que os homens e mulheres poderiam cumprir com os papéis inerentes a seus gêneros.

Culturalmente, a prática também se associa à preservação da virgindade da mulher, ao reduzir seus desejos sexuais, mantendo-a fiel para seu marido e, consequentemente, reforçando o poder masculino. Dessa forma, a mutilação garantiria a pureza feminina, o que ainda em muitas sociedades é requisito para o casamento.

A prática também depende da participação das mulheres mais velhas dessas sociedades, as quais são responsáveis pela realização do corte e que possuem esse poder que lhes foi transmitido de geração em geração. Cabe ressaltar que tais mulheres também sofreram com a mutilação e foram ensinadas a serem guardiãs da prática, pois está vinculada à honra de sua família.

6 No português, traduzido como "à primeira vista" ou "sem maior exame". A expressão no contexto jurídico é utilizada para se referir a uma evidência ou conjunto de fatos que, se não forem refutados, são suficientes para provar uma determinada reivindicação ou conclusão.

7 ORGANIZAÇÃO MUNDIAL DA SAÚDE. ***Female genital mutilation***. Disponível em: https://www.who.int/news-room/fact-sheets/detail/female-genital-mutilation. Acesso em: 04 jul. 2023.

8 MARTINGO, Carla. **O Corte dos Genitais Femininos em Portugal: O caso das Guineenses**. Tese de Mestrado em Relações Interculturais, Universidade Aberta, Lisboa, 2009, p. 47.

2.1. Consequências da mutilação genital feminina

As sequelas da prática de MGF são diversas, tanto no que diz respeito à saúde da mulher, quanto no que diz respeito à violação de seus direitos, tendo que o corte não traz nenhum benefício à saúde e ainda é pautado em crenças patriarcais que visam a supressão do prazer sexual feminino.

A violação à saúde da mulher abrange a saúde física, psicológica, sexual e reprodutiva. O procedimento do corte, desde os instrumentos utilizados (facas, lâminas ou pedaços de vidro), a ausência de anestesia e antissépticos, até o corte em si, contribuem para todas as consequências da MGF.

Logo após o corte, é possível a ocorrência de hemorragia, infecção, dor intensa, entre outros; já no longo prazo, é possível a ocorrência de dor crônica, infertilidade primária e transtornos psicológicos pelo trauma[9]. Existem três principais áreas de complicação: ginecológica, obstétrica e psicológica, bem como nas relações sexuais, que podem causar dor durante o ato e, inclusive, trazer riscos para o parto[10].

Exatamente pela forma que ocorre, em 2008, a ONU definiu a MGF como uma violação aos direitos humanos[11], tendo em vista a discriminação a partir do gênero e a violência contra mulheres e meninas.

As violações envolvem princípios de direitos humanos como a não discriminação com base no sexo, igualdade, liberdade, direito à vida, proibição à tortura, direito da criança, entre outros. Por ser uma violência sobre mulheres e meninas com inúmeras consequências, a violação se fundamenta principalmente na desigualdade de gênero, inibindo as mulheres do poder de exercer seus direitos humanos garantidos de forma plena.

Não obstante o direito internacional, também proteja o direito de participar da vida cultural e à liberdade de religião, a dialética deve estar voltada para as limitações desses direitos, de modo que sua prática não interfira nos direitos e liberdades fundamentais alheios.

9 WILLIAMS-BREAULT, p. 226.

10 WILLIAMS-BREAULT, p. 226.

11 ORGANIZAÇÃO MUNDIAL DA SAÚDE. **Eliminação da Mutilação Genital Feminina: Declaração Conjunta - OHCHR, ONUSIDA, PNUD, UNECA, UNESCO, UNFPA, ACNUR, UNICEF, UNIFEM e OMS**. 2008, p. 5. Disponível em: https://apps.who.int/iris/handle/10665/43839. Acesso em: 15 jul. 2023.

Muitos países em que a MGF é uma realidade utilizam-se do discurso da violação aos direitos humanos para abordar o assunto e propor legislações que desincentivam a prática. Outra abordagem muito importante é a aplicação de medidas educacionais que deem a oportunidade de maior conhecimento sobre o assunto por outras perspectivas. No entanto, tendo em vista ser algo muito enraizado nas sociedades que as executam, intervenções educacionais devem ser trazidas com cautela para que a cultura da comunidade não seja desrespeitada.

À vista disso, cabe nesse momento adentrar na análise de atuação do Brasil no combate às práticas de MGF. Será relevante para o entendimento do tema investigar as ações tomadas pelo país, sobretudo na ideia do refúgio no âmbito internacional e nacional.

3. A ATUAÇÃO DO BRASIL NO COMBATE ÀS PRÁTICAS DE MUTILAÇÃO GENITAL FEMININA

Apesar dos objetivos da Agenda 2030 terem sido estabelecidos no início de 2016, a análise da atuação do Brasil no combate às práticas de MGF possui um foco mais recente.

Quando da instituição do Plano Plurianual da União (PPA) de 2020 a 2023, o então Presidente da República, Jair Messias Bolsonaro, suprimiu os dispositivos estabelecidos para monitoramento e avaliação dos ODS através do veto. Tal ato do ex-Presidente da República expressou uma desarmonia com os propósitos da sociedade global e até mesmo do próprio Brasil, de modo que a não destinação de verba em favor dos ODS constatou certo desinteresse do governo em manter ou ampliar políticas sustentáveis[12].

Em contrapartida com o governo anterior, o atual governo brasileiro e as Nações Unidas assinaram em agosto de 2023 o Novo Marco de Cooperação Brasil-ONU 2023-2027[13], que tem por objetivo o planejamento, implementação

[12] ASSOCIAÇÃO BRASILEIRA DAS EMPRESAS ESTADUAIS DE SANEAMENTO. **Brasil diz não à Agenda 2030**. Disponível em: https://aesbe.org.br/novo/brasil-diz-nao-a-agenda-2030/. Acesso em: 17 ago. 2023.

[13] NAÇÕES UNIDAS BRASIL. **ONU assina novo Marco de Cooperação com o Brasil**. Disponível em: https://brasil.un.org/pt-br/240688-onu-assina-novo-marco-de-coopera%C3%A7%C3%A3o-com-o-brasil. Acesso em: 22 ago. 2023.

e monitoramento das atividades da ONU no Brasil em relação ao cumprimento da Agenda 2030. Este marco de cooperação projeta uma visão oposta ao que estava sendo feito no governo anterior e demonstra a disposição do país em gerar impactos concretos no desenvolvimento sustentável.

Mais relevante para o presente artigo, foi a decisão da CONARE que reconheceu *prima facie* a condição de refugiadas para meninas e mulheres nacionais de países com alta prevalência da prática de Corte ou Mutilação Genital Feminina[14]. A despeito da decisão ser recente, tomada em março de 2023, é uma significante manifestação do compromisso do governo federal em combater a violência de gênero e, consequentemente, de se atentar ao Objetivo 5.3 da Agenda 2030.

3.1. Reconhecimento do refúgio às mulheres vindas de contextos de mutilação genital feminina

Foi visando o combate à violência de gênero que a CONARE, durante sua 168ª Reunião Ordinária[15], definiu o reconhecimento *prima facie* de refúgio às mulheres e meninas sobreviventes ou potenciais vítimas da MGF. Além disso, com a adoção da expressão *prima facie*, a CONARE determinou que apenas uma evidência ou conjunto de fatos serão suficientes para provar a necessidade do reconhecimento do *status* de refúgio, a menos que provado o contrário.

O propósito é a tutela de um grupo específico no âmbito da lei brasileira de refúgio, que, além de influenciar no combate à prática, também preza pelo auxílio às vítimas ou potenciais vítimas, ao tratar pontualmente dessa questão nas solicitações de refúgio. Dessa forma, a decisão do CONARE demonstra o interesse da política brasileira em defender os direitos humanos e combater a prática de mutilação, servindo de exemplo para as demais comunidades, que também devem se conscientizar sobre o assunto.

14 MINISTÉRIO DA JUSTIÇA E SEGURANÇA PÚBLICA. **Conare aprova reconhecimento de mulheres refugiadas vindas de contextos de mutilação genital feminina**. [Decisão CONARE]. Disponível em: https://www.gov.br/mj/pt-br/assuntos/noticias/conare-aprova-reconhecimento-de-mulheres-refugiadas-vindas-de contextos-de-mutilacao-genital-feminina. Acesso em: 25 mar. 2023.

15 Ata da 168ª Reunião Ordinária da CONARE ainda não disponível ao público. De acordo com o Gabinete do Departamento de Migrações, a ata está passando pelo tratamento necessário para que delas sejam retirados os trechos confidenciais, em atenção aos princípios do sigilo e da confidencialidade que caracterizam o procedimento de reconhecimento da condição de refugiados, conforme disposto nos artigos 20 e 23 da Lei nº 9.474, de 1997.

É precisa, desta maneira, a decisão do CONARE que tenta prever uma saída eficaz para aquelas meninas e mulheres que já sofreram com a prática, ao mesmo tempo que dificulta que ocorra com outras. A promessa do refúgio surge como um novo instrumento para os sistemas de refúgio ao redor do mundo, consolidando uma regra mais favorável para aqueles que possam buscar ajuda externa.

3.2. Direito ao refúgio

Ao tratar de refúgio, a decisão da CONARE refere-se a um instituto relativamente recente no mundo e ainda mais no Brasil. A fim de que haja nexo na análise da decisão do CONARE, é fundamental que se compreenda o refúgio e de que forma o Brasil se portou frente a esse instituto.

O conceito de refúgio foi institucionalizado através da Convenção de Genebra de 1951 (Convenção de 1951), quando se definiu quem poderia ser pessoa refugiada. No entanto, existiam dois pontos de muita crítica: (i) a limitação temporal, de pedidos fundamentados apenas em fatos ocorridos antes de 1º de janeiro de 1951; e (ii) a limitação geográfica, dado que os acontecimentos só poderiam ter ocorrido na Europa.

À vista disso, criou-se o Protocolo sobre o Estatuto dos Refugiados de 1967 (Protocolo de 1967), que excluiu as limitações temporais e geográficas. Na sequência, diante do restrito conceito de refugiado, a Declaração de Cartagena de 1984 (Declaração de Cartagena) adotou o conceito de refugiado previsto na Convenção da Organização da Unidade Africana (OUA), abrangendo também pessoas ameaçadas por violência generalizada, agressão estrangeira, conflitos internos, violação maciça dos direitos humanos ou outras circunstâncias que tenham perturbado gravemente a ordem pública[16].

O instituto do refúgio, portanto, reconhece toda pessoa que não se encontra no seu país de nacionalidade ou residência em virtude de perseguição ou fundado temor de perseguição, seja por raça, religião, nacionalidade, grupo social ou opiniões políticas[17], considerando-se, portanto, uma perseguição não

[16] Conclusões e Recomendações, III, Terceira. ACNUR. **Declaração de Cartagena**. Cartagena: 1984. Disponível em: <https://www.acnur.org/fileadmin/Documentos/portugues/BD_Legal/Instrumentos_Internacionais/Declaracao_de_Cartagena.pdf>. Acesso em: 31 ago. 2023.

[17] PIOVESAN, Flavia. **O Direito de Asilo e a Proteção Internacional dos Refugiados**. In: Araújo, Nadia de; Almeida, Guilherme Assis. (Coords.) **O Direito Internacional dos Refugiados: uma perspectiva brasileira**. Rio de Janeiro: Renovar, 2001 [PIOVESAN], p. 274.

pessoal, como ocorre nos casos de asilo, mas sim de forma coletiva, de um determinado grupo.

As hipóteses para o reconhecimento do *status* de refugiado, portanto, estão dispostas em diversos documentos internacionais, que estabelecem certos critérios de proteção a serem resguardados, mas que estão sujeitos ao entendimento de cada Estado e sua legislação interna, a qual pode ser mais ampla ou mais restrita no reconhecimento do refúgio.

A) PROTEÇÃO BRASILEIRA DOS REFUGIADOS

Foi com a ratificação da Convenção de 1951 e do Protocolo de 1967 que o Brasil se tornou o primeiro país da América Latina a se comprometer com os dispositivos internacionais de proteção ao refugiado. No entanto, a época, muitos países da América Latina, inclusive o Brasil, viviam sob o regime da ditadura militar[18]. A contradição de ser um país que vivia num período conturbado de sua política interna fez com que a política de proteção ao refugiado quase não se desenvolvesse por cerca de duas décadas.

A primeira grande mudança foi a promulgação da Constituição Federal de 1988 (Constituição Federal), que rompeu com o regime autoritário e estabeleceu um Estado Democrático. Apesar de no texto constitucional não aparecerem explicitamente os termos "refúgio" ou "refugiado", seu fundamento legal tem por base o princípio da dignidade humana[19], bem como os princípios da prevalência dos direitos humanos e concessão de asilo político[20] e a igualdade de direitos entre os brasileiros e os estrangeiros[21].

Na sequência, entre os anos de 1992 e 1994, o Brasil recebeu muitos angolanos que fugiam da guerra civil em seu país, e percebeu-se que a Portaria

18 A Ditadura Militar no Brasil começou em 1964, através de um golpe civil-militar contra o presidente João Goulart (por meio do Ato Institucional - AI-5), e foi até 1985, sendo marcada pelo regime autoritário e pela repressão.

19 Art. 1º A República Federativa do Brasil, formada pela união indissolúvel dos Estados e Municípios e do Distrito Federal, constitui-se em Estado Democrático de Direito e tem como um de seus fundamentos: III - a dignidade da pessoa humana.

20 Art. 4º A República Federativa do Brasil se rege nas suas relações internacionais pelos seguintes princípios: II - prevalência dos direitos humanos; X - concessão de asilo político.

21 Art. 5º Todos são iguais perante a lei, sem distinção de qualquer natureza, garantindo-se aos brasileiros e aos estrangeiros residentes no País a inviolabilidade do direito à vida, à liberdade, à igualdade, à segurança e à propriedade.

Interministerial[22] já não atendia mais a situação dos refugiados, ocasionando na promulgação da Lei nº 9.474, de 1997 (Estatuto dos Refugiados). O Estatuto estipula os parâmetros para reconhecimento do *status* de refugiado (conceito amplo), determina as regras para sua solicitação e cria um órgão administrativo competente para tratar do tema, o CONARE. Importante frisar o pioneirismo do Brasil em promulgar um dispositivo legal específico para tratar sobre o tema dos refugiados, tornando-se um exemplo a ser seguido por outros países.

Diante de todo o trazido, é razoável afirmar que a Lei nº 9.474/1997 criou um sistema lógico, justo e atual para a concessão do refúgio no país, permitindo ao refugiado ampliar seus direitos com a segurança jurídica de uma lei nacional específica. Além disso, ao ampliar o conceito do reconhecimento do *status* de refugiado, a Lei abriu margem para muitas interpretações que estão vindo e ainda possam vir, como, por exemplo, o reconhecimento do refúgio para mulheres e meninas vindas de contextos de MGF, que é tema central do presente artigo.

3.3. A responsabilidade do Brasil no combate à mutilação genital feminina frente ao reconhecimento prima facie do refúgio para as mulheres e meninas vítimas da prática

A MGF vem se tornando uma pauta de discussão no CONARE, que reconheceu *prima facie* o refúgio para mulheres e meninas vítimas, ou potenciais vítimas, da prática. Conforme dito anteriormente, a MGF é considerada uma violação aos direitos humanos com base na discriminação de gênero; portanto, a CONARE enquadra essa violência de gênero como perseguição por pertencimento a grupo social, segundo prevê a Convenção de 1951 e o artigo 1º, inciso I, da Lei nº 9.474/1997[23].

Visto que muitos dados sobre refúgio são sigilosos, a CONARE não especifica as informações sobre refúgio com base na MGF, mas, considerando que os casos de violência contra a mulher se encaixam na categoria de violência de gênero, pode-se dizer que, dentro dos números disponibilizados, existem casos

[22] A Portaria Interministerial nº 394, editada pelo Ministério da Justiça, era o dispositivo jurídico de proteção a refugiados, que estabelecia uma dinâmica processual para a solicitação e concessão de refúgio.

[23] Art. 1º Será reconhecido como refugiado todo indivíduo que: I - devido a fundados temores de perseguição por motivos de raça, religião, nacionalidade, grupo social ou opiniões políticas encontre-se fora de seu país de nacionalidade e não possa ou não queira acolher-se à proteção de tal país.

relativos à MGF reconhecidos como perseguição por pertencimento a grupo social.

De acordo com a base de dados da Coordenação de Elegibilidade na Coordenação-Geral do CONARE (CG-CONARE), somente em 2022, 58 pessoas do sexo feminino tiveram seu pedido de refúgio deferido com base na perseguição por pertencimento a grupo social[24], sendo possível que vítimas da MGF também componham esses números (Tabela 1).

TABELA 1 - NÚMERO DE REFUGIADAS MULHERES COM FUNDAMENTO EM GRUPO SOCIAL.

Tabela 2.2.4. Número de refugiados, por sexo, segundo fundamentação aplicada ao ato de deferimento do refúgio, Brasil - 2022

Fundamentação	Número de refugiados		
	Total	Sexo	
		Masculino	Feminino
TOTAL	**4.081**	**2.346**	**1.735**
GGVDH	3.364	1.850	1.514
GRUPO SOCIAL	181	123	58
NACIONALIDADE	5	5	0
OPINIÃO POLÍTICA	443	298	145
RAÇA	14	14	0
RELIGIÃO	44	30	14
OUTROS	30	26	4

Fonte: Elaborado pelo OBMigra a partir dos dados da Coordenação Geral do Comitê Nacional para os Refugiados (CG-Conare/MJSP), 2022.

Atualmente, tornou-se incompatível com a realidade o fato do Estatuto dos Refugiados não englobar especificamente a violência de gênero e, a despeito de não ter havido nenhuma alteração na legislação brasileira desde sua promulgação, essencial a decisão da CONARE que identifica a vulnerabilidade desse grupo e legitima a solicitação do refúgio com uma justificativa definitiva e facilitada pela condição mínima para sua comprovação.

[24] JUNGER DA SILVA, Gustavo; CAVALCANTI, Leonardo; LEMOS SILVA, Sarah; TONHATI, Tania; LIMA COSTA, Luiz Fernando. **Refúgio em Números 2023**. Observatório das Migrações Internacionais; Ministério da Justiça e Segurança Pública/ Departamento das Migrações. Brasília, DF: OBMigra , 2023, p. 30.

A decisão é, consequentemente, fundamental para permitir que muitas mulheres e meninas escapem dessa prática tão cruel e tenham seus direitos humanos preservados, assim como lhes é garantido internacionalmente.

O Brasil, portanto, ao caminhar nesse sentido, de defesa das vítimas ou potenciais vítimas da MGF, abre um precedente para si próprio e também para ser seguido por outros países. Assim, de pouco em pouco, a sociedade vai avançando para o objetivo final, que é a completa eliminação de todas as práticas de MGF.

Conclusões

Do que se extrai da análise dos ODS, vê-se a importância do Objetivo 5 para o alcance da igualdade de gênero, especialmente do subobjetivo 5.3, no que diz respeito à eliminação de todas as práticas de MGF.

Trazida toda a circunstância das comunidades que têm como tradição a prática de MGF, entendeu-se que, para sua erradicação, são necessárias diversas frentes de ação, que envolvam implementação de lei, diálogo público e abordagens educativas que tragam a importância dos direitos das mulheres.

Exatamente pelo fato da prática ser reconhecida pela ONU e tantos outros Estados, inclusive pelo Brasil, como uma violação aos direitos humanos, fez-se relevante sua inclusão como objetivo na Agenda 2030. Como o Brasil é integrante da ONU com outros 192 países, está comprometido a implementar a Agenda 2030 e tem responsabilidade com a execução dos ODS, e, igualmente, com a eliminação de todas as práticas de MGF.

Visando ao comprometimento do Brasil com os objetivos, a CONARE decidiu pelo reconhecimento *prima facie* da condição de refugiadas para meninas e mulheres nacionais de países com alta prevalência da prática de Corte ou Mutilação Genital Feminina.

Em se tratando do refúgio, o Direito Internacional dos Refugiados foi um dos ramos do Direito Internacional que mais se desenvolveu no último século, e isto ocorre pela notoriedade que os Direitos Humanos vêm recebendo cada vez mais na agenda internacional, influenciando diretamente na proteção dos refugiados. Apesar da temática ainda estar muito dependente da vontade política de cada Estado, que possui a discricionariedade de ratificar os documentos internacionais e elaborar lei nacionais, o Brasil tem sido exemplo na efetivação da proteção dos refugiados, pela recepção dos diversos documentos internacionais e pelas demais ações que foram realizadas nos últimos quase 30 anos.

Uma atuação importante do Brasil foi a concessão de refúgio pela CONARE para vítimas, ou potenciais vítimas, da MGF com base na perseguição por pertencimento a grupo social. Essa possibilidade tem por fundamento o conceito de refugiado estabelecido na Convenção de 1951 e na Lei nº 9.474/1997, mas que ainda assim possui certas limitações que dificultam a concessão do refúgio por parte do Brasil.

Nesse sentido, é conveniente a decisão da CONARE em reconhecer *prima facie* a condição de refugiadas para meninas e mulheres nacionais de países com alta prevalência da prática da MGF. A decisão constitui uma nova regra para a solicitação do refúgio, simplificando o processo de comprovação da perseguição e do temor ou fundado temor, elementos essenciais do instituto do refúgio e fundamental para que seja concedido.

Por ser bem recente, de março de 2023, ainda não é possível saber quais serão as consequências da decisão e se efetivamente será um dispositivo benéfico. No entanto, a perspectiva é que seja uma ferramenta positiva para as solicitantes, que teriam um argumento específico reconhecido e instituído pela própria CONARE, além de um instrumento de incentivo aos demais países.

Portanto, a prática de MGF é uma questão pertinente, que deve estar a todo momento sob a guarda dos direitos humanos, da saúde pública e dos movimentos que prezam pela igualdade da mulher, de modo que ações voltadas para seu combate são sempre bem-vindas, nacionalmente e internacionalmente. Por mais que os Estados não sejam capazes de cumprir o prazo estabelecido na Agenda 2030, a questão não pode jamais ser esquecida; o objetivo é que seja completamente eliminada e, se alcançado, que de modo algum volte a ser uma questão, seja onde for.

Referências

ACNUR. **Convenção relativa ao Estatuto dos Refugiados de 1951**. Disponível em: https://www.acnur.org/fileadmin/Documentos/portugues/BDL/Convencao_relativa_ao_Estatuto _dos_Refugiados.pdf. Acesso em: 02 set. 2023.

ACNUR. **Declaração de Cartagena de 1984.** Disponível em: https://www.acnur.org/fileadmin/Documentos/portugues/BD_Legal/Instrumentos_Internacionai s/Declaracao_de_Cartagena.pdf. Acesso em: 31 ago. 2023.

ASSOCIAÇÃO BRASILEIRA DAS EMPRESAS ESTADUAIS DE SANEAMENTO. **Brasil diz não à Agenda 2030.** Disponível em:https://aesbe.org.br/novo/brasil-diz-nao-a-agenda-2030/. Acesso em: 17 ago. 2023.

BRASIL. **Constituição da República Federativa do Brasil de 1988.** Disponível em: https://www.planalto.gov.br/ccivil_03/constituicao/constituicao.htm. Acesso em: 20 ago. 2023.

BRASIL. **Lei nº 9.474, de 22 de julho de 1997. Define mecanismos para a implementação do Estatuto dos Refugiados de 1951, e determina outras providências.** Disponível em: http://www.planalto.gov.br/ccivil_03/leis/l9474.htm. Acesso em: 26 set. 2023.

JUNGER DA SILVA, Gustavo; CAVALCANTI, Leonardo; LEMOS SILVA, Sarah; TONHATI, Tania; LIMA COSTA, Luiz Fernando. **Refúgio em Números 2023.** Observatório das Migrações Internacionais; Ministério da Justiça e Segurança Pública/ Departamento das Migrações. Brasília, DF: OBMigra, 2023.

MARTINGO, Carla. **O Corte dos Genitais Femininos em Portugal: O caso das Guineenses.** Tese de Mestrado em Relações Interculturais, Universidade Aberta, Lisboa, 2009.

MINISTÉRIO DA JUSTIÇA E SEGURANÇA PÚBLICA. **Conare aprova reconhecimento de mulheres refugiadas vindas de contextos de mutilação genital feminina.** Disponível em: https://www.gov.br/mj/pt-br/assuntos/noticias/conare-aprova-reconhecimento-de-mulheres refugiadas-vindas-de-contextos-de-mutilacao-genital-feminina. Acesso em: 25 mar. 2023.

NAÇÕES UNIDAS BRASIL. **ONU assina novo Marco de Cooperação com o Brasil.** Disponível em: https://brasil.un.org/pt-br/240688-onu-assina-novo-marco-de coopera%C3%A7%C3%A3o-com-o-brasil. Acesso em: 22 ago. 2023.

OKADO, Giovanni Hideki Chinaglia e QUINELLI, Larissa. **Megatendências mundiais 2030 e os Objetivos de Desenvolvimento Sustentável (ODS): uma reflexão preliminar sobre a "nova agenda" das Nações Unidas.** Revista Baru, Goiânia, v.2, n. 2, p. 109-110, jul/dez. 2016, p. 119.

ORGANIZAÇÃO DAS NAÇÕES UNIDAS. ***Ending Female Genital Mutilation by 2030.*** Disponível em: https://www.un.org/en/observances/female-genital-mutilationday#:~:text=UN%20Action,of%20Sustainable%20Development%20Goal%20 5.. Acesso em: 17 abr. 2023.

ORGANIZAÇÃO DAS NAÇÕES UNIDAS. ***Transforming our World: The 2030 Agenda for Sustainable Development.*** Index: A/RES/70/1. Disponível em: https://

sustainabledevelopment.un.org/content/documents/21252030%20Agenda%20for%20 Su stainable%20Development%20web.pdf. Acesso em: 07 jun. 2023.

ORGANIZAÇÃO MUNDIAL DA SAÚDE. **Eliminação da Mutilação Genital Feminina: Declaração Conjunta - OHCHR, ONUSIDA, PNUD, UNECA, UNESCO, UNFPA, ACNUR, UNICEF, UNIFEM e OMS.** Disponível em: <https://apps.who.int/iris/handle/10665/43839>. Acesso em: 15 jul. 2023.

ORGANIZAÇÃO MUNDIAL DA SAÚDE. ***Female genital mutilation.*** Disponível em: https://www.who.int/news-room/fact-sheets/detail/female-genital-mutilation. Acesso em: 04 jul. 2023.

PIOVESAN, Flavia. **O Direito de Asilo e a Proteção Internacional dos Refugiados.** In: Araújo, Nadia de; Almeida, Guilherme Assis. (Coords.) **O Direito Internacional dos Refugiados: uma perspectiva brasileira.** Rio de Janeiro: Renovar, 2001.

WILLIAMS-BREAULT, Beth D. ***Eradicating Female Genital Mutilation/Cutting: Human Rights-Based Approaches of Legislation, Education, and Community Empowerment.*** Health and Human Rights Journal, v. 20, n. 2, p. 223-233, dez. 2018.

CAPÍTULO 10

O DIREITO AO ANONIMATO DO DOADOR DE GAMETAS NA REPRODUÇÃO HUMANA ASSISTIDA HETERÓLOGA E O DIREITO À IDENTIDADE GENÉTICA[1]

Maria Fernanda Alencar Paes de Campos

Introdução

Com a evolução da sociedade e da ciência, é possível encontramos famílias formadas pela união entre pessoas do mesmo sexo, por apenas um homem e um filho, uma mulher e um filho, sendo que este filho poderá ser proveniente do contato sexual entre um homem e uma mulher, da adoção ou de reprodução humana assistida heteróloga ou homóloga. Essas mudanças sociais vêm sendo acompanhadas, a passos lentos, pelo ordenamento jurídico brasileiro, sendo interessante relembrar que o Código Civil de 1916 estabelecia a máxima "*mater semper certa est*", tendo em vista a gravidez e o parto, enquanto a presunção da paternidade dependia do casamento. Tais presunções tiveram suas relevâncias obnubiladas pela descoberta do exame de DNA, o qual, por sua altíssima eficácia, impulsionou as ações de investigação de paternidade.

1 Artigo elaborado a partir da monografia apresentada ao Núcleo de Monografia Jurídica da Faculdade de Direito da PUC-SP, sob a orientação da Professora Doutora Flávia de Campos Pinheiro.

No que tange à paternidade não biológica, esta seria tida apenas através da adoção. No entanto, o Código Civil de 2002, em seu artigo 1.593, ao prever que o parentesco será por consanguinidade ou "outras formas", além de legitimar adoção, deu espaço para a inclusão da reprodução humana assistida como uma das fontes desse parentesco. Portanto, faz-se inevitável algumas comparações entre os filhos adotivos e aqueles provenientes da reprodução humana assistida. Nessa senda, passou-se a ser questionado se o princípio da verdade biológica, aplicável aos filhos adotivos, poderia também ser aplicado aos filhos provenientes da RHA, com uma consequente quebra do anonimato do doador de gametas não apenas nos casos necessários ao resguardo da saúde da criança, mas também naqueles de mera curiosidade daquele concebido por RHA heteróloga.

A presente discussão ganha ainda mais importância tendo em vista o aumento de pessoas que utilizam técnicas de reprodução humana assistida para constituírem família, direito constitucionalmente garantido. Dessa forma, o aparente conflito entre ambos os direitos constitucionais mencionados (quais sejam, o direito à identidade genética daquele concebido por RHA heteróloga e o direito ao anonimato do doador de gametas) mostra-se como uma discussão atual e que estará cada vez mais presente na nossa sociedade.

No mais, faz-se importante o questionamento de, caso prevaleça o direito à identidade genética em relação ao anonimato do doador de gametas, se seriam estabelecidos os vínculos provenientes da constituição da filiação, originando, por exemplo, o direito do doador de prestar alimentos à criança, ou se ocorreria o mesmo que nos casos de adoção, nos quais o adotado vê seus vínculos com a família biológica dissolvidos.

Apesar da importância do assunto, a única diretriz disponível são as Resoluções do Conselho Federal de Medicina. Portanto, com a ausência de regulamentação constitucional sobre o tema, é mister analisar o embate entre o direito ao anonimato do doador de gametas na reprodução humana heteróloga assistida e o direito à identidade genética, sendo que, no presente trabalho, utilizaremos a técnica de ponderação para solucionar o aparente conflito entre os referidos direitos constitucionais.

1. O anonimato do doador de gametas e o direito à identidade genética daqueles concebidos por reprodução humana assistida heteróloga: colisão de direito fundamentais?

Tendo em vista a ausência de previsão legislativa, é inevitável o embate, em diversas situações práticas, do direito ao anonimato do doador de gametas, o qual está inserido no direito à intimidade, previsto no art. 5º, X, da Constituição Federal, e o direito à identidade genética da criança concebida através de reprodução humana assistida heteróloga, direito este que está incluso nos direitos de personalidade do ser humano.

O embate entre ambos os direitos constitucionais está cada vez mais presente, visto que, conforme dados disponibilizados pela ANVISA, o Brasil possui um índice recorde na utilização de amostras seminais em reprodução humana assistida, ocorrendo um aumento de 97% em 2018 em relação a 2017 e de 1.359% em relação aos anos de 2015 e 2016[2].

Portanto, tendo em vista a crescente utilização de RHA no Brasil, fica evidente que a discussão entre o direito ao anonimato do doador de gametas e o direito à identidade genética daqueles concebidos por reprodução humana assistida heteróloga restará cada vez mais frequente, sendo relevante uma análise, a qual será feita a seguir, de cada um desses direitos e de uma forma adequada de solução deste inevitável conflito nos casos concretos enquanto não for editada uma lei sobre o tema.

Nessa senda, através da utilização da técnica de ponderação, analisaremos e buscaremos solucionar as situações nas quais costumam gerar maiores desavenças, quais sejam, os casos em que o ser humano concebido por reprodução humana assistida heteróloga apresenta um quadro médico que depende do conhecimento de suas origens biológicas para ser tratado; os casos de mera curiosidade

[2] ANVISA. Agência nacional de vigilância sanitária. **Importação de células reprodutoras humana aumenta**. Disponível em: http://antigo.anvisa.gov.br/resultado-de-busca?p_p_id=101&p_p_lifecycle=0&p_p_state=maximized&p_p_mode=view&p_p_col_id=column1&p_p_col_count=1&_101_struts_action=%2Fasset_publisher%2Fview_content&_101_assetEntryId=5158345&_101_type=content&_101_groupId=219201&_101_urlTitle=importacao-de-celulas-reprodutoras-humanas-aumenta&inheritRedirect=true. Acesso em: 15/09/2023.

por parte daquele concebido por RHA heteróloga em conhecer suas origens; e a verificação da existência das hipóteses de impedimentos matrimoniais previstas no Código Civil.

2. O anonimato do doador de gametas e o direito constitucional à intimidade

O art. 5º, inciso X, da Constituição Federal estabelece expressamente que o direito à intimidade e à privacidade dos indivíduos é inviolável.

Alexandre de Moraes[3] explica que o conceito de "intimidade" e de "vida privada" se correlacionam, sendo que o primeiro encontra-se inserido dentro do segundo e diz respeito às "relações subjetivas e de trato íntimo da pessoa, suas relações familiares e de amizade".

É interessante citar a conclusão de Beatriz Homem de Mello Bianchi em sua tese de mestrado desenvolvida na PUC-SP, intitulada "Princípio do sigilo do doador do material genético *versus* Princípio do conhecimento da origem genética"[4] de que a caracterização do sigilo se dá justamente pela vontade, pois não são os fatos que são protegidos juridicamente, mas o seu conhecimento. Sendo assim, é necessário que exista o elemento volitivo impondo a ocultação para que exista o sigilo.

Maria Helena Diniz[5], por sua vez, esclarece que a intimidade é a zona espiritual íntima e reservada de uma pessoa, constituindo assim um direito de personalidade, estabelecendo que aquele que violar tal direito deverá pagar uma indenização a fim de reparar eventual dano patrimonial ou moral causado.

Importa realizar uma breve diferenciação entre sigilo e intimidade, distinção esta feita pela maior parte dos doutrinadores. No que tange ao sigilo, os bens jurídicos tutelados são a liberdade e a dignidade da pessoa[6]; já a intimida-

3 MORAES, Alexandre de. Direito Constitucional. 34. Ed. São Paulo: Atlas, 2018, p. 58.

4 BIANCHI, B. **Princípio do sigilo do doador do material genético *versus* Princípio do conhecimento da origem genética.** Tese (Mestrado em Direito) – Faculdade de Direito, Pontifícia Universidade Católica de São Paulo. São Paulo, 2020, p. 134.

5 DINIZ, Maria Helena. Curso de direito civil brasileiro. v.1. São Paulo: Saraiva, 2002, pp. 129-130.

6 CASTRO, Fabiana Maria Martins Gomes de. **O núcleo intangível da intimidade: a esfera do segredo.** Tese (Doutorado em Direito). Pontifícia Universidade Católica de São Paulo (PUC-SP), São Paulo, 2016, pp. 132-133;

de possui um sentido mais amplo e busca proteger a vida pessoal e familiar do indivíduo.[7]

Portanto a doação anônima de gametas se dá justamente para preservar o direito à intimidade do doador, o qual tem a garantia de ter seus dados genéticos, que constituem sua intimidade, preservados e inatingíveis.

Em observância ao direito constitucional à intimidade, foi imposto pelo Conselho Federal de Medicina, em sua Resolução n. 2.320/2022, o sigilo sobre a identidade dos doadores de gametas. Tal previsão, além de buscar resguardar o referido direito constitucional, existe sob o argumento de evitar quaisquer responsabilidades criadas através do vínculo de filiação em relação ao doador, além de assegurar a existência de doadores, afinal, caso fosse abolido o sigilo estabelecido, poderia ocorrer um desincentivo à doação.

Ainda, no que diz respeito à confidencialidade das informações genéticas do ser humano, é válido destacar o art. 7 e o art. 9 da Declaração Universal do Genoma Humano e dos Direitos Fundamentais, os quais preveem o sigilo dos dados genéticos humanos a fim de proteger os direitos humanos e as liberdades fundamentais.

Em razão de tal estipulação, evidencia-se que, no Brasil, com exceção do caso previsto no art. 1.597, inciso V, do Código Civil, o qual gera presunção de paternidade e, consequentemente, permite a criação do vínculo de filiação em relação ao marido ou companheiro (ao se tratar de união estável) da mulher que utilizar de reprodução humana assistida heteróloga, as demais crianças concebidas por RHA heteróloga (que não abarcadas pela única situação prevista pelo Código Civil) não possuirão qualquer vínculo de filiação em relação ao doador e, sequer terão o direito de saber sua identidade.

No mais, a garantia ao anonimato do doador não se daria apenas em razão do direito constitucional à intimidade deste, mas também em respeito a previsão do art. 226, § 7º, da Constituição Federal, o qual garante o livre planejamento familiar aos indivíduos. Isto se daria porque o doador de gametas agiu de forma solidária (observando a gratuidade da doação e a impossibilidade de ocorrer, em todas e quaisquer hipóteses, a venda de gametas), não tendo como objetivo a formação de um projeto parental e a constituição de um vínculo de filiação em

7 COVELLO, Sergio Carlos. As normas de sigilo como proteção à intimidade. São Paulo: Sejac, 1999.

relação à criança concebida. Neste sentido entendiam Andréa Mignoni Zanatta e Germano Enricone[8], os quais explicavam que não havia o fator volitivo, por parte do doador, de gerar um filho próprio.

Evitando a formação de um vínculo de filiação entre doador e a criança concebida por reprodução humana assistida heteróloga, o sigilo referente à identidade do doador de gametas também impede a propositura de ação de investigação de paternidade e de ação de reinvindicação de alimentos ou herança, afinal, o doador dispôs de seu material genético de forma puramente altruísta, não objetivando nenhum vínculo com a criança. Dessa forma, estabelece-se que, assim como na adoção, onde apenas os pais adotivos possuem obrigações e deveres para com a adotando, na RHA heteróloga, apenas quem desejou a concepção daquele filho teria direitos e deveres para com ele, excluindo assim o doador de gametas, o qual apenas teve um gesto altruísta, qual seja, ajudar aqueles que não conseguem ou não desejam ter um filho através de relações sexuais.

É importante destacar o defendido por Luis Carlos dos Santos Lima Sobrinho[9], o qual afirma que a quebra do direito ao anonimato enaltece, de certa forma, a paternidade biológica em detrimento da paternidade afetiva, a qual é valorizada cada vez mais no direito brasileiro graças aos recentes julgamentos do Superior Tribunal de Justiça nos quais é valorizada a filiação socioafetiva.

Portanto, segundo esta linha de raciocínio, o anonimato do doador deveria ser mantido, garantindo-se o direito à intimidade da pessoa humana e o respeito ao fato de o doador de gametas não ter se comprometido com um planejamento familiar visando a criação de um vínculo de parentalidade.

3. O direito à identidade genética como um direito de personalidade

Colidindo com o direito à intimidade do doador de gametas, está o direito à identidade genética, o qual está inserido entre os direitos de personalidade. Tal

8 ZANATTA, Andreá Migoni. ENRICONE, Germano. **Inseminação artificial: doação anônima de sêmen e a possibilidade jurídica de quebra de sigilo.** Disponível em http://www.uricer.edu.br/new/site/pdfs/perspectiva/126_111.pdf. Acesso em: 16 out. 2012.

9 SOBRINHO, Luis Carlos dos Santos Lima (org). Bioética e Direito: Temas dos novos tempos. [SI], Ideia, 2013, p. 185-187.

é um direito fundamental substancial, isto é, inerente à pessoa humana, sendo, portanto, irrenunciável e imprescindível.

Maria Berenice Dias[10] defende, inclusive, que o direito da criança em conhecer sua ancestralidade é um dos atributos mais significativos do direito de personalidade, sendo que a vedação à identidade do doador de gametas se caracterizaria como uma "vedação injustificável".

Reinaldo Pereira e Silva entende ser um verdadeiro direito o conhecimento da ascendência biológica, de forma que todos os filhos têm o direito de conhecê-la, independente da "forma como se tornaram filhos", isto é, através da adoção ou de técnicas de reprodução assistida[11]. Isto se daria justamente pelo fato de o conhecimento da identidade genética estar associado à formação da personalidade e da identidade de cada indivíduo, o que contribui para a dignificação da pessoa humana, afinal, através do conhecimento de suas origens, o ser humano compreende suas semelhanças e diferenças com seus ancestrais, além, é claro, de adquirir conhecimento genético-cultural. Tendo em vista essa quase "necessidade humana", a identificação da ascendência genética não poderia ser negada e, justamente por tais razões, existem as ações investigatórias de origem genética ou de ancestralidade genômica.

Nesta toada, o art. 27, do Estatuto da Criança e do Adolescente prevê o estado de filiação como um direito personalíssimo, indisponível e imprescindível e o art. 11 do Código Civil estabelece que são intransmissíveis e irrenunciáveis os direitos da personalidade, não podendo tais direitos serem limitados voluntariamente. Compreendendo, portanto, ser o direito ao conhecimento da origem genética derivado do direito à vida e da dignidade da pessoa humana, sendo considerado um direito personalíssimo, inerente à pessoa humana, ele não poderia sofrer limitações e nem ser negado. Inclusive, a Ministra Nancy Andrighi decidiu ser o reconhecimento de estado de filiação um direito personalíssimo, indisponível e imprescritível, podendo ser exercitado sem qualquer restrição (STJ - REsp: 1401719 MG 2012/0022035-1, Relator: Ministra Nancy Andrighi, Data de Julgamento: 08/10/2013, T3 - Terceira Turma, Data de Publicação: DJe 15/10/2013).

10 DIAS, Maria Berenice. Filhos do afeto. 3.ed. São Paulo: JusPodivm, 2022, p. 226.

11 SILVA, Reinaldo Pereira e. Biodireito: a nova fronteira dos direitos humanos. São Paulo: LTr, 2003, p. 61.

Ademais, é importante observar o disposto no art. 227, § 6º, da Constituição Federal, o qual veda qualquer discriminação entre os filhos havidos ou não da relação do casamento ou por adoção, prevendo ainda que os filhos terão os mesmos direitos e qualificações. Dessa forma, é possível realizar uma interpretação analógica a fim de aplicar o disposto no art. 48, do Estatuto da Criança e do Adolescente, o qual prevê ter o filho adotado o direito de conhecer sua origem biológica, aos filhos provenientes de RHA heteróloga justamente em razão da igualdade jurídica entre os filhos, a qual existe independentemente da forma como eles foram concebidos, conforme prevê a Constituição Federal.

Tamanha é a importância do conhecimento da identidade genética que, mesmo com a imposição do anonimato à identidade do doador de gametas pelo Conselho Federal de Medicina, é possível quebrar tal anonimato quando urge a necessidade de conhecimento da ancestralidade em hipóteses de doenças genéticas e hereditárias. Porém, importa esclarecer que o anonimato inexistirá apenas perante os médicos, conforme prevê a Resolução do Conselho Federal de Medicina, em seu inciso IV, item 4.

O que se discute, no entanto, não é a flexibilização desse anonimato apenas em casos de saúde, mas em casos de mera curiosidade, afinal, conforme nos ensina Paulo Lôbo[12]:

> "O objeto da tutela do direito ao conhecimento da origem genética é a garantia do direito de personalidade, na espécie, direito à vida, pois os dados da ciência atual apontam para a necessidade de cada indivíduo saber a história de saúde de seus parentes biológicos próximos, para a prevenção da própria vida".

Destaca-se que, assim como na adoção, o conhecimento da origem biológica pelo filho proveniente de RHA heteróloga não implica em qualquer desconstituição de filiação socioafetiva, justamente porque o objetivo não é a atribuição de paternidade/maternidade ao doador de gametas, mas apenas o conhecimento da verdade biológica por parte da criança. Dessa forma, assim como nos casos

12 LÔBO, Paulo. **Direito ao estado de filiação e direito à origem genética: uma distinção necessária**. Revista CEJ, Brasília, n.27, out./dez. 2004, p. 7. Disponível em: file:///C:/Users/55219/Downloads/633- Texto%20do%20artigo-972-1-10-20071121.pdf. Acesso em 08/10/2022.

em que o filho adotivo busca pela identidade de seus pais biológicos e tem direito única e exclusivamente a esses dados, o filho proveniente de RHA heteróloga não terá qualquer direito a ação de reinvindicação de alimentos ou herança. A única diferença será o fundamento: enquanto no caso da adoção o filho adotivo perderá o vínculo com a família biológica e, consequentemente, direito a herança e alimentos em razão de previsão no art. 41, do ECA, no caso dos filhos provenientes de reprodução humana assistida heteróloga, esse vínculo sequer existiu, pois, conforme explicado anteriormente, o doador de gametas não realizou e sequer pensou em um planejamento familiar: desde o início sua única intenção era apenas a doação de gametas a fim de ajudar outras pessoas a constituírem suas próprias famílias.

4. Da necessidade de ponderação no caso concreto para solucionar essa antinomia constitucional

Explicados os pontos de vista referentes à prevalência do anonimato do doador de gametas e à prevalência do direito à identidade genética do filho concebido por RHA heteróloga, faz-se necessário realizar uma ponderação a respeito de tais direitos constitucionais em cada caso concreto.

Em razão da carência legislativa sobre o tema, a reprodução humana assistida heteróloga é permeada de diversos questionamentos legais, sendo um dos principais deles a forma adequada de se resolver a evidente antinomia constitucional, isto é, o conflito entre direitos constitucionais (o direito ao anonimato, inserido no direito à intimidade) e o direito à identidade genética, inserido dentro dos direitos de personalidade) aparentemente aplicáveis no mesmo caso concreto e que geram resultados diferentes.

Tendo em mente que os referidos direitos estão previstos na Constituição Federal, não havendo, portanto, hierarquia entre eles, devemos utilizar a técnica da ponderação para resolver os possíveis (e prováveis) conflitos práticos. Segundo o doutrinador Daniel Sarmento, a técnica de ponderação de interesses é a mais adequada forma de solucionar antinomias constitucionais. Para ele, a técnica exige que o operador do direito passe por três análises, sendo elas: adequação, necessidade e proporcionalidade em sentido estrito, destacando que o objetivo de tal processo é encontrar soluções que menos prejudiquem os interesses envolvidos.

Para esclarecer cada um desses conceitos, podemos citar Robert Alexy[13], jurista alemão, que trata sobre o tema. Para Alexy, a adequação diz respeito à utilização do meio mais adequado para se alcançar o fim desejado. A necessidade, por sua vez, diz respeito à inexistência de outro meio menos restritivo. Ainda no que tange à necessidade, Gomes Canotilho[14] a traduz no sentido de esta ser um ato estatal que, ao limitar os direitos fundamentais dos cidadãos, deverá restringi-los apenas ao estritamente necessário para atingir o fim pretendido. A proporcionalidade em sentido estrito, por fim, seria um juízo entre as desvantagens e as vantagens decorrentes da restrição de um direito. Bem resume a estrutura do teste de proporcionalidade Virgílio Afonso da Silva[15], o qual, assim como os outros autores, defende a necessidade de se seguir os já citados passos (adequação, necessidade e proporcionalidade em sentido estrito) e explica que tais passos se resumem em perguntas que devem ser respondidas no processo do controle de constitucionalidade das restrições aos direitos fundamentais.

Analisaremos a seguir alguns casos práticos.

Em primeiro lugar, encontramos a contraposição entre o direito ao anonimato do doador e direito à identidade genética da criança concebida por RHA heteróloga nos casos envolvendo a saúde deste último. Tendo em vista a previsão do inciso IV, item 4 da Resolução CFM n. 2.320/22, o qual garante que, em situações especiais, informações sobre os doadores, por motivação médica, poderão ser fornecidas exclusivamente aos médicos, temos que, a princípio, prevalecerá o anonimato do doador. Isto porque o fim pretendido é resguardar o direito à vida do filho concebido por reprodução humana assistida heteróloga, buscando, para tal, salvaguardar a sua saúde, e os responsáveis para tal serão, justamente, os médicos, os quais terão acessos às informações do doador. Portanto, apesar da quebra do anonimato do doador de gametas ser adequado, pois

13 ALEXY, Robert. *Teoria de los Derechos Fundamentales*. Madri: Centro de Estúdios Políticos y Constitucionales, 2001.

14 CANOTILHO, J.J. Gomes. Direito constitucional e teoria da constituição. 3.ed. Coimbra: Almedina, 1999, p. 264 apud FALCÃO, Joaquim; GUERRA, Sérgio; ALMEIDA, Rafael. Fundamentos do Direito Constitucional. Rio de Janeiro: Editora FGV, 2013. V 1, p. 46.

15 SILVA, Virgílio Afonso da. Direito Constitucional Brasileiro. 1. Ed. São Paulo: Editora da Universidade de São Paulo, 2021.

permite chegar ao fim pretendido, ele não é necessário, pois não é a única forma de alcançar o objetivo, qual seja, garantir a saúde e, consequentemente, a vida do ser humano concebido por RHA heteróloga, afinal, será possível preservar a vida deste, nestes casos, fornecendo as informações genéticas do doador aos médicos (não publicizando sua identidade civil). Logo, o direito à vida da criança proveniente de RHA heteróloga estará resguardado, bem como o direito ao anonimato do doador.

Em segundo lugar, o direito ao anonimato do doador de gametas se contrapõe ao direito à identidade genética da criança concebida por RHA heteróloga nos casos em que esta deseja conhecer, por simples curiosidade, sua ascendência genética. Neste caso, a quebra do sigilo do doador mostra-se um meio adequado, pois permite chegar no fim pretendido, necessário, pois não existem outras formas que possibilitem tal conhecimento, além de ser proporcional, pois o único ônus existente no que se refere ao doador de gametas seria que a quebra de seu anonimato implicasse no surgimento de um dever para ele em relação a criança concebida por meio de RHA heteróloga, situação esta que seria impossível à luz do ordenamento jurídico pátrio, afinal, o doador não realizou a doação buscando um planejamento familiar: ele realizou um ato voluntário e solidário com o intuito de ajudar aqueles que sofrem de infertilidade ou esterilidade ou apenas não desejam conceber um filho através de relações sexuais ou através da adoção a formarem uma família. Dessa forma, tendo em mente a impossibilidade de criação de qualquer dever entre doador de gametas e criança concebida por RHA heteróloga, prevalece a grande vantagem do desenvolvimento do direito de personalidade dessa criança, a qual conhecerá suas origens biológicas. Destaca-se ainda que, em razão dos filhos adotivos terem o direito de conhecerem sua ascendência (conforme previsão no Estatuto da Criança e do Adolescente), caso não se entendesse pela prevalência do direito à identidade genética sobre o direito ao anonimato do doador, neste caso, estaríamos infringindo o art. 227, § 6º, da CF, o qual prevê a igualdade entre todos os filhos e impede que sejam feitas quaisquer distinções entre eles.

Em terceiro lugar, no que tange a hipótese da quebra do sigilo do doador para a verificação de eventuais impedimentos matrimoniais, temos que prevalecerá o direito à identidade genética da criança proveniente de RHA heteróloga. A quebra do anonimato mostra-se adequada, pois conduz ao fim desejado, afinal, a criança conseguirá saber quem são as pessoas com as quais ela é impedida de, no futuro, contrair uma relação matrimonial; é necessária, pois caso não ocorra a quebra do anonimato, seria necessário que aquele que foi concebido por reprodução humana assistida heteróloga realizasse exames genéticos com seus parceiros para verificar se não está incorrendo em qualquer impedimento matrimonial e, por fim, é proporcional, pois visa a evitar a realização de casamentos vedados pelo Código Civil, os quais assim o são, nas palavras de Maria Helena Diniz, justamente por motivos éticos, baseados no interesse público e também por motivos eugênicos, isto é, para evitar que a prole seja portadora de problemas fisiológicos e psíquicos.

Portanto, em razão da carência de legislação específica sobre o tema, é necessária a utilização da técnica de ponderação em cada caso concreto, ou seja, em cada situação específica, observando o princípio do melhor interesse da criança e seu direito de personalidade, mas também considerando a necessidade de preservar o direito à intimidade do doador de gametas, o qual nunca teve por objetivo constituir uma família, observando assim as vantagens e desvantagens da sobreposição de cada direito no caso concreto, bem como os resultados que serão obtidos.

Conclusões

Percebe-se que o universo jurídico não acompanhou plenamente a evolução da sociedade e os desenvolvimentos da medicina, de forma que, até o presente momento, não há legislação específica sobre reprodução humana assistida, mas apenas a Resolução 2.320/22 do Conselho Federal de Medicina, que não tem força de lei, e o art. 1.597, inciso V, do Código Civil, que prevê apenas sobre a presunção de paternidade nos casos de inseminação artificial heteróloga em que a mulher for casada e seu marido autorizar a utilização da técnica de reprodução assistida.

Com a carência legislativa, surgem diversos embates sobre o tema referente à reprodução humana assistida heteróloga, em especial no que envolve a manutenção do direito ao anonimato do doador de gametas, previsto na Resolução n.

2.320/22 do CFM, e o direito à identidade genética da criança concebida por RHA heteróloga.

O debate não para neste ponto, afinal, caso aqueles nascidos de RHA heteróloga tivessem direito ao conhecimento de suas origens genéticas, poderia surgir a questão de que se teriam, também, direito à filiação em relação ao doador de gametas, de forma que este teria o dever de, por exemplo, prestar alimentos, e de que se a criança entraria em sua linha sucessória. Apesar de, em um primeiro momento, tal questionamento ser natural, ele não merece prosperar, pois, em primeiro lugar, o doador de gametas não participou de qualquer planejamento familiar capaz de criar para si deveres em relação à criança concebida por RHA heteróloga: ele apenas realizou uma doação no intuito de contribuir para o planejamento familiar de outras pessoas. Em segundo lugar, tendo em vista que o instituto da RHA heteróloga em muito se assemelha à adoção, deve se entender que não há vínculos com o doador de gametas, seguindo a mesma lógica da adoção, a qual extingue os vínculos com a família biológica e impede que o adotado seja herdeiro de seus pais biológicos, por exemplo.

Portanto, tendo em vista a série de conflitos decorrentes da temática e a inexistência de legislação que os sane, faz-se necessária a utilização da técnica de ponderação para cessar esse aparente conflito entre direitos constitucionais, quais sejam, o direito à intimidade do doador de gametas, traduzido em seu direito ao anonimato, e o direito de personalidade do filho concebido por RHA heteróloga, traduzido no seu direito à identidade genética. Tal método aduz à necessidade de, em cada caso concreto, realizar um juízo valorativo considerando três critérios: adequação, necessidade e proporcionalidade, sendo de suma importância a consideração do resultado prático em cada situação e as consequências para ambas as partes e para a sociedade de um modo geral. Ressalta-se que a presente pesquisa considerou, como regra, o direito à identidade genética daquele concebido por reprodução humana assistida em razão do disposto no art. 227, § 6º, da Constituição Federal e de uma interpretação analógica do Estatuto da Criança e do Adolescente.

Referências

ALEXY, Robert. ***Teoria de los Derechos Fundamentales.*** *Madri: Centro de Estúdios Políticos y Constitucionales, 2001;*

ANVISA. Agência nacional de vigilância sanitária. **Importação de células reprodutoras humana aumenta.** Disponível em: http://antigo.anvisa.gov.br/resultado-debusca?p_p_id=101&p_p_lifecycle=0&p_p_state=maximized&p_p_mode=view&p_p_col_id=column1&p_p_col_count=1&_101_struts_action=%2Fasset_publisher%2Fview_content&_101_assetEntryId=5158345&_101_type=content&_101_groupId=219201&_101_urlTitle=importacao-de-celulas-reprodutoras-humanasaumenta&inheritRedirect=true. Acesso em: 15/09/2023;

BIANCHI, Beatriz Homem de Mello. **Princípio do sigilo do doador do material genético *versus* Princípio do conhecimento da origem genética.** Tese (Mestrado em Direito). Faculdade de Direito, Pontifícia Universidade Católica de São Paulo (PUC-SP). São Paulo, 2020, p. 134;

BRASIL. Constituição (1988). **Constituição da República Federativa do Brasil.** Brasília, DF, Senado, 1988;

BRASIL. **Código Civil.** Lei n. 10.406, de 10 de janeiro de 2002.Brasília, DF. 2002.

BRASIL. **Estatuto da Criança e do Adolescente.** Lei Federal n. 8.069, de 13 de julho de 1990. Brasília, DF. 1990;

CANOTILHO, J.J. Gomes. **Direito constitucional e teoria da constituição.** 3.ed. Coimbra: Almedina, 1999, p. 264 *apud* FALCÃO, Joaquim; GUERRA, Sérgio; ALMEIDA, Rafael. Fundamentos do Direito Constitucional. Rio de Janeiro: Editora FGV, 2013. V 1, p. 46;

CASTRO, Fabiana Maria Martins Gomes de. **O núcleo intangível da intimidade: a esfera do segredo.** Tese (Doutorado em Direito). Faculdade de Direito. Pontifícia Universidade Católica de São Paulo (PUC-SP), São Paulo, 2016, pp. 132-133;

CFM– Resolução 2.320/22. Disponível em: https://sistemas.cfm.org.br/normas/visualizar/resolucoes/BR/2022/2320. Acesso em: 11/09/2022;

COVELLO, Sergio Carlos. **As normas de sigilo como proteção à intimidade.** São Paulo: Sejac, 1999;

DIAS, Maria Berenice. **Filhos do Afeto.**3ª ed. rev. e atual – São Paulo: Editora JusPodivm, 2022;

DINIZ, Maria Helena. **Curso de direito civil brasileiro.** São Paulo: Saraiva, 2002;

LÔBO, Paulo. **Direito ao estado de filiação e direito à origem genética**: uma distinção necessária. Revista CEJ, Brasília, n.27, out./dez. 2004, p. 7. Disponível em: file:///C:/Users/55219/Downloads/633-Texto%20do%20artigo-972-1-10-20071121.pdf. Acesso em 08/10/2022;

MADALENO, Rolf. **Direito de Família**. Rio de Janeiro: Grupo GEN, 2022. *E-book*. ISBN 9786559644872. Disponível em: https://integrada.minhabiblioteca.com.br/#/books/9786559644872/.

MORAES, Alexandre de. **Direito Constitucional**. 34. Ed. São Paulo: Atlas, 2018;

RAPOSO, Vera Lúcia. **O Direito à Imortalidade: o exercício de direitos reprodutivos mediante técnicas de reprodução assistida e o estatuto jurídico do embrião in vitro**. Coimbra: Almedina, 2014;

SÁ, Maria de Fátima Freire de; e NAVES, Bruno de Oliveira. **Bioética, Biodireito e o novo Código Civil de 2002**. Belo Horizonte: Del Rey, 2004;

SARMENTO, Daniel. **A ponderação de interesses na Constituição Federal**. 2. Tir. Rio de Janeiro: Lumen Juris, 2002, p. 97 e segs *apud* FALCÃO, Joaquim; GUERRA, Sérgio; ALMEIDA, Rafael. Fundamentos do Direito Constitucional. Rio de Janeiro: Editora FGV, 2013. V 1;

SILVA, Reinaldo Pereira e. **Biodireito: a nova fronteira dos direitos humanos**. São Paulo: LTr, 2003;

SILVA, Virgílio Afonso da. **Direito Constitucional Brasileiro**. 1. Ed. São Paulo: Editora da Universidade de São Paulo, 2021;

SOBRINHO, Luis Carlos dos Santos Lima (org). **Bioética e Direito: Temas dos novos tempos**. [SI], Ideia, 2013;

UNESCO – Declaração Universal do Genoma Humano e dos Direitos Fundamentais. Disponível em: https://unesdoc.unesco.org/ark:/48223/pf0000122990_por. Acesso em 08/10/2023;

ZANATTA, Andreá Migoni. ENRICONE, Germano. **Inseminação artificial: doação anônima de sêmen e a possibilidade jurídica de quebra de sigilo**. Disponível em: http://www.uricer.edu.br/new/site/pdfs/perspectiva/126_111.pdf. Acesso em: 16 out. 2012.

CAPÍTULO 11

PRECONCEITO E DISCRIMINAÇÃO NO FUTEBOL BRASILEIRO[1]

Luciano Krybus Scarpinella Bueno

Introdução

O esporte é tido na Constituição Federal como um direito social. O art. 217, que cuida especificamente "Do Desporto" está inserido no Título da CF que trata da Ordem Social.

Esta disposição jurídica não é por acaso. Quando o constituinte dispôs que é "dever do Estado" fomentar as práticas desportivas, além de classificar o esporte como "direito de cada um", já podemos perceber que este (i) é um direito difuso, meta individual, sem um titular específico; e (ii) é uma política pública que deve estar abrangida em qualquer plano governamental. A ideia deste "fomento" estatal é de "estimular, promover ou proteger (...) para melhorar o nível espiritual ou material da nação"[2].

Através de uma interpretação sistemática da *Carta Magna*, entendemos que o esporte é, na realidade, um dos pilares de diversos direitos sociais e, portanto, base do Estado Democrático de Direito e da dignidade da pessoa humana, por ser uma atividade que proporciona saúde, lazer, educação, solidariedade, trabalho etc.

1 Artigo elaborado a partir da monografia apresentada ao Núcleo de Monografia Jurídica da Faculdade de Direito da PUC-SP, sob a orientação do Professor Doutor Paulo Sérgio Feuz.

2 MELO FILHO, Álvaro. **O Desporto na ordem jurídico-constitucional brasileira**. São Paulo: Malheiros Editores, 1995, p. 42/43.

Logo, tendo em vista que o esporte é uma atividade que consegue, por si só, promover direitos sociais inerentes ao ser humano, não poderia ser outra a sua classificação senão como "direito fundamental", que une indivíduos e promove o bem-estar social.

É neste contexto que inserimos o futebol ao presente trabalho. Contudo, este esporte passa por um fenômeno social no Brasil muito diferente dos demais, já que a importância dada ao futebol, em especial o masculino, é completamente desproporcional a qualquer outra prática desportiva.

Evidentemente, o desporto "faz parte (...) do patrimônio cultural brasileiro (art. 216, caput, da CF)"[3]; entretanto, apenas uma modalidade é a que faz com que o Brasil seja reconhecido mundialmente como o "país do futebol". Para a Ciência Jurídica, importante destacar que as duas "antigas" Leis Gerais do Esporte – Lei Zico (Lei nº 8.672) e Lei Pelé, (Lei nº 9.615/1998) – foram denominadas/apelidadas em homenagem a dois craques da história do país.

Logo, traçamos neste primeiro momento dois importantes aspectos lógicos para o presente trabalho: (i) o esporte é direito fundamental, que promove o bem-estar social; e (ii) o futebol, como esporte mais praticado no Brasil, tem elevada importância na promoção deste bem-estar social.

Diante deste panorama, apresentamos o tópico que intitula o presente projeto: o preconceito e a discriminação no futebol brasileiro, com nosso estudo sendo voltado especificamente ao racismo e à LGBTfobia.

Ora, não precisamos estabelecer raciocínios complexos para observar que qualquer tipo de discriminação, em um ambiente que deveria promover comunhão, é altamente contraditório. Obviamente, o esporte privilegia a habilidade técnica do ser humano; contudo, rebaixar um indivíduo no âmbito desportivo em razão de sua cor ou preferência sexual é completamente descabido.

Infelizmente, a história brasileira, extremamente machista, elitizada e enraizada em 400 anos de escravidão possui uma forte influência preconceituosa que ainda não consegue ser suprimida; nem mesmo em um ambiente que deveria, como dito, promover a integração.

---

[3] FIORILLO, Celso Antonio Pacheco. **Curso de direito ambiental brasileiro**. 14ª ed. rev., ampl. e atual. em face da Rio+20 e do novo "Código" Florestal — São Paulo: Saraiva, 2013, p. 451.

O "Levantamento sobre a Diversidade no Futebol Brasileiro"[4] – pesquisa produzida por parceria entre Nike, CBF e Observatório da Discriminação Racial no Futebol divulgada em setembro de 2023 – revelou que, "em um país em que 56% da população é negra – segundo dados do IBGE –, (...) 41% dos atores do futebol pertencentes a essa raça [alegam que] tenham sofrido racismo ao exercerem seu trabalho". Já com relação à discriminação LGBT, o 1º Anuário do Observatório de LGBTfobia no Futebol Brasileiro do Coletivo de Torcidas Canarinhos LGBTQ+[5] revelou que, em 2020, foram 20 casos de incidentes discriminatórios relativos a esta parcela da população; em 2021, 42 casos.

Para aprofundar brevemente o complexo tema, vejamos quais as principais normas aplicáveis ao racismo e à LGBTfobia no ordenamento nacional e, em um segundo momento, será feita uma breve verificação das atitudes das entidades de prática desportiva com relação às práticas discriminatórias e preconceituosas no futebol.

1.1. Os fundamentos legais do combate ao Racismo e à LGBTfobia no Brasil

CONSTITUIÇÃO FEDERAL

O texto constitucional traz diversos dispositivos que fazem referência a um projeto de país mais igualitário e com menos segregação e discriminação. Citamos como exemplos (i) o art. 3º, IV, CF, que estatui como objetivo fundamental da República a promoção do "bem de todos, sem preconceito de origem, raça, sexo, cor, idade e quaisquer outras formas de discriminação"; e (ii) o "repúdio ao racismo" como um princípio das relações internacionais da República (art. 4º, VIII, CF).

Para o presente trabalho, é fundamental considerarmos que o art. 5º, XLI dita que "a lei punirá qualquer discriminação atentatória dos direitos e liberdades

4 OBSERVATÓRIO DA DISCRIMINAÇÃO RACIAL NO FUTEBOL; CBF; FISIA. **Levantamento sobre a Diversidade no Futebol Brasileiro.** 2023. Disponível em: https://observatorioracialfutebol.com.br/wp-content/uploads/2023/08/Levantamento_Diversidade_no_Futebol_Brasileiro.pdf.

5 COLETIVO de Torcidas Canarinhos LGBTQ+. **1º Anuário do Observatório de LGBTfobia no Futebol Brasileiro do Coletivo de Torcidas Canarinhos LGBTQ+ - Janeiro 2020 - Julho 2021**. [*s.n*], 2023. Disponível em: https://canarinhoslgbtq.com.br/post-exemplo/.

fundamentais", e que o inciso XLII do mesmo art. 5º da CF define o racismo como "crime inafiançável e imprescritível, sujeito à pena de reclusão, nos termos da lei". Ou seja, o preconceito e a discriminação são considerados ofensas de extrema gravidade em nosso ordenamento.

Apesar da CF definir apenas o racismo como crime, o STF, em 2019, enquadrou a homofobia e a transfobia a tais ilícitos no julgamento da Ação Direta de Inconstitucionalidade por Omissão nº 26 e do Mandado de Injunção nº 4.733. Destarte, será a partir desta base teórica, portanto, que o esporte como fato social e direito fundamental deve tratar a discriminação e o preconceito: práticas tidas como contraditórias aos princípios constitucionais.

RESPONSABILIDADE PENAL: A RESPONSABILIDADE SUBJETIVA

Tendo a CF definido o racismo – e a LGBTfobia por interpretação extensiva do Supremo – como crime, é evidente que tais atos ilícitos ensejarão a aplicação do Direito Penal, a *ultima ratio* do ordenamento, que pune de forma mais rigorosa um indivíduo, podendo retirar sua liberdade através de um devido processo legal.

Nesta esfera, portanto, os crimes relacionados ao preconceito e à discriminação são regulamentados pela Lei nº 7.716/1989. Apesar de os 14 tipos penais contidos na norma não serem devidamente analisados no presente estudo, sabe-se que o Direito Penal, pelos princípios da personalidade e da responsabilidade subjetivas, só poderá punir a pessoa diretamente relacionada à infração penal.

Contudo, vimos que o esporte é um direito fundamental metaindividual. Ou seja, a coletividade, sem um indivíduo específico, é a verdadeira titular deste direito. Quando um indivíduo, portanto, pratica um ato racista ou LGBTfóbico não fere apenas uma única pessoa, mas sim um amplo grupo.

Destarte, é necessário o combate às práticas discriminatórias e preconceituosas em outros ramos que consigam sancionar amplamente a sociedade por aquele ato, diferentemente do Direito Penal. Prossigamos então com a análise da esfera civil e da Lei Geral do Esporte (LGE).

RESPONSABILIDADE CIVIL E A LGE: A RESPONSABILIDADE OBJETIVA

Diferentemente do âmbito penal, no qual há uma descrição legal de uma conduta específica, definida como crime ou tipo penal que enseja uma sanção de privação de liberdade, na esfera civil, uma determinada ação ou omissão voluntária que provoque violação a direito ou prejuízo, seja ele de cunho estético, patrimonial ou moral, ensejará uma reparação, conforme definido nos arts. 186, 187 e 927 do CC.

O ato racista ou LGBTfóbico, portanto, por violar direitos constitucionais à honra, imagem e igualdade constituirá "ato ilícito" indenizável, tendo a reparação civil uma finalidade precípua compensatória e de garantia de segurança[6].

A diferença mais relevante para o presente trabalho entre as esferas civil e penal é a existência da responsabilidade objetiva na esfera civil. Apesar do caput do art. 927 do CC adotar que a responsabilização do agente é fundada na culpa *lato sensu* (ato doloso ou ato negligente, imprudente ou imperito), o parágrafo único deste dispositivo determina que, "nos casos especificados em lei, ou quando a atividade normalmente desenvolvida pelo autor do dano implicar, por sua natureza, risco para os direitos de outrem", poderá haver a obrigação de reparar o ato ilícito independentemente de culpa *lato sensu*.

Na esfera civil, portanto, é possível uma responsabilização daqueles que não estão diretamente envolvidos com o ato ilícito, mas que, diante de previsão legal ou em atividades que ensejam risco a direito de outrem, acabam podendo ser sancionados. É a chamada responsabilização objetiva do sujeito.

Considerando que a LGE (Lei nº14.597/2023) determina em seu art. 142, §1º que as relações de consumo de âmbito desportivo devem aplicar as normas do CDC, Código que é precipuamente ligado à responsabilização objetiva, não há outra solução senão a responsabilização não só do indivíduo que cometeu um ato ilícito, mas do clube que organiza uma partida, por exemplo.

Ou seja, temos um início de um aparato em nosso ordenamento que começa a proteger metaindividualmente o direito à boa prática desportiva.

A recente LGE, como o "Código" da legislação desportiva pátria, contém diversos dispositivos que obrigam as entidades de prática desportiva e o poder

6 DINIZ, Maria Helena. **Curso de Direito Civil Brasileiro: Responsabilidade Civil – Vol. 7.** 37ª ed. São Paulo: SaraivaJur, 2023, p. 12.

público a coibirem quaisquer práticas discriminatórias no esporte, buscando promover a harmonia na prática desportiva nacional.

Destacamos, por exemplo, (i) o princípio da "democratização" do (art. 2º, LGE); (ii) o art. 11, XVII, LGE, que determina que um dos objetivos do Sistema Nacional do Esporte (Sinesp), é a adoção de "medidas necessárias para erradicar ou reduzir as manifestações antiesportivas, como a violência, a corrupção, o racismo, a xenofobia, a homofobia, o sexismo e qualquer outra forma de discriminação (...)"; e (iii) o capítulo do Título III da referida Lei voltado inteiramente à "promoção da cultura de paz no esporte".

Contudo, temos um campo de estudo que ainda não foi apresentado no presente trabalho: a Justiça Desportiva. Apesar do âmbito civil prever uma responsabilização objetiva em atos ilícitos diante da relação consumerista existente em um evento desportivo, será através desta via própria, especializada na solução de lides relacionadas à disciplina e às competições, que haverá uma repressão própria a atos discriminatórios ocorridos no ambiente desportivo.

RESPONSABILIDADE NO ÂMBITO DESPORTIVO: A JUSTIÇA DESPORTIVA E O CÓDIGO BRASILEIRO DE JUSTIÇA DESPORTIVA (CBJD)

A Constituição Federal reconhece em seu art. 217, §1º[7] a Justiça Desportiva como a via incumbida de analisar especificamente ações relativas à disciplina e às competições desportivas. O Judiciário, portanto, só poderá atuar nestas lides quando se esgotarem as instâncias desta "via administrativa"[8].

Quanto à finalidade da responsabilização na esfera desportiva, vale a leitura das palavras de Gustavo Delbin:

> A natureza retributiva da pena na Justiça Desportiva está relacionada ao fato de que é por meio dela que é retribuída, por meio de sanção, a conduta antidesportiva cometida. Ademais, possui natureza educativa/preventiva, tendo em vista que, por meio dela, pretende-se, ainda,

[7] Art. 217, §1º, CF - O Poder Judiciário só admitirá ações relativas à disciplina e às competições desportivas após esgotarem-se as instâncias da justiça desportiva, regulada em lei.

[8] MELO FILHO, Álvaro. **O Desporto na ordem jurídico-constitucional brasileira**. São Paulo: Malheiros Editores, 1995, p. 57.

atravancar o cometimento de nova infração pelo autor ou por terceiro, pelo exemplo da pena aplicada. [9]

O dispositivo basilar para se estudar o combate ao racismo e à LGBTfobia na esfera da Justiça Desportiva é o art. 243-G do CBJD[10].

A pena prevista a qualquer "ato discriminatório, desdenhoso ou ultrajante, relacionado a preconceito em razão de origem étnica, raça, sexo, cor, idade, condição de pessoa idosa ou portadora de deficiência", direcionada àqueles submetidos ao Código em comento (art. 1º, §1º do CBJD), é a suspensão de 5 a 10 partidas, para atletas, treinadores, médicos ou membros da comissão técnica que tenham cometido o ato; ou 120 a 360 dias se for praticada por qualquer outra pessoa natural submetida ao CBJD, além da multa de R$ 100 a R$ 100 mil. Trata-se da hipótese tradicional de responsabilidade subjetiva pelo ato.

Os §§1º e 2º abordam os casos de responsabilidade objetiva do clube. Ou seja, quando um grupo de pessoas vinculada ao clube ou mesmo torcedores praticarem o ato discriminatório/preconceituoso, o próprio clube poderá (i) ser multado, conforme hipótese do §2º; (ii) perder os pontos atribuídos a uma vitória no regulamento da competição, independentemente do resultado da partida; (iii) perder o dobro do número de pontos atribuídos a uma vitória no regulamento da competição, em caso de reincidência; ou (iv) ser excluído da competição, caso não haja atribuição de pontos pelo regulamento da competição.

Por fim, o §3º permite, em casos de extrema gravidade, a aplicação de algumas sanções previstas no art. 170 do CBJD, quais sejam a perda de pontos, do mando de campo e a exclusão do campeonato ou torneio. É mais uma hipótese de responsabilização objetiva do clube.

Destarte, através da responsabilização objetiva prevista nos §§ do art. 243-G, permite-se a coletivização da pena que é defendida no presente trabalho. Possibilitar a punição do clube por um ato discriminatório/preconceituoso, é mostrar a milhares de pessoas ligadas àquele clube pela paixão a proporção que

[9] DELBIN, Gustavo. **Dosimetria da pena na Justiça Desportiva. LinkedIn, 27/05/2022.** Disponível em: https://www.linkedin.com/pulse/dosimetria-da-pena-na-justi%C3%A7a-desportiva-gustavo--delbin/?originalSubdomain=pt.

[10] O CBJD está disponível na íntegra em <https://conteudo.cbf.com.br/cdn/201507/20150709151309_0.pdf>.

um ato individual ou de um pequeno grupo de pessoas atentatório à dignidade da pessoa humana e contraditória à boa prática desportiva pode alcançar.

No futebol, tamanha a sua importância à sociedade brasileira, com repercussão midiática inigualável, a punição coletiva não é relevante apenas aos torcedores, mas a toda a sociedade. Ora, se um ato discriminatório passar despercebido e não for sancionado no futebol, corre-se o risco de se normalizar um ato adverso aos princípios dispostos na legislação pátria.

Destaca-se que o Superior Tribunal de Justiça Desportiva do Futebol (STJD) tem aplicado sanções de maior rigor previstas no art. 243-G, como a perda de mando de campo ou jogos com portões fechados. Evidentemente que o Tribunal tenta interferir o mínimo possível nas competições, evitando, por exemplo, perda de pontos ou exclusão do campeonato. Porém, com os inúmeros casos constados nos últimos anos de preconceito e discriminação no ambiente futebolístico, já se pode observar uma maior atenção dos membros do STJD com o tema. Neste contexto, ressaltamos como exemplo que o STJD passou a integrar o grupo de trabalho de combate ao racismo e à violência no futebol criado pela CBF[11].

Apesar de não adentrarmos detalhadamente em julgados do STJD neste breve artigo, reiteramos a importância de se ter uma boa atuação da Justiça Desportiva no julgamento de casos de racismo e LGBTfobia, já que é esta esfera a responsável por defender de forma especializada e "coletivizada" o direito metaindividual ao esporte. Desta forma, se tornarmos "normal" a prática de atos discriminatórios e preconceituosos no país do futebol, não só parte da nossa cultura e história será desrespeitada, mas corre-se o risco destes crimes se perpetuarem, "porque essas pessoas [que cometem os atos] vão se sentir à vontade para praticar esses discursos de ódio nos estádios de futebol"[12], como destacado por Marcelo Carvalho, fundador e diretor executivo do Observatório da Discriminação Racial no Futebol[13].

---

11 **PROCESSOS** de injúria racial crescem no STJD em 2022. **STJD**, 16/01/2023. Disponível em: https://www.stjd.org.br/noticias/processos-de-injuria-racial-dobram-no-stjd-em-2022.

12 COCCETRONE, Gabriel. **Justiça Desportiva tem decisões diferentes em casos parecidos de racismo. UOL**, 22/08/2023. Lei em Campo. Disponível em https://www.uol.com.br/esporte/colunas/lei-em-campo/2022/02/10/justica-desportiva-tem-decisoes-diferentes-em-casos-parecidos-de-racismo.htm.

13 A referida entidade monitora casos de preconceito e discriminação no esporte, principalmente no futebol, elaborando "Relatórios Anuais de Discriminação" desde 2014, disponíveis em: https://

1.2. As Entidades do Futebol e o Combate ao Racismo e à LGBTfobia

O torcedor é extremamente influenciado pela atitude das entidades de prática desportiva. A paixão pelo futebol em nosso país, como "maior fenômeno social do Brasil [que] representa a identidade nacional"[14], tem a capacidade de realmente ser um exemplo maléfico ou benéfico a milhões de brasileiros que colocam este esporte como parte do seu dia a dia.

Assim, os clubes, as federações estaduais, a CBF, como entidades que determinam a rotina do futebol brasileiro, além da CONMEBOL e da FIFA, como entidades internacionais que influenciam o esporte nacional, têm uma importância primordial em gerir o fenômeno social futebolístico e, consequentemente, em como o desporto símbolo de nosso país trata o preconceito e a discriminação em seu cotidiano.

Para iniciar esta breve análise, em 2022, a CBF constatou que havia 1.276 clubes de futebol no Brasil, sendo 850 deles profissionais e 426 amadores[15]. Evidentemente que seria impossível analisar a totalidade destes números em qualquer pesquisa.

De toda forma, destacamos que se observa que os clubes brasileiros têm se posicionado com maior frequência em suas redes sociais e uniformes, e têm realizado ações de marketing em prol do fim do racismo e da LGBTfobia. A continuidade de tal engajamento é fundamental, já que os clubes são a verdadeira ligação de paixão dos torcedores com o futebol.

Quanto às Federações Estaduais – apesar de não abordarmos as 26 existentes – destacamos que a presente pesquisa identificou que o tema do combate ao preconceito foi mais debatido nos últimos anos por tais entidades. Diversas Federações já contêm dispositivos em seus regulamentos próprios que preveem

observatorioracialfutebol.com.br/observatorio/relatorios-anuais-da-discriminacao/.

14 GUTERMAN, Marcos. **O futebol explica o Brasil: uma história da maior expressão popular do país.** 1ª ed., 1ª reimpressão. São Paulo: Contexto, 2010, p. 9.

15 Em alta: CBF registrou 1.276 clubes em 2022. **Assessoria CBF**, 28/04/2023. Disponível em: https://www.cbf.com.br/a-cbf/informes/index/em=-alta-cbf-registrou1-276--clubes-em2022-#:~:text=Em%202019%2C%20eram%201102%20clubes,o%20n%C3%BAmero%20foi%20de%201072.&text=A%20Federa%C3%A7%C3%A3o%20com%20mais%20clubes,Paulo%2C%20com%20105%20ao%20todo.

sanções a tais práticas, além de haver uma ampla divulgação em redes sociais e nas transmissões das partidas de campanhas.

Contudo, ainda destacamos que o tema da LGBTfobia no futebol ainda passa despercebido pelas Federações. Apesar do preconceito e da discriminação "*lato sensu*" ser um tópico que está sendo mais bem debatido pelas federações, a LGBTfobia ainda é abordada de forma muito discreta.

Neste sentido, o 1º Anuário do Observatório de LGBTfobia no Futebol Brasileiro do Coletivo de Torcidas Canarinhos LGBTQ+ destacou o seguinte:

> (...) é possível perceber que ainda são muito tímidas as iniciativas das Federações Estaduais de Futebol em torno do combate à LGBTfobia, sobretudo nos campeonatos estaduais.
>
> As federações precisam se conscientizar do papel estratégico que elas podem jogar no combate a essas expressões de violência e preconceito, podendo levar o debate, boas práticas e orientações aos clubes de todo seu estado (com e sem divisão no campeonato estadual e brasileiro), fazendo com que o alcance dessas ações seja muito maior, atingindo inclusive diversas cidades dos interiores do estado. Isso fará com que passos mais largos sejam dados com clubes de todo o Brasil. [16]

A surpresa positiva do presente estudo foi a Confederação Brasileira de Futebol (CBF). São diversas as atitudes que têm sido tomadas pela entidade máxima do futebol brasileiro no combate ao preconceito.

Citamos como exemplos (i) a criação do "Grupo de Trabalho" para tratar de combate ao racismo e violência no futebol, da qual o orientador do presente trabalho, Paulo Sérgio Feuz, participa; (ii) a parceria com o Coletivo de Torcidas Canarinhos LGBTQ+ desde 2021; e (iii) a instituição do art. 134 do seu Regulamento Geral de Competições[17], dispositivo inovador mundialmente por possibilitar em um regulamento "administrativo" a possibilidade de se punir esportivamente um clube em caso de preconceito ou discriminação.

---

16 COLETIVO de Torcidas Canarinhos LGBTQ+. **1º Anuário do Observatório de LGBTfobia no Futebol Brasileiro do Coletivo de Torcidas Canarinhos LGBTQ+ - Janeiro 2020 - Julho 2021**. [*s.n*], 2023. Disponível em: https://canarinhoslgbtq.com.br/post-exemplo/.

17 O Regulamento pode ser acessado na íntegra em: https://www.fsf-se.com.br/wp-content/uploads/2023/03/20230214221219_73.pdf.

Diferentemente da CBF, a CONMEBOL, entidade máxima do futebol sul-americano, decepciona na batalha contra a discriminação e o preconceito no esporte.

É verdade que a CONEMBOL contém um aparato normativo que também prevê atitudes da entidade para combater tais práticas. Os arts. 8º e 15 do atual Código Disciplinar[18] tratam da responsabilização objetiva e da discriminação em competições organizadas pela entidade.

Entretanto, as disposições são meramente formais. A CONMEBOL historicamente pune apenas pecuniariamente os atos discriminatórios ocorridos nas suas competições. As punições mais rigorosas, como a perda de mando de campo, são muitas vezes aplicadas após inúmeros meses, sem a devida celeridade que deveria estar presente em tais julgamentos.

Ademais, houve tantos casos de preconceito e discriminação em jogos organizados pela CONMEBOL nos últimos anos[19], que deixamos a indagação se não seria o caso de se adotar sanções como perda de pontos ou exclusões de campeonatos para que haja uma mudança definitiva na atitude dos torcedores sul-americanos.

Também devemos destacar que as ações contra práticas LGBTfóbicas especificamente pela entidade são inexistentes. É mais uma evidência do desleixo que a instituição tem com o tema da discriminação.

Assim, a despeito da CONMEBOL ter firmado parceria com o Observatório da Discriminação Racial[20] em 2023, além de conter campanhas como "A falta mais grave é o racismo" e "Basta de racismo"[21], espera-se que ela endureça suas sanções, aplicando-as com maior celeridade, e demonstre que realmente está tentando concretizar seus objetivos estatutários. Afinal, é uma instituição

18 O Estatuto da CONMEBOL pode ser acessado na íntegra em: <https://www.conmebol.com/pt-br/documentos-pt-br/codigo-disciplinar-conmebol-2023/>.

19 CONMEBOL registra 27 casos de racismo contra brasileiros nos últimos 6 anos. **Correio Braziliense**, 29/04/2022. Disponível em: https://www.correiobraziliense.com.br/esportes/2022/04/5004227-conmebol-registra-27-casos-de-racismo-contra-brasileiros-nos-ultimos-6-anos.html.

20 CONMEBOL assina aliança com o Observatório da Discriminação Racial para fortalecer a luta contra o racismo e a discriminação. **CONMEBOL**, 17/08/2023. Disponível em: https://www.conmebol.com/pt-br/noticias-pt-br-2/conmebol-assina-alianca-com-o-observatorio-da-discriminacao-racial-para-fortalecer-a-luta-contra-o-racismo-e-a-discriminacao/.

21 CONMEBOL fortalece ações de conscientização dos atores do futebol para frear o racismo dentro e fora dos gramados. **CONMEBOL**, 07/06/2023. Disponível em: https://www.conmebol.com/pt-br/noticias-pt-br-2/conmebol-fortalece-acoes-de-conscientizacao-dos-atores-do-futebol-para-frear-o-racismo-dentro-e-fora-dos-gramados/.

que representa um continente que é enraizado na escravidão e na discriminação, mas que também compartilha da paixão pelo futebol.

Na mesma linha da CONMEBOL, a FIFA também é uma entidade que formalmente contém normas de combate à discriminação e ao preconceito, mas que, na prática, demonstra estar mais preocupada com as questões monetárias de suas competições do que com a boa prática futebolística.

Apesar de ter normas que contemplam o combate ao racismo e à discriminação, como o *FIFA Good Practice Guide on Diversity and Anti-Discrimination*[22], além do art. 15 do seu Código Disciplinar[23] (inserido em 2019) tratar da "discriminação", na realidade, a entidade não demonstra estar tão preocupada com as práticas discriminatórias no futebol.

Desde a inserção do dispositivo supracitado no Código Disciplinar de 2019, já se discutia o quão tímida era sua aplicação pelos órgãos disciplinares da FIFA. Neste sentido, vale a leitura de artigo escrito por Matheus Laupman[24]:

> Ocorre que nesse período de 1 (hum) ano desde a publicação do novo Código Disciplinar inúmeros casos de racismo ocorreram no futebol, e a aplicação e eficácia que se esperava não foi satisfatória.
>
> (...)
>
> A FIFA tem se direcionado em coibir e atuar intensamente na fiscalização de aspectos contratuais envolvendo os stakeholders do mundo de futebol, tanto é assim, que a maioria dos litígios presentes nos órgãos disciplinares da entidade tratam de tais questões. Entretanto, atualmente não encontramos processos disciplinares instaurados pela entidade com o intuito de identificar, julgar e punir as condutas racistas e discriminatórias.

As palavras de Matheus são tão verdadeiras que as duas últimas Copas do Mundo de Futebol Masculino, a maior competição do planeta Terra, foram

22 Disponível em: https://digitalhub.fifa.com/m/6363f7dc616ff877/original/wg4ub76pezwcnxsaoj-98-pdf.pdf.

23 Disponível em: https://digitalhub.fifa.com/m/59dca8ae619101cf/original/FIFA-Disciplinary-Code-2023.pdf.

24 LAUPMAN, Matheus. **O Código Disciplinar da FIFA e o Racismo.** IBDD, 15/07/2020. Disponível em: https://ibdd.com.br/o-codigo-disciplinar-da-fifa-e-o-racismo/?v=19d3326f3137.

realizadas em países que contém legislação anti-LGBT. A Rússia, apesar de não definir a homofobia como crime, tem uma "lei anti-gay", como ficou conhecida, que proíbe manifestações de valores que não estão de acordo com a visão tradicional heterossexual[25]. O Código Penal do Qatar, por sua vez, fala sobre a homossexualidade como uma prática criminosa, passível de uma pena de oito anos de prisão ou até mesmo de morte sob a *sharia*, o sistema jurídico do Islã que funciona junto com a legislação do país árabe[26].

Destarte, o discurso da FIFA em seus Códigos é um, mas na prática a atitude é outra, visto os interesses macroeconômicos que parecem ter participado da escolha das sedes de sua principal competição.

Conclusões

O presente projeto visou a estudar, portanto, as previsões legais de discriminação e preconceito – limitando-se ao racismo e à LGBTfobia – além de analisar como as entidades ligadas ao futebol tem tratado o tema em seu cotidiano.

Após a análise feita nos tópicos anteriores, é possível depreender que a legislação brasileira, nas diversas esferas do nosso ordenamento, contém dispositivos que visam ao combate ao preconceito e à discriminação em nosso país.

As entidades do futebol nacional, por sua vez, têm se destacado positivamente no tema, diferentemente de entidades internacionais como CONMEBOL e FIFA, que carecem de práticas concretas de combate à discriminação e ao preconceito.

Ressaltamos que o futebol, como forma de quebra de paradigmas sociais, pode ser uma luz no combate a estas práticas tidas como criminosas pelo nosso texto constitucional. Afastar a discriminação e o preconceito no futebol é deixar este esporte símbolo da sociedade brasileira ser o que ele realmente é, *"o ideal de uma sociedade perfeita: poucas regras, claras, simples, que garantem a liberdade*

25 **COMUNIDADE** LGBT convive com leis discriminatórias na Rússia. **UFMG,** 21/07/2018. Disponível em: https://ufmg.br/comunicacao/noticias/comunidade-lgbt-convive-com-leis-discriminatorias-na-russia.

26 CALAZANS, Bruno. **É crime ser gay no Qatar? Pode levar à prisão? Entenda lei do país da Copa. UOL**, Colaboração para Universa, em São Paulo, 18/11/2022. Disponível em: https://www.uol.com.br/universa/noticias/redacao/2022/11/18/posso-ser-preso-por-ser-gay-no-qatar-entenda-legislacao-do-pais-da-copa.htm.

e a igualdade do campo, com a garantia do espaço para a competência individual. O futebol é mais que uma modalidade esportiva; é uma das maiores manifestações culturais (e democráticas) já vistas." [27]

Referências

ABEL, João. **Bicha: homofobia estrutural no futebol.** 2ª ed. Natal: Editora Primeiro Lugar, 2020.

BASTOS, Guilherme Augusto Caputo. **Direito Desportivo.** Belo Horizonte: Casa da Educação Física, 2018.

FILHO, Mario. **O negro no futebol brasileiro.** 5ª edição. Rio de Janeiro: Mauad, 2010.

GRAICHE, Ricardo (Coord.). **Código Brasileiro de Justiça Desportiva. Comentários – Artigo por artigo.** São Paulo: Quartier Latin, 2013.

RODRIGUES, Hélder Gonçalves Dias. **A responsabilidade civil e criminal nas atividades desportivas.** Campinas: Servanda Editora, 2004.

[27] MURAD, Maurício. **A violência e o futebol: dos estudos clássicos aos dias de hoje.** Rio de Janeiro: Editora FGV, 2007, p. 13 *apud* Mario Vargas Llosa, 2002, p. 44.

CAPÍTULO 12

VIOLÊNCIA POLÍTICA DE GÊNERO: UM ESTUDO DO FENÔMENO À LUZ DA TEORIA TRIDIMENSIONAL DO DIREITO[1]

Catharina Vilela de Abreu Silva Pereira

Introdução

Em dezembro de 2022, a conquista do voto feminino no Brasil completou 90 anos. A constatação de que esse direito não foi conquistado em um passado tão distante não só ressalta a incipiência dessa conquista, mas evidencia o longo caminho que ainda deve ser percorrido para a efetivação plena da igualdade de gênero constitucionalmente assegurada.

De acordo com o Relatório Mundial sobre a Desigualdade de Gênero de 2020[2], que avaliou países e territórios nos setores da política, economia, saúde e educação, a política continua a ser a área com menor progresso global. No caso do Brasil, o estudo destacou a ausência de atribuição de poder político às mulheres como o principal obstáculo para o desempenho global do país.

Em um cenário no qual 53% do eleitorado brasileiro é composto por mulheres, parece no mínimo espantoso que esse grupo corresponda, no ano de 2022, a

1 Artigo elaborado a partir da monografia apresentada ao Núcleo de Monografia Jurídica da Faculdade de Direito da PUC-SP, sob a orientação da Professora Doutora Silvia Pimentel.

2 FÓRUM ECONÔMICO MUNDIAL. Relatório Mundial sobre a Desigualdade de Gênero de 2020. Disponível em: https://www.weforum.org/reports/gender-gap-2020-report-100-years-pay-equality/. Acesso em: 16 de maio 2023.

apenas 18% das candidaturas eleitas para o Poder Legislativo.[3] Quando olhamos para marcadores de raça, os dados ficam ainda mais preocupantes, considerando que hoje, ainda de acordo com o TSE, mulheres negras correspondem a apenas 5,7% dos representantes da Câmara de Deputados, embora representem 28% da população brasileira. Com esses números, o Brasil ocupa o 129º lugar no ranking que contabiliza a presença feminina nos parlamentos nacionais de 186 países, sendo a média geral em torno de 25,2% de mulheres eleitas.[4]

Nesse contexto, a violência política de gênero pode ser apontada como um dos fatores que impedem e desestimulam a maior presença feminina em espaços públicos de decisão, além de custar às mulheres sua saúde psicológica, física e, em alguns casos, até mesmo suas vidas. A partir da constatação da importância desse fenômeno, vamos o estudar sob a ótica da Teoria Tridimensional do Direito, com o objetivo de realizar um estudo sobre as causas e os efeitos da violência política de gênero no contexto brasileiro.

1. Fato, valor, norma e pautas feministas

Desenvolvida pelo jurista brasileiro Miguel Reale, a Teoria Tridimensional do Direito parte do pressuposto de que o Direito não é um sistema puro. Isso significa dizer que esse fenômeno é afetado por outros fatores que transcendem o sistema jurídico em si, exigindo uma abordagem ampla do Direito que não considera apenas sua dimensão normativa, ou seja, o conjunto de normas jurídicas que regulam as relações sociais, mas também suas dimensões fática e axiológica. A primeira diz respeito aos fatos sociais que são regulados pelo Direito e a segunda se refere aos valores que são protegidos pelo Direito, ou seja, os princípios éticos e morais que orientam a aplicação das normas jurídicas.

Assim, a eficácia de uma norma estaria relacionada com a força social dos valores que a moldaram, bem como com o contexto no qual se insere. Nessa linha de pensamento, é possível afirmar que a garantia dos direitos femininos

[3] JUSTIÇA ELEITORAL. Estatísticas TSE Mulheres. Disponível em: https://www.justicaeleitoral.jus.br/tse-mulheres/ Acesso em: 15 de dez. 2023

[4] UNIÃO INTERPARLAMENTAR. Ranking of Women in National Parliaments. Disponível em: https://data.ipu.org/women-ranking?month=1&year=2023. Acesso em: 15 de dez. 2023.

depende não apenas da existência de leis, mas também da força social das lutas que as moldaram.

Nas últimas décadas, movimentos feministas têm crescido significativamente no Brasil[5], o que pode ser visto como resultado de muitos fatores, como a ação cumulativa de movimentos e organizações feministas no país, o crescimento dos valores feministas na mídia internacional, o papel da internet na sociabilidade dos jovens e mudanças na posição da mulher na sociedade brasileira. Assim, embora não tenha havido grandes avanços no que diz respeito à quantidade de mulheres eleitas, a participação feminina na política vem se tornando maior e mais qualificada.

Paralelamente, movimentos conservadores também ganham força no país, impactando a sociedade civil e a política ao mobilizar discursos que deslegitimam avanços conquistados por grupos minorizados, como agendas feministas, LGBTQIA+, antirracistas e indígenas. Durante o mandato de Dilma Rousseff, por exemplo, os conservadores experimentaram um forte impacto progressista, com a legalização do casamento civil homoafetivo, a implementação de cotas raciais nas universidades e a permissão para a interrupção da gravidez em casos de anencefalia. Nesse contexto, a "ideologia de gênero", um termo utilizado pela Igreja Católica desde a década de 1990, tornou-se um conceito central para a organização do campo conservador.[6]

À luz da Teoria Tridimensional, é possível argumentar que os avanços feministas e progressistas alcançados nas últimas décadas, tanto no campo formal, ou seja, com a criação de leis, quanto a partir de mudanças na realidade, resultaram na ascensão e proliferação de valores reacionários. O que se observa são grupos de pessoas que repudiaram essas mudanças fáticas e jurídicas, resultando em tensões que disseminaram valores contrários.

Ocorre, portanto, uma espécie de choque direto de diferentes valores, uma batalha clássica que atravessa toda e qualquer pauta que alcance a esfera política. Isso porque, como defende a própria Teoria Tridimensional, o Direito e o

[5] BIROLI, Flávia. Violência política contra as mulheres no Brasil: manifestações e definições. Rio de Janeiro: Revista Direito & Práxis, Vol.07, 2016. p.559.

[6] BIROLI, Flávia; MACHADO, Maria das D. C.; VAGGIONE, Juan M. Gênero, neoconservadorismo e democracia: disputas e retrocessos na América Latina. 1 ed. São Paulo: Boitempo, 2020,

processo de construção de normas não surgem do além, mas são resultado de um complexo contexto que compreende fatores econômicos, sociais e culturais.

A partir dessa lógica, os avanços já explicitados, que resultaram não apenas em mudanças normativas, mas axiológicas e fáticas, tiveram entre suas consequências a proliferação de tensões e movimentos conservadores. Não se fala em novos valores ou na construção de tensões, e sim na proliferação e disseminação. Isso porque tal abordagem desconsideraria o caráter estrutural da dominação[7] que se exprime nas relações da vida cotidiana, ou seja, a misoginia estruturante não só da sociedade brasileira, mas de todo um sistema enraizado em práticas coloniais e aprisionadoras para mulheres e outros grupos historicamente marginalizados.

Tais considerações nos levam ao cerne deste artigo, pois é nesse contexto que as práticas de violência política de gênero se tornam latentes, representando uma das estratégias reacionárias que visam à expulsão das mulheres da vida política e, como muitos desses agentes gostam de dizer, "de volta à cozinha". Nesse ponto, é importante esclarecer que não se adota aqui uma abordagem essencialista, que sugere que a simples presença de mulheres em posições de poder é suficiente para promover avanços da agenda feminista. Essa visão simplista reforçaria a ideia de que a legitimidade feminina se limita apenas a essas pautas específicas, enquanto os homens, historicamente vistos como representantes dos interesses universais, têm liberdade para defender qualquer causa que desejem.

Vale salientar ainda que, infelizmente, a representação feminina em espaços de poder não é a cura para a desigualdade de gênero. Algumas pensadoras, como Nancy Fraser, argumentam até mesmo que essa pauta contribui para a manutenção da divisão atual do trabalho político,[8] o que significa dizer que ela representa uma estratégia meramente afirmativa utilizada em detrimento de medidas verdadeiramente transformadoras. No entanto, que mal há em querer mudar as regras do jogo enquanto ainda não é possível jogar a bola fora? Especialmente quando o que está em risco constante são os direitos, a dignidade e a própria sobrevivência de comunidades minorizadas.

[7] VARIKAS, Eleni. Une representation en tant que femme? Réflexions critiques sur la demande de la parité des sexes. Nouvelles Questions Feministes, v. 16, n. 2, 1995. p. 81-127.

[8] FRASER, Nancy. Social justice in the age of identity politics: redistribution, recognition, and participation. Londres: Verso, 2003. p. 74

Ademais, é fundamental considerar que os princípios do Estado Democrático de Direito brasileiro defendem o pleno exercício dos direitos políticos por todas as cidadãs, justificando a busca por uma sociedade em que as mulheres possam efetivamente participar da vida política e exercer suas demandas e reivindicações. Nesse sentido, torna-se relevante o estudo das formas pelas quais a presença feminina nas esferas de poder tem sido sabotada ou subjugada, o que motiva a análise do fenômeno da violência política de gênero.

2. A violência política de gênero

Em 2022, a cada 27 horas um caso de violência política era registrado no Brasil e a cada 5 dias ocorria um assassinato ou atentado à vida por violência política e eleitoral.[9] Desses casos, 37% aconteceram contra mulheres cisgêneros[10], mesmo que elas ocupem apenas 16% das vagas disputadas nas eleições de 2020 e 2018. As mulheres trans e travestis também foram alvo de violência, representando 5% dos episódios registrados.

O fenômeno da violência política permeia e integra o cenário político brasileiro e vem sendo cada vez mais abordado por diferentes pesquisadores, organizações e Estados ao redor do mundo. Isso ocorre na medida em que a sua relevância e efeitos no exercício dos direitos políticos de cidadãs e cidadãos se torna mais evidente.

Em 2002, Fischer[11] definiu a violência política como qualquer ato ou ameaça aleatória ou organizada para intimidar, ferir fisicamente, chantagear ou abusar de uma parte política interessada na tentativa de determinar, atrasar ou de outra forma influenciar um processo eleitoral. A partir dessa definição, retira-se que qualquer candidato ou político pode ser vítima de violência política, pois não faltam na história mundial, e nem na brasileira, casos de intimidação, de chantagem e de ameaças no contexto do jogo político.

9 VIOLÊNCIA POLÍTICA E ELEITORAL NO BRASIL: Panorama das violações de direitos humanos entre 2 de setembro de 2020 e 31 de outubro de 2022. Curitiba: Terra de Direitos e Justiça Global, 2020. p. 3 e 29.

10 *Ibid.* p. 40.

11 REVISTA AZMINA; INTERNETLAB. MonitorA: relatório sobre violência política online em páginas e perfis de candidatas(os) nas eleições municipais de 2020. São Paulo, 2021. p. 14.

Uma análise minuciosa das dinâmicas que integram esse fenômeno demonstra, todavia, que as ações violentas se direcionam de forma bastante específica, reproduzindo, inclusive, desigualdades sociais que marcam as sociedades em que elas se manifestam. Quando se trata especificamente de mulheres, essa expressão de violência recebe mais uma camada, sendo comumente denominada violência política de gênero com base no entendimento de que esse grupo sofre violências específicas, decorrentes de razões sociais e históricas, que necessitam ser consideradas de maneira mais cuidadosa na construção de pesquisas acadêmicas, políticas públicas e normas.

Nesse contexto, percebe-se que os ataques e as práticas que afetam a atuação pública de mulheres – considerando também a relevância de outros marcadores sociais da diferença – são distintos daqueles enfrentados pelos homens. Como outras formas de violência, a violência política de gênero se manifesta em muitas roupagens, expressando-se como agressões e restrições físicas, sexuais, psicológicas, simbólicas e econômicas que intimidam as mulheres na política,[12] colocando custos extras em suas carreiras e, em alguns casos, arriscando sua integridade física.

Em 2020, o InternetLab e a Revista Azmina realizaram uma pesquisa[13] em que foram monitoradas as redes sociais de 175 candidatas e candidatos durante as eleições daquele ano. O estudo apontou que, em comparação aos homens, as mulheres foram atacadas por aquilo que são – mulheres, negras, idosas, trans –, enquanto os candidatos que receberam ataques foram ofendidos, majoritariamente, por sua atuação profissional, como políticos e gestores públicos – com exceção de idosos e GBT+, que também foram alvo de ódio e agressões por essas características.

Os dados relacionados à violência política de gênero e raça apresentados pelo Instituto Marielle Franco[14] apontam que, também nas eleições municipais de 2020, 98,5% das candidatas negras por eles acompanhadas relataram ter sofrido pelo menos um tipo de violência política. De acordo com as entrevistadas,

12 BIROLI, Flávia. Violência política contra as mulheres no Brasil: manifestações e definições. Rio de Janeiro: Revista Direito & Práxis, Vol.07, 2016. p.585.

13 REVISTA AZMINA; INTERNETLAB. Monitora: relatório sobre violência política online em páginas e perfis de candidatas(os) nas eleições municipais de 2020. São Paulo, 2021.

14 INSTITUTO MARIELLE FRANCO. Violência política de gênero e raça no Brasil 2021. Disponível em: https://www.violenciapolitica.org/2021. Acesso em: 01 maio 2023. p.82.

a forma mais comum de violência que elas enfrentaram foi a violência política virtual, que representa 80% do total de ataques sofridos. Apenas 32% das candidatas denunciaram os ataques, e muitas não se sentiram seguras o suficiente para fazê-lo. Das que denunciaram, 70% disseram que não se sentiram mais seguras após a denúncia e não receberam nenhuma orientação ou apoio sobre as medidas de proteção que poderiam ser adotadas.

Por meio dessas práticas, busca-se negar a condição de mulheres como sujeitos iguais e contribuir para mantê-las subalternas na vida pública, enfraquecendo e limitando a democracia. Esse tipo de violência pode ser compreendido como política não apenas porque é uma reação contra as mulheres na política, mas porque, como bem aponta Sanin,[15] é uma manifestação de relações de poder desiguais na sociedade em geral, e emana da percepção de "intrusão" das mulheres em espaços que "pertencem" aos homens. A força e os efeitos dessa forma de violência podem ser ilustrados por casos emblemáticos, como o *impeachment* de Dilma Rousseff (2016), altamente inflamado por discursos misóginos, e o assassinato de Marielle Franco (2018), um exemplo histórico e aterrador de violência política de gênero.

Entre os principais efeitos, destaca-se também seu caráter danoso à saúde mental de mulheres políticas, que passam a lidar com medo, insegurança e ansiedade por si mesmas e por seus familiares, chegando até mesmo a abdicar da vida política. É o caso, por exemplo, da deputada negra Mônica Seixas que, em 2021, escutou do deputado Wellington Moura, durante uma sessão legislativa, que ele colocaria um cabresto em sua boca. Quando deixou o plenário chorando, Mônica foi cercada por 15 homens gritando "louca" e "vai tomar seu Gardenal".[16] Posteriormente, ela teve uma grave crise e tirou licença médica de seu cargo.

Uma outra vítima de violência política de gênero é a deputada e mulher trans Erika Hilton, que periodicamente recebe ameaças de morte por e-mail. "Vamos matar vocês com uma bomba, vamos explodir suas casas e estraçalhar seus corpos" é apenas um exemplo.[17] Em 2020, durante sessão parlamentar na

[15] SANIN, Juliana Restrepo. Violence against women in politics and the law: arguments for an expanded definition. 24th World Congress of Political Science. Poland, 2016. p. 8.

[16] GONZALEZ, Mariana, Como a violência impacta saúde mental e afasta mulheres da política. Disponível em: https://minabemestar.uol.com.br/mulheres-da-politica-saude-mental/ Acesso em: 1 maio 2023

[17] *ibid.*

Assembleia Legislativa de São Paulo, a deputada estadual Isa Penna teve seus seios apalpados pelo ex-deputado Fernando Cury, que hoje responde por importunação sexual pelo ato.[18]

Essas histórias são apenas algumas de muitas que poderiam ser trazidas e ilustram o dia a dia de mulheres que atuam politicamente no país. Mais uma vez cabe a indicação de um efeito macro desse fenômeno, que diz respeito ao fato de que, quando as perspectivas das mulheres estão isoladas no debate público e elas não são objeto da construção de direitos, leis e políticas públicas, suas experiências como potenciais alvos de violência específica podem ser suspensas ou anuladas como uma questão política.

Dessa forma, cria-se um ciclo interminável em que as mulheres não ocupam espaços públicos e institucionais por serem alvos de violência, e ao mesmo tempo são vítimas de violência e invisibilidade exatamente por não serem as pessoas que levantam pautas ou têm a oportunidade de se manifestar politicamente.

3. A Lei de Violência Política contra a Mulher

Inicialmente, vale lembrar que o Brasil, antes mesmo da existência de uma lei específica, já havia ratificado tratados que afirmavam sua obrigação de combater o fenômeno da violência política de gênero.[19] É o caso da Convenção Interamericana para Prevenir, Punir e Erradicar a Violência contra a Mulher, de 1994 e ratificada em 1996, e da Convenção sobre a Eliminação de Todas as Formas de Discriminação contra a Mulher, de 1979 e ratificada inicialmente pelo Brasil em 1984 – embora a ratificação sem as reservas anteriormente postas sobre os artigos 15 e 16 tenha se dado apenas em 2002 – que incluem no rol de discriminação contra a mulher os atos que a impedem de exercer seus direitos políticos.

Todavia, apenas em agosto de 2021, foi sancionada a Lei n.º 14.192/2021, também conhecida como Lei da Violência Política contra a Mulher. De acordo com o próprio dispositivo, sua aplicabilidade se estende para além do período

[18] CNN. Caso Isa Penna: julgamento de Fernando Cury por importunação sexual deve começar hoje. Disponível em: https://www.cnnbrasil.com.br/politica/caso-isa-penna-julgamento-de-fernando-cury-por-importunacao-sexual-deve-comecar-hoje/. Acesso em: 25 out. 2022

[19] REVISTA AZMINA; INTERNETLAB. MonitorA: relatório sobre violência política online em páginas e perfis de candidatas(os) nas eleições municipais de 2020. São Paulo, 2021. p. 60.

eleitoral, abarcando outras ocasiões relacionadas aos direitos políticos e funções públicas das mulheres. O projeto, embora tenha sido originalmente proposto em 2015 pela deputada Rosângela Gomes (Republicanos-RJ), apenas foi aprovado recentemente.

Com o texto final aprovado em 2020, a existência de uma violência política direcionada especificamente a mulheres passou a ser formalmente reconhecida pelo Estado brasileiro, juntamente com a criação de novos conceitos e abordagens. Entre as inovações trazidas pela lei, é válido ressaltar a regra geral de vedação de discriminação e desigualdade de tratamento em virtude de sexo ou raça na representação política e no exercício das funções públicas, bem como a definição do que é compreendido como violência política contra a mulher:

> Art. 3º Considera-se violência política contra a mulher toda ação, conduta ou omissão com a finalidade de impedir, obstaculizar ou restringir os direitos políticos da mulher.
>
> Parágrafo único. Constituem igualmente atos de violência política contra a mulher qualquer distinção, exclusão ou restrição no reconhecimento, gozo ou exercício de seus direitos e de suas liberdades políticas fundamentais, em virtude do sexo.

Uma importante observação a ser destacada é que, na referida lei, a proteção é direcionada ao sexo feminino e não ao gênero feminino. Essa escolha é intencional e um reflexo do conservadorismo que permeava, e ainda permeia, o Congresso brasileiro, e foi feita a despeito das manifestações de muitas feministas, que apontaram que o uso do termo gênero seria mais apropriado para proteger não apenas o sexo biológico, mas outras identidades.

3.1 A aplicação da norma

O pleito eleitoral de 2022 foi o primeiro após a aprovação da Lei n.º 14.192/2021, o que possibilitou, já no início de sua vigência, a realização de análises voltadas à efetividade e à aplicabilidade da norma em um dos momentos mais intensos da vida política do país. Segundo dados do Conselho Nacional de Justiça, desde a aprovação da lei até novembro de 2022, o Ministério Público Federal contabilizou 112 procedimentos relacionados ao tema.[20]

Ainda, um levantamento realizado pelo Núcleo de Inteligência Eleitoral e pelo InternetLab[21] teve como objeto de estudo exatamente a aplicação da Lei de Violência Política contra a mulher nas eleições de 2022. Entre os achados da pesquisa, foi destacada uma dificuldade no acesso a dados, o que comprometeu a realização da análise. Na pesquisa, foram identificados somente 12 casos em que houve denúncia com base na lei durante a campanha, número divergente do informado pelo Ministério Público Federal à organização, que apontou a existência de 62 investigações em andamento, e dos dados divulgados pelo CNJ, embora não haja especificação sobre os tipos de procedimentos que foram contabilizados pela instituição.

Como justificativa para a baixa quantidade de investigações e denúncias encontradas ligadas à nova lei, seria possível se falar em um processo de amadurecimento da norma, de seus procedimentos e da sua apropriação por candidatas e mulheres políticas. Isso faz sentido quando se considera que muitas medidas ainda estão sendo construídas para torná-la efetiva. Em 2022, por exemplo, foram abertos canais de denúncia e treinamentos, e o próprio Tribunal Superior Eleitoral e a Procuradoria-Geral Eleitoral firmaram um protocolo para dar prioridade para condutas e ritos processuais para os casos de violência política contra mulheres, pois ainda existem falhas na identificação e tratamento das denúncias.

O mesmo estudo, a partir de entrevistas com as candidatas, apurou que as vítimas muitas vezes não se sentem motivadas a denunciar seus ofensores, além de carecerem de ferramentas jurídicas, emocionais ou até mesmo de conhecimento sobre a lei para entender que sofreram uma espécie de violência. É possível questionar, ainda, se no curto período de propaganda eleitoral parece benéfico para as candidatas se afirmarem como vítimas de violência, o que poderia prejudicar a visão dos eleitores sobre elas e fortalecer opositores.

Expandindo essa análise, ou seja, considerando a Lei 14.192/2021 como parte de um contexto mais amplo, é possível compreendê-la como mais uma

20 CNJ. Violência política de gênero: Brasil registra sete casos a cada 30 dias. Disponível em: https://www.cnj.jus.br/violencia-politica-de-genero-brasil-registra-sete-casos-a-cada-30-dias/. Acesso em: 5 maio 2023.

21 INTERNETLAB; REVISTA AZMINA; NÚCLEO JORNALISMO. MonitorA: relatório sobre violência política contra candidatas(os) online. Edição 2022. São Paulo, 2023.

peça de um conjunto de políticas afirmativas que visam, na teoria, a combater a sub-representação feminina na política. Entre elas estão mudanças como a Lei de Cotas para Mulheres na Política, que impõe aos partidos a reserva de pelo menos 30% de suas candidaturas para mulheres e a alteração realizada na Lei 9.096/95 (Lei dos Partidos Políticos), que passou a incluir um dispositivo garantindo que pelo menos 5% dos recursos públicos do Fundo Partidário recebidos pelos partidos políticos deveriam ser utilizados na criação e manutenção de programas de promoção e difusão da participação política das mulheres.

Além disso, destaca-se também a Emenda Constitucional nº 111, que prevê, nos próximos sete anos, que para fins de distribuição entre os partidos políticos dos recursos do Fundo Partidário e do Fundo Especial de Financiamento de Campanha, os votos dados a candidatas mulheres ou a candidatos negros para a Câmara dos Deputados nas eleições serão contados em dobro.

A consideração desse vasto conjunto de normas visando a incentivar a participação política feminina, além de combater a violência política de gênero, gera a sensação de que o Estado brasileiro e, principalmente, o Congresso Nacional, tem feito sua parte na promoção da igualdade material e combate à desigualdade de gênero. Isso, todavia, é questionável.

Como aponta Gabriela Araújo,[22] mesmo diante da existência dessas normas, de um percentual mínimo de candidaturas femininas e da aplicação de sanções por parte da Justiça Eleitoral a partidos políticos que não cumprissem as determinações legais voltadas à garantia do financiamento[23], tais medidas parecem não ter gerado o efeito educativo esperado e os parlamentares, saindo em defesa de seus partidos, passaram a buscar formas de burlar essas sanções de dentro para fora.

Um exemplo disso foi o que Araújo definiu como o mais recente movimento de autoanistia arquitetado pelos parlamentares: a promulgação da Emenda Constitucional nº 117, de 5 de abril de 2022. Por meio dessa emenda, especificamente em seu artigo 2º, foi imposta uma vedação expressa à Justiça Eleitoral

22 ARAÚJO, Gabriela Shizue Soares de. Mulheres na política brasileira: desafios rumo à democracia paritária participativa. Belo Horizonte: Arraes Editores, 2022. p. 121.

23 TSE. Decisões do TSE reforçam iniciativas de incentivo à participação feminina na política. Disponível em: https://www.tse.jus.br/comunicacao/noticias/2019/Marco/decisoes-do-tse-reforcam-iniciativas-de-incentivo-a-participacao-feminina-na-politica?SearchableText=5%%20mulheres%20presta%C3%A7%C3%B5es%20de%20contas Acesso em: 18 de maio de 2023.

que passou a não poder condenar ou aplicar qualquer tipo de sanção aos partidos políticos que não tivessem destinado recursos aos programas de promoção e difusão da participação política das mulheres até a promulgação da referida emenda. O artigo 3º estabeleceu, ainda, a não aplicação de sanções de qualquer natureza aos partidos que não preencheram a cota mínima de recursos ou que não destinaram os valores mínimos em razão de sexo e raça em eleições ocorridas antes da promulgação da emenda.

Esse tipo de movimento institucional demonstra a importância de que valores e normas caminhem de mãos dadas em uma sociedade que busque leis efetivas. É sabido que, da mesma forma que valores interferem na produção de leis, disposições normativas podem ser criadas visando a alterar valores sociais. No segundo caso, todavia, a norma se torna refém de seu sucesso em influenciar valores. Um exemplo disso é que, embora pressões sociais exercidas por parte da sociedade brasileira tenham força o suficiente para levar o Estado a promulgar leis em favor da proteção e da atuação política de grupos minorizados, essas normas não são devidamente aplicadas sem que se alterem valores de forma ampla e substancial.

Dessa maneira, enquanto partidos políticos, parlamentares e o próprio Estado brasileiro não acreditarem, verdadeiramente, que a sub-representação política feminina é um problema relevante que prejudica de forma grave a democracia brasileira, é difícil crer que serão alcançados resultados satisfatórios. Seria necessário, portanto, uma mudança valorativa que parece improvável, ou seja, o dia em que esses grupos, constituídos primordialmente por homens cis e brancos, vão renunciar seus privilégios visando o bem comum.

A questão pode ser, portanto, muito mais sobre quem são os representantes dos valores e que privilégios e mudanças estão em jogo do que sobre sua existência e aderência em uma sociedade. Enquanto os sujeitos privilegiados tiverem em suas mãos as ferramentas estatais, incluindo as de produção normativa, podem ser realizadas alterações visando a agradar grupos específicos e amenizar tensões, mas os valores por eles defendidos irão prevalecer. E nesse ponto não restam dúvidas sobre o porquê de espaços institucionais serem locais que eles se recusam com tanta veemência a dividir de forma igualitária.

Conclusões

A primeira conclusão que se retira deste trabalho é que o fenômeno da violência política de gênero é uma constante na vida de mulheres que ousam se aventurar na carreira política. O intento de tais práticas é impedir que elas se candidatem, interferir no exercício de seus mandatos e, por fim, desestimular e encurtar sua atuação nesse campo. Esse fenômeno pode se manifestar de muitas formas, moldando-se, inclusive, aos marcadores sociais da diferença que caracterizam determinada candidata, como raça, classe e orientação sexual. Nesse contexto, a utilização de uma abordagem interseccional e multifacetada se mostra indispensável a quaisquer ações que busquem o enfrentamento da violência política de gênero.

A partir da utilização da Teoria Tridimensional do Direito como uma lente de análise desse fenômeno, foi possível perceber como a disseminação de práticas de violência política de gênero está conectada ao crescimento de movimentos conservadores no país. Diante de mudanças fáticas e jurídicas — grande parte delas relacionadas a avanços em agendas feministas e progressistas — grupos contrários a essas pautas passaram a construir e disseminar ferramentas que minassem conquistas que ferem seus valores.

Em uma sociedade democrática, a política não pode ser um espaço de difícil acesso, muito menos aversivo à presença feminina ou de outros grupos minorizados. Devem ser feitos todos os esforços, portanto, para que a busca pelo pleno exercício de direitos políticos por parte das mulheres não seja sabotada pela violência política de gênero.

Quaisquer medidas que visem a verdadeiramente combater esse fenômeno precisam desviar de respostas simples, dado que sua complexidade extrapola os limites do campo normativo e avançam para a arena cultural, associando-se às relações estabelecidas e aos papéis atribuídos socialmente a homens e mulheres. O combate a esse tipo de violência, para ser efetivo, deve ser integral e alcançá-la em suas diversas formas e meios de manifestação.

Não se deve, ainda, combater apenas o fenômeno, mas a estrutura que o legitima, ou seja, a desigualdade de gênero como um pilar estruturante da sociedade brasileira. Sem que isso seja devidamente enfrentado, grupos interessados em uma sociedade verdadeiramente democrática seguirão tratando, inutilmente, sintomas, como a violência política, sem que se combata de fato a doença.

Referências

ARAÚJO, Gabriela Shizue Soares de. **Mulheres na política brasileira: desafios rumo à democracia paritária participativa.** Belo Horizonte: Arraes Editores, 2022.

BIROLI, Flávia; MACHADO, Maria das D. C.; VAGGIONE, Juan M. Gênero, **Neoconservadorismo e democracia: disputas e retrocessos na América Latina**. 1 ed. São Paulo: Boitempo, 2020.

BIROLI, Flávia. **Political violence against women in Brazil: expressions and definitions.** Revista Direito e Práxis, v. 7, n. 15, p. 557-589, 2016.

BRASIL. Lei nº 4.737, de 15 de julho de 1965. **Institui o Código Eleitoral.** Diário Oficial da União, Brasília, 23 jul. 1965.

BRASIL. Lei nº 9.096, de 19 de setembro de 1995. **Estabelece normas para os partidos políticos.** Diário Oficial da União, Brasília, 20 set. 1995.

BRASIL. Lei nº 14.192, de 4 de agosto de 2021. **Estabelece normas para prevenir, reprimir e combater a violência política contra a mulher.** Diário Oficial da União, Brasília, 5 out. 2021.

COELHO, Margarete de Castro. **O teto de cristal da democracia brasileira: abuso de poder nas eleições e violência política contra mulheres.** Belo Horizonte: Fórum, 2020.

CNJ. **Violência política de gênero: Brasil registra sete casos a cada 30 dias.** Disponível em: https://www.cnj.jus.br/violencia-politica-de-genero-brasil-registra-sete-casos-a-cada-30-dias/. Acesso em: 5 maio 2023.

DEBERT, Guita Grin; GREGORI, Maria Filomena, **Violência e gênero: novas propostas, velhos dilemas,** Revista Brasileira de Ciências Sociais, v. 23, p. 165–185, 2008.

FRASER, Nancy. **Social justice in the age of identity politics: redistribution, recognition, and participation.** Londres: Verso, 2003.

FISCHER, Jeff. **Electoral Conflict and Violence,** Washington, D.C, 2002.

FÓRUM ECONÔMICO MUNDIAL. **Relatório Mundial sobre a Desigualdade de Gênero de 2020.** Disponível em: https://www.weforum.org/reports/gender-gap-2020-report-100-years-pay-equality/. Acesso em: 16 de maio 2023.

UOL, GONZALEZ, Mariana, **Como a violência impacta saúde mental e afasta mulheres da política.** Disponível em: https://minabemestar.uol.com.br/mulheres-da-politica-saude-mental/ Acesso em: 1 de maio 2023.

INSTITUTO MARIELLE FRANCO. **Violência política de gênero e raça no Brasil 2021.** Disponível em: https://www.violenciapolitica.org/2021. Acesso em: 01 maio 2023.

JUSTIÇA ELEITORAL. **Estatísticas TSE Mulheres.** Disponível em: https://www.justicaeleitoral.jus.br/tse-mulheres/ Acesso em: 15 de dez. 2023.

PIMENTEL, Silvia. **Evolução dos direitos da mulher: norma, fato e valor.** São Paulo: Revista dos Tribunais, 1978.

PINHO, Tássia Rabelo de. **Debaixo do Tapete: A Violência Política de Gênero e o Silêncio do Conselho de Ética da Câmara dos Deputados.** *Revista Estudos Feministas*, Florianópolis. 2020, v. 28, n. 2.

REALE, Miguel. **Filosofia do Direito**. São Paulo: Saraiva, 2013.

REVISTA AZMINA; INTERNETLAB. **MonitorA: relatório sobre violência política online em páginas e perfis de candidatas(os) nas eleições municipais de 2020**. São Paulo, 2021.

SANIN, Juliana Restrepo. **Violence against women in politics and the law: arguments for an expanded definition.** 24th World Congress of Political Science. Poland, 2016.

TERRA DE DIREITOS. **VIOLÊNCIA POLÍTICA E ELEITORAL NO BRASIL: Panorama das violações de direitos humanos entre 2 de setembro de 2020 e 31 de outubro de 2022**. Curitiba: Terra de Direitos e Justiça Global, 2020.

UNIÃO INTERPARLAMENTAR. ***Ranking of Women in National Parliaments.*** Disponível em: https://data.ipu.org/women-ranking?month=1&year=2023. Acesso em: 15 de dez. 2023.

VALENTE, Mariana. **Misoginia na internet.** São Paulo: Fósforo, 2023.

VARIKAS, Eleni. **Une representation en tant que femme? Réflexions critiques sur la demande de la parité des sexes.** Nouvelles Questions Feministes, v. 16, n. 2, 1995. p. 81-127.

PARTE IV

MEIOS ADEQUADOS DE SOLUÇÃO DOS CONFLITOS

CAPÍTULO 13

A POSSIBILIDADE DE EXECUÇÃO DE UMA SENTENÇA ARBITRAL DE FORMA SIMULTÂNEA EM DIFERENTES JURISDIÇÕES NACIONAIS SOB O PRISMA DO DIREITO BRASILEIRO[1]

Carolina Calanca

Introdução

A Arbitragem, como meio alternativo de resolução de conflitos, tem ganhado destaque mundial nas últimas décadas, sendo definida como um método fora do Poder Judiciário, onde árbitros detêm poder jurisdicional. A prevalência da vontade das partes, a celeridade e a confidencialidade são características que atraem disputas para esse procedimento.

Nesse contexto, grande importância é conferida à sentença arbitral, que necessita de facilidade no seu trânsito para que seja garantida a confiabilidade em sua execução. Assim, fatores como a Convenção de Nova Iorque para a execução de sentenças arbitrais estrangeiras e uma alta abertura das legislações nacionais

1 Artigo elaborado a partir do Trabalho de Conclusão de Curso da Graduação na Pontifícia Universidade Católica de São Paulo, sob a orientação do Professor Doutor Cláudio Finkelstein.

a exequibilidade de uma sentença arbitral, seja nacional ou não, contribuem para o aumento da segurança jurídica do procedimento.

Não se despreza, por outro lado, o fato de que pode haver inúmeras situações em que obstáculos para a satisfação do crédito que provém de sentença arbitral se impõem, casos estes em que é necessário garantir que a execução seja célere e com alta potencialidade de recuperação. Para além disso, acrescenta-se o fato de que a arbitragem é um meio eleito habitualmente por contratos internacionais que decorrem de relações comerciais complexas e com inúmeros elementos internacionais, fatos que levam as partes a potencialmente possuírem bens em mais de uma jurisdição.

Diante desse cenário, o presente artigo buscará, em uma breve exposição, explorar a hipótese de execução de uma sentença arbitral de forma simultânea em diferentes jurisdições nacionais, com base em fundamentos do direito internacional público e privado, a fim de que se verifique a possibilidade de busca de crédito de forma célere e com potencialidade de recuperação.

1. Noções gerais sobre a arbitragem e a sentença arbitral

1.1. O procedimento arbitral

A arbitragem como método antigo de solução de conflitos teve inicialmente uma adesão lenta, especialmente no Brasil, devido ao ceticismo relacionado à maneira como o antigo Código Civil tratava o assunto[2]. No entanto, com o tempo, a arbitragem se consolidou no ordenamento jurídico brasileiro, superando as objeções iniciais, o que pode ser observado pela Lei de Arbitragem atual[3], que representa, conforme se verá mais a frente, uma adesão aos parâmetros legais internacionais para a arbitragem.

2 Carlos Alberto Carmona, em *Arbitragem e Processo*, discorre sobre a existência de uma resistência histórica à arbitragem, que teve uma série de normas que escanteavam o compromisso arbitral. Nesse sentido, em seu livro, cita como exemplo Pontes de Miranda, que disse que o juízo arbitral "é primitivo, regressivo mesmo, a que pretendem volver, por atração psíquica a momentos pré-estatais, os anarquistas de esquerda e os de alto capitalismo".

3 BRASIL, Lei 9.307 de 1996.

A fim de que sejam distinguidos conceitos que podem ser controversos sobre o tema, apontamos algumas imprecisões[4] que podem ser notadas quando da comparação de arbitragem e arbitragem internacional. A arbitragem internacional é caracterizada pela presença de elementos estrangeiros no procedimento, como uma parte com sede em outro Estado, aplicação de jurisdição diferente da sede da arbitragem, ou contratos internacionais[5]. No entanto, a legislação brasileira não faz essa distinção, priorizando a diferenciação entre sentenças arbitrais domésticas e estrangeiras, não associando sua internacionalidade ao processo e ao procedimento[6].

Sendo assim, para a finalidade que propõe o presente trabalho, nos atemos às características da sentença arbitral, dada sua centralidade para a lei brasileira em termos de categorização do procedimento.

1.2. A sentença arbitral

A arbitragem tem como objetivo que seja, ao final, proferida uma sentença final e vinculante entre as partes, a menos que acordem uma solução amigável em momento anterior. Afinal, se trata de procedimento adotado em razão da existência de um conflito a ser resolvido.

4 Nadia de Araujo, apud Bénedicte Fauvarque-Cosson e Phillipe Fouchard, em *Direito Internacional Privado,* aponta para dois níveis de manifestação da arbitragem internacional, demonstrando a variedade de critérios que se adota para tal distinção: *"O carácter internacional de uma arbitragem pode, portanto, manifestar-se a dois níveis: a arbitragem é internacional, quer por si só, devido aos diferentes elementos de estranheza que marcam o desenvolvimento deste mecanismo de resolução de litígios [pelo seu procedimento], quer pelo sujeito da disputa que permite resolver [seu objeto]."*

5 Conforme ressalta o Prof. Dr. Claudio Finkelstein, *em Arbitragem Internacional,* a Lei modelo da UNCITRAL traz em seu Artigo I alguns requisitos para definir uma arbitragem internacional, quais sejam: a) as partes numa convenção de arbitragem tiverem, no momento da conclusão desta Convenção, o seu estabelecimento em Estados diferentes; ou b) um dos lugares a seguir referidos estiver situado fora do Estado no qual as partes têm o seu estabelecimento: I) o lugar da arbitragem, se estiver fixado na convenção de arbitragem ou for determinável de acordo com esta; II) qualquer lugar onde deva ser executada uma parte substancial das obrigações resultantes da relação comercial ou o lugar com o qual o objeto do litígio se ache mais estreitamente conexo; ou c) as partes tiverem convencionado expressamente que o objeto da convenção da arbitragem tem conexões com mais de um país.

6 Conforme afirma Cláudio Finkelstein, em *Arbitragem Internacional,* o Brasil adotou um "modelo monista atípico e uniforme, pois ele não distingue e ao contrário equipara ambas as formas de procedimentos (doméstico ou internacional)".

A definição de sentença arbitral não é internacionalmente aceita[7], mas pode ser encontrada no artigo I (2) da Convenção de Nova York[8]. Assim, considerando que atualmente cerca de 170 Estados-Nação são partes da Convenção[9], observa-se uma certa uniformidade nos conceitos.

Para além da definição, as sentenças arbitrais têm, pelas leis nacionais, delimitadas suas características principais como formato, declaração de jurisdição, fundamentação, dispositivo final, data, local, formalidades da notificação e idioma[10]. Importante mencionar que, apesar de haver dispositivos legais (como a Convenção de Nova Iorque e a Lei modelo da UNCITRAL) que garantem certa uniformidade aos requisitos, serão as leis nacionais responsáveis por delimitar aquelas a se aplicarem nas sentenças que a ela estiverem submetidas.

Assim, as regras específicas de arbitragem, bem como as leis nacionais e os tratados internacionais, podem estabelecer requisitos adicionais ou diferentes. Portanto, apenas com a análise individualizada de cada caso é possível definir as regras de arbitragem relevantes e a legislação aplicável.

Outro fator relevante quanto as sentenças arbitrais são os diferentes tratamentos jurídicos que são dados a sentença arbitral nacional ou doméstica e internacional, decorrente das peculiaridades que cada lei nacional irá adotar, se fazendo necessária a distinção desses institutos.

No Brasil, a Lei de Arbitragem define a sentença arbitral doméstica como aquela proferida no território nacional, a partir da própria conceituação de sentença arbitral estrangeira, adotando o critério da territorialidade[11]. Isso implica

---

7 Neste sentido, Blackaby, Partasides, Redfern e Hunter sustentam que não há internacionalmente definição do termo "sentença". BLACKABY, Nigel; PARTASIDES, Constantine; REDFERN, Alan; HUNTER, Martin. *Redfern and Hunter on international arbitration.* 6. ed. Estados Unidos: Oxford, 2009. p. 515.

8 Convenção de Nova York, artigo I (2) - *"Uma sentença arbitral não deve apenas incluir decisões proferidas por árbitros indicados para cada caso, mas também aquelas proferidas por órgãos arbitrais permanentes aos quais as partes tenham se submetido"*

9 https://www.newyorkconvention.org/list+of+contracting+states – acesso em 16 de fevereiro de 2023.

10 'Chapter 15: International Arbitral Awards: Legal Framework', in Gary B. Born, International Arbitration: Law and Practice (Third Edition), 3rd edition (© Kluwer Law International; Kluwer Law International 2021) pp. 331 – 362.

11 BRASIL, Lei 9.307/96. Art. 34. A sentença arbitral estrangeira será reconhecida ou executada no Brasil em conformidade com os tratados internacionais com eficácia no ordenamento interno e, na sua ausência, estritamente de acordo com os termos desta Lei. Parágrafo único. Considera-se sentença arbitral estrangeira a que tenha sido proferida fora do território nacional.

que decisões fora do Brasil, mesmo com partes brasileiras e lei brasileira, são consideradas estrangeiras. A jurisprudência do STJ reforça essa abordagem[12].

Outra característica relevante adotada pela Lei da Arbitragem Brasileira é que se equipara a sentença arbitral a sentença judicial, conforme artigo 31 da norma[13]. Com isso, confere-se à sentença o status de título executivo imediato, tal qual sentença judicial. O STF ratifica essa equiparação, destacando a constitucionalidade do artigo 31 da Lei de Arbitragem[14].

Em resumo, a sentença arbitral nacional, na legislação brasileira, ao dispensar a homologação e equiparar-se à sentença judicial em termos de exequibilidade imediata, marca uma mudança significativa trazida pela Lei de Arbitragem de 1996 em relação ao processo anterior de homologação no judiciário.

Em relação à sentença arbitral estrangeira, a Lei Brasileira de Arbitragem, conforme ora mencionado, adotando o critério da territorialidade a define como aquela que tenha sido proferida fora do território nacional. Ademais, a Lei de Arbitragem se incumbiu de determinar o procedimento de reconhecimento e execução ao qual a sentença será submetida[15].

12 A determinação da internacionalidade ou não de sentença arbitral, para fins de reconhecimento, ficou ao alvedrio das legislações nacionais, conforme o disposto no art. 1º da Convenção de Nova Iorque (1958), promulgada pelo Brasil, por meio do decreto 4.311/02, razão pela qual se vislumbra no cenário internacional diferentes regulamentações jurídicas acerca do conceito de sentença arbitral estrangeira [...] No ordenamento jurídico pátrio, elegeu-se o critério geográfico (*ius solis*) para determinação da nacionalidade das sentenças arbitrais, baseando-se exclusivamente no local onde a decisão for proferida (art. 34, parágrafo único, da Lei nº 9.307/96) [...] Na espécie, o fato de o requerimento para instauração do procedimento arbitral ter sido apresentado à Corte Internacional de Arbitragem da Câmara de Comércio Internacional não tem o condão de alterar a nacionalidade dessa sentença, que permanece brasileira. STJ, REsp n.º 1231554/RJ, Terceira Turma, rel. Min. Nancy Andrighi, j. 24.05.2011, DJ 01.06.2011.

13 BRASIL, Lei 9.307/96. Art. 31. A sentença arbitral produz, entre as partes e seus sucessores, os mesmos efeitos da sentença proferida pelos órgãos do Poder Judiciário e, sendo condenatória, constitui título executivo.

14 O STF manifestou--se especificamente sobre a constitucionalidade do art. 31 da Lei de Arbitragem no processo de homologação de Sentença Estrangeira (SE nº 5.206), tendo confirmado a validade da equiparação legal feita entre a sentença arbitral e sentença judicial: "A nova Lei nº 9.307/96, sem dúvida, significa uma tentativa de inserir neste contexto o nosso País, até agora arredio ao instituto. Começou a equiparar, como já observado, o laudo arbitral à sentença arbitral, dispensando-se, portanto, da homologação a que o sujeitavam os arts. 1.097 e seguintes do Código de Processo Civil. Ademais, o que é mais importante, deu-lhe caráter de decisão final, ao torná-lo irrecorrível, embora não a cobro de controle judicial, conquanto *a posteriori*. Por isso mesmo, sendo de natureza condenatória, vale, por si só, como título executivo (art. 31). (STF, Tribunal Pleno, AgRg na SEC 5.206, Rel. Min. Sepúlveda Pertence, DJ 30.04.2004).

15 BRASIL, Lei 9.307/96. Art. 35. Para ser reconhecida ou executada no Brasil, a sentença arbitral estrangeira está sujeita, unicamente, à homologação do Superior Tribunal de Justiça. Art. 36. Aplica-se

É nesse sentido que, ao tratar da sentença arbitral estrangeira, ou seja, aquela que deriva do procedimento arbitral entre pessoas jurídicas de direito privado proferida em jurisdição diferente da que se pretende executar, é possível sua definição de forma equiparada à sentença judicial estrangeira, visto que ambas serão submetidas ao mesmo procedimento de reconhecimento e execução.

É possível, portanto, concluir que a sentença arbitral, uma vez cumpridas todas as formalidades exigidas pela norma aplicável, adquire a natureza de título executivo judicial.

A relevância da exequibilidade dessa sentença decorre da possibilidade de necessidade de recorrer à via judicial para superar eventuais resistências no cumprimento das obrigações resultantes da decisão arbitral. Uma pesquisa de 2008, de autoria de Loukas Mistelis e Crina Baltag, intitulada *"Recognition and enforcement of arbitral awards and settlement in International Arbitration: Corporate attitudes and practices"*, destacou a importância da exequibilidade na comunidade arbitral, ressaltando que a confiança no comércio e investimento internacionais depende da eficácia da resolução transnacional de disputas[16].

O trabalho também discorre sobre o fato de a confiabilidade do procedimento arbitral contribuir significativamente para sua ampla utilização como método de resolução de conflitos transnacionais. Embora a maioria das disputas arbitrais não exija procedimentos judiciais de execução, a eficácia da execução da sentença arbitral, especialmente para casos excepcionais, é crucial.

Em última análise, a natureza jurisdicional da sentença arbitral, quando combinada com sua execução eficaz, confere a ela um título executivo que pode mobilizar o poder judiciário para garantir o cumprimento das obrigações pelo devedor. Isso ressalta a importância do caráter executivo para a plena eficácia da sentença arbitral.

à homologação para reconhecimento ou execução de sentença arbitral estrangeira, no que couber, o disposto nos arts. 483 e 484 do Código de Processo Civil.

16 AWARDS, ARBITRAL. Recognition and enforcement of arbitral awards and settlement in international arbitration: corporate attitudes and practices. The American Review of International Arbitration, 2008, p. 4.

2. Execução simultânea da sentença arbitral em diferentes jurisdições nacionais

2.1. Hipótese formulada

A fase da execução da sentença arbitral pode ser permeada pela ausência de cumprimento espontâneo da parte vencida. Ou seja, o não cumprimento espontâneo leva a parte vencedora a buscar a execução forçada por meio da jurisdição estatal, a única que detém poderes de constrição patrimonial.

Nesse sentido, a pesquisa acima mencionada realizada por Loukas Mistelis e Crina Baltag[17], demonstra que, ainda que seja residual a parte de sentenças arbitrais que precisam ser levadas a execução, elas estão presentes e os obstáculos por elas encontrados devem ser objeto de estratégias para que seja bem-sucedida a execução.

A causa majoritária para a frustração em uma execução de sentença arbitral apontada pelo estudo é a falta de bens do devedor no Estado da execução[18]. Além disso, aponta-se para a grande relevância da quantidade de bens que o devedor possui no país para escolhê-lo como o local de execução[19]. Ou seja, são complexos os fatores que circundam a execução de uma sentença arbitral que, ao final, objetiva-se pelo sucesso na obtenção do crédito.

A hipótese que o presente trabalho se debruça supõe a existência de má-fé do devedor, que se esquiva de sua obrigação ao utilizar-se de estruturas transnacionais para movimentar seus bens a fins de evitar a execução destes.

Por essa razão, o presente trabalho se propõe a analisar a possibilidade da execução simultânea de uma sentença arbitral em mais de um Estado como

17 AWARDS, ARBITRAL. Recognition and enforcement of arbitral awards and settlement in international arbitration: corporate attitudes and practices. The American Review of International Arbitration, 2008. p. 15

18 AWARDS, ARBITRAL. Recognition and enforcement of arbitral awards and settlement in international arbitration: corporate attitudes and practices. The American Review of International Arbitration, 2008. p. 29

19 AWARDS, ARBITRAL. Recognition and enforcement of arbitral awards and settlement in international arbitration: corporate attitudes and practices. The American Review of International Arbitration, 2008. p. 31

possibilidade para uma execução bem-sucedida, a ser realizada nos Estados em que o devedor possui bens.

2.2. O Princípio da boa-fé como norte para execução simultânea

O princípio da boa-fé é instituto da ciência do direito com concepção ampla e de difícil definição, dado que sua natureza principal se demonstra permeada na ordem jurídica de forma a moldar-se nas diversas situações. Ainda que seja um princípio reconhecidamente adotado desde os primórdios do direito internacional[20], não se observa essa adoção de forma tácita por todos os Estados-nação, fato que dificulta a positivação da boa-fé como premissa para o direito internacional.

É importante mencionar que a doutrina majoritária entende que existem dois prismas da boa-fé, o objetivo e subjetivo. Trata-se de um esforço da doutrina para que a boa-fé saia do plano mais abstrato, o que essa diferenciação pode nos permitir[21].

Tamanha importância da diferenciação para o direito brasileiro se dá pela sua positivação, uma vez que nosso ordenamento aponta a boa-fé como um princípio regente. Portanto, faz-se necessário que, para além do conceito abstrato da ausência de má intenção, haja parâmetros objetivos, como regra de conduta.

No entanto, não é princípio objetivo uníssono no direito doméstico de todos as jurisdições, o que nos remete a recorrer ao direito internacional que, prevendo a boa-fé como base para a atuação internacional, vincula seus elementos a agirem em conformidade.

Na seara do direito internacional público, o princípio da boa-fé está presente em diversas normas, como na Convenção de Haia sobre Solução Pacífica de Conflitos Internacionais de 1907[22]; na Convenção de Viena sobre o Direito

20 Conforme identifica Cançado Trindade, em Princípios do direito internacional contemporâneo, *"já na década de cinqüenta se tentava identificar exemplos de princípios gerais do Direito, reconhecidos pelas chamadas nações civilizadas, tais como o princípio da boa-fé, o princípio da res judicata [...]"*.

21 Martins, em "Boa-fé e sua formalização no direito das obrigações Brasileiro", traz as seguintes considerações que diferenciam os prismas: *"A boa-fé guarda em si uma antiga e (hoje) notória distinção entre a chamada boa-fé subjetiva e a boa-fé objetiva. Aquela, considerada como a concepção na qual o sujeito ignora o caráter ilícito de seu ato, esta, um pouco mais exigente, considera-se como a que não protege o sujeito que opera em virtude de um erro ou de uma situação de ignorância o seu comportamento não é o mais adequado conforme a diligência socialmente exigível"*.

22 Convenção de Haia sobre Solução Pacífica de Conflitos Internacionais de 1907 - *A arbitragem internacional tem por objeto a solução de litígios entre os Estados, por juízes da sua escolha sobre a base do respeito*

dos Tratados de 1969[23]; na Carta da ONU de 1945[24]; na Convenção das Nações Unidas sobre o Direito do Mar de 1982[25]; e na Declaração do Rio sobre Meio Ambiente e Desenvolvimento[26].

Para além do direito internacional público, é possível identificar na própria Convenção de Nova Iorque uma relação direta com o princípio da boa-fé em seu artigo 31[27].

do direito. O recurso à arbitragem implica o compromisso de se submeter de boa-fé à sentença. Disponível em https://files.diariodarepublica.pt/1s/1911/03/04900/08040889.pdf - acesso em setembro de 2023.

23 Convenção de Viena sobre o Direito dos Tratados de 1969 - na justificativa: *Constatando que os princípios do livre consentimento e da boa-fé e a regra* pacta sunt servanda *são universalmente reconhecidos;* Art. 26. *Todo tratado em vigor obriga as partes e deve ser cumprido por elas de boa-fé* e Art 31. *O tratado deve ser interpretado de boa-fé, segundo o sentido comum dos termos do tratado em seu contexto e à luz de seu objeto e finalidade.* Disponível em https://www.planalto.gov.br/ccivil_03/_ato2007-2010/2009/decreto/d7030.htm - acesso em setembro de 2023.

24 Carta da ONU, de 1945 - Art. 2.2. *Todos os membros, a fim de assegurarem, para todos em geral, os direitos e vantagens resultantes de sua qualidade de membros, deverão cumprir de boa-fé as obrigações por eles assumidas de acordo com a presente Carta.* Disponível em https://brasil.un.org/pt-br/91220-carta-das-na%C3%A7%C3%B5es-unidas - acesso em setembro de 2023.

25 Convenção das Nações Unidas sobre o Direito do Mar de 1982 - Art. 138. *"Comportamento geral dos Estados em relação à área deve conformar-se com as disposições da presente parte, com os princípios enunciados na Carta das Nações Unidas e com outras normas de direito internacional"* e nas suas Disposições Gerais - art. 300 - Boa-fé e abuso de Direito, dispõe que: *"Os Estados-partes devem cumprir de boa-fé as obrigações contraídas nos termos da presente Convenção e exercer os Direitos, jurisdição e liberdade reconhecidos na presente convenção de modo a não constituir abuso de direito".* Disponível em https://www2.camara.leg.br/legin/fed/decret/1990/decreto-99165-12-marco-1990-328535-publicacaooriginal-1-pe.html - acesso em setembro de 2023.

26 Declaração do Rio sobre Meio Ambiente e Desenvolvimento, de 1992 - Princípio 19: "Os Estados devem prover, oportunamente, a Estados que podem ser afastados, notificação prévia e informações relevantes sobre atividades potencialmente causadoras de considerável impacto transfronteiriço negativo sobre o meio ambiente, e devem consultar-se com estes tão logo quanto possível e de boa-fé." e Princípio 27: "Os Estados e Povos devem cooperar de boa-fé e imbuído espírito de parceria para a realização dos princípios consubstanciados nesta Declaração, e para o desenvolvimento progressivo do Direito internacional no campo do desenvolvimento sustentável". Disponível em https://www.mpf.mp.br/sc/municipios/itajai/gerco/volume-v - acesso em setembro de 2023.

27 Gary B. Born, em *Recognition and Enforcement of International Arbitral Awards* aponta para a relação direta da Convenção de Nova Iorque com o princípio da boa-fé através do trecho: *"Finally, the New York Convention must also be interpreted in accordance with principles of good faith, including as reflected in Article 31 of the Vienna Convention on the Law of Treaties. As one well-reasoned national court decision held, "as a treaty, the Convention must be interpreted 'in good faith in accordance with the ordinary meaning to be given to the terms of the treaty in their context and in the light of its object and purpose.'" Other authorities are to the same effect. The Contracting States' obligations of good faith under the Convention complement the Convention's constitutional character, contemplating a progressive and cooperative development of the Convention's basic objectives of facilitating the recognition and enforcement of international arbitration agreements and awards."* ***Tradução Livre:*** *Finalmente, a Convenção de Nova Iorque também deve ser interpretada de acordo com os princípios de boa-fé, incluindo os refletidos no artigo 31º da Convenção de Viena sobre o Direito dos Tratados. Como uma decisão bem fundamentada de um tribunal nacional sustentou, "como um tratado, a Convenção deve ser interpretada 'de boa-fé, de acordo com o significado ordinário a ser dado aos termos do tratado no seu contexto e à luz do seu objeto e finalidade.'" Outras autoridades têm o mesmo efeito. As obrigações de boa-fé dos Estados Contratantes nos termos da Convenção complementam o caráter constitucional da*

Nesse sentido, com a finalidade de fixar uma premissa que sustente a boa-fé que este trabalho prega necessária para sua hipótese, adota-se a definição de Ngyen Dinh, Patrick Daillier e Alain Pellet[28]: boa-fé como princípio que exclui toda tentativa de fraude à lei, toda a astúcia, e exige, positivamente, fidelidade e lealdade aos compromissos assumidos.

Destaca-se, também, que a boa-fé não pode ser tratada como mera ausência da má-fé[29], visto que, para além de não existir o dolo em agir de forma a fraudar a lei, se faz necessário o zelo para que não se extrapolem os objetivos legalmente tutelados. Ou seja, no sentido que se busca a boa-fé para que a hipótese formulada seja possível, a boa-fé deve ser tida como um princípio objetivo e de compromisso ao objetivo assumido.

A proposição de execução simultânea levanta o questionamento sobre a possibilidade de cumulação do crédito executado em excesso, visto que os sistemas judiciários não estão integrados a ponto de simultaneamente interromper uma execução em razão do sucesso da execução em outro Estado. Assim, entende-se que o princípio da boa-fé irá regular e garantir que a parte exequente aja com a boa-fé necessária para evitar o mencionado excesso, alertando os Estados em que simultaneamente ocorrem as execuções da satisfação do crédito exitosa e impedindo a continuidade da execução.

Nesse sentido, ao pensar em um movimento integrado de execução de uma sentença arbitral simultaneamente em diferentes jurisdições, observa-se a necessidade de adoção do princípio da boa-fé como premissa para que sejam afastadas as hipóteses de um enriquecimento sem causa daquele que busca o crédito. Melhor explicando, propõe-se que o princípio da boa-fé deve ser balizador para que aquele que executa não ultrapasse o valor buscado na simultaneidade das ações.

Convenção, contemplando um desenvolvimento progressivo e cooperativo dos objetivos básicos da Convenção de facilitar o reconhecimento e a execução de acordos e sentenças arbitrais internacionais.

28 NGUYEN, Quoc Dinh; DAILLIER, Patrick; PELLET, Alain. *Direito internacional público: formação do direito, sujeitos, relações diplomáticas e consulares, responsabilidade, resolução de conflitos, manutenção da paz, espaços internacionais, relações económicas, ambiente.* Fundação Calouste Gulbenkian, 2003.

29 A distinção entre boa-fé e má-fé foi pontuada por PEREIRA, Lafayette Rodrigues. Direito das coisas: adaptação ao Código Civil por José Bonifácio de Andrade e Silva. 5ª ed. v. 1. São Paulo: Freitas Bastos, 1943, p. 47: "Possuidor de boa-fé é aquele que está na convicção de que a coisa por ele possuída, de direito lhe pertence. Ao contrário, de má-fé se diz o possuidor que sabe não lhe assistir direito para possuir a coisa". Ou seja, aquele que age com má-fé o age de forma consciente.

2.3. Litispendência em direito internacional

A análise do papel do princípio da boa-fé no tópico acima nos propõe a visão de que se depende da boa-fé da parte exequente em impedir a execução em excesso ao que se pretende para que seja possível uma execução simultânea em jurisdições diferentes. Ou seja, atribui-se ao exequente a incumbência de garantir que a execução da sentença arbitral não seja realizada em excesso.

De fato, trata-se de uma problemática do sistema de execução de sentenças arbitrais, que demonstra que, por mais que os instrumentos internacionais cada vez mais integrem a arbitragem a nível mundial, faz-se necessária atenção ao fato de que pode se configurar uma litispendência danosa ao executado.

Por litispendência, lecionam Nelson Nery Junior e Rosa Maria de Andrade Nery[30] como aquilo que *"[...] ocorre quanto se reproduz ação idêntica a outra que está em curso. As ações são idênticas quando têm os mesmos elementos, ou seja, quanto têm as mesmas partes, a mesma causa de pedir (próxima ou remota) e o mesmo pedido (mediato e imediato)."*

O direito brasileiro se dedicou a explicitamente impedir que a litispendência aconteça, tanto é que o art. 337, VI do CPC[31] demonstra como hipótese de preliminar da contestação, impedindo que a causa vá adiante.

Assim, a doutrina[32] nos ensina que a litispendência busca evitar *o desperdício de energia jurisdicional que derivaria do trato da mesma causa por parte de vários juízes; e impedir o inconveniente de eventuais pronunciamentos judiciários divergentes a respeito de uma mesma controvérsia jurídica.* Ou seja, a litispendência, vedada no direito brasileiro, é a existência de duas causas iguais.

Se por um lado o direito brasileiro veda a litispendência entre causas julgadas no Brasil, este mesmo ordenamento é controverso quanto à litispendência em causas que possuam elementos estranhos ao direito brasileiro, ou seja, de direito internacional.

[30] JUNIOR, Nelson Nery; NERY, Rosa Maria Andrade. *Código de processo civil comentado*. Thomson Reuters, Revista dos Tribunais, 2016 - p. 930.

[31] BRASIL, Código de Processo Civil - Art. 337. Incumbe ao réu, antes de discutir o mérito, alegar: [...] VI - litispendência; [...] § 1º Verifica-se a litispendência ou a coisa julgada quando se reproduz ação anteriormente ajuizada. § 2º Uma ação é idêntica a outra quando possui as mesmas partes, a mesma causa de pedir e o mesmo pedido. § 3º Há litispendência quando se repete ação que está em curso. [...]

[32] THEODORO JUNIOR, Humberto. Curso de Direito Processual Civil. Rio de janeiro: Forense, 2019 – p. 594

É fato que, em um mundo cada vez mais interconectado, com relações jurídicas complexas que demonstram a intensificação do tráfego de pessoas, mercadorias, capitais e bens, aumenta a demanda por uma integração dos sistemas jurídicos internos. Isso porque, dos conflitos que decorrem da organização econômica, há a necessidade de uma solução jurídica harmônica entre os ordenamentos jurídicos, a fim de que reste assegurada a segurança jurídica. O procedimento adotado pelo Brasil para a homologação de sentenças estrangeiras é um exemplo de instituto que permite a harmonia com ordenamentos internacionais e garante a segurança jurídica.

Nesse contexto que se pode imaginar o instituto da litispendência internacional, a qual pode-se definir pelo ajuizamento de uma ação idêntica em mais de um Estado soberano. *Apud* Vicente Greco Filho, *"há litispendência internacional quando, em tribunais que exercem sua jurisdição em sistemas jurídicos internacionais diferentes, corre a mesma ação"*[33].

No entanto, quanto à hipótese de litispendência internacional, deixou o legislador brasileiro de buscar uma solução, tornando possível que uma causa já julgada ou em julgamento sob outra jurisdição seja também julgada no Brasil, porventura do artigo 24 do Código de Processo Civil[34].

Cabe mencionar que, de forma contraditória ao ordenamento nacional, o Brasil é signatário de três normativas internacionais que impedem o instituto da litispendência: o primeiro é o protocolo de Lãs Leñas, promulgado pelo decreto nº 6.891 de 2009[35]. Também se menciona o Código de Bustamante, promulgado

[33] FILHO, V.; Direito processual civil brasileiro- teoria geral do processo e auxiliares da justiça. 21ª Ed. São Paulo: Saraiva, 2009, v.1, p. 197.

[34] BRASIL, Código de Processo Civil – Art. 24 - A ação proposta perante tribunal estrangeiro não induz litispendência e não obsta a que a autoridade judiciária brasileira conheça da mesma causa e das que lhe são conexas, ressalvadas as disposições em contrário de tratados internacionais e acordos bilaterais em vigor no Brasil. Parágrafo único. A pendência de causa perante a jurisdição brasileira não impede a homologação de sentença judicial estrangeira quando exigida para produzir efeitos no Brasil.

[35] BRASIL, Decreto nº 6.891 de 2009 – art. 22 – Quando se tratar de uma sentença ou de um laudo arbitral entre as mesmas partes, fundamentado nos mesmos fatos, e que tenha o mesmo objeto de outro processo judicial ou arbitral no Estado requerido, seu reconhecimento e sua executoriedade dependerão de que a decisão não seja incompatível com outro pronunciamento anterior ou simultâneo proferido no Estado requerido. Do mesmo modo, não se reconhecerá nem se procederá à execução quando se houver iniciado um procedimento entre as mesmas partes, fundamentado nos mesmos fatos e sobre o mesmo objeto, perante qualquer autoridade jurisdicional da Parte requerida, anteriormente à apresentação da demanda perante a autoridade jurisdicional que teria pronunciado a decisão da qual haja solicitação de reconhecimento.

pelo decreto nº 18.871 de 1929[36]. Por fim, o Acordo de Cooperação Judiciária entre o Brasil e a Espanha, promulgado pelo decreto nº 166 de 1991[37], também veda o referido instituto.

Ao tratar-se das hipóteses em que o Brasil é parte dos tratados internacionais acima citados, André de Carvalho Ramos chama a atenção ao fato de que devem prevalecer os dispositivos convencionais, por força do art. 25 do CPC[38], que reconhece o princípio da especialidade que beneficia os tratados internacionais celebrados[39].

Quando se pensa nas hipóteses de julgamento de mérito de forma divergente, é inegável que a ausência de uniformidade, que poderia ser garantida pela vedação à litispendência, contribui para o aumento da insegurança jurídica. Por outro lado, na hipótese que se propõe a estudar o presente trabalho, não se trata do julgamento de mérito, mas apenas da execução de uma sentença arbitral.

Em razão deste fator de diferenciação, observa-se a possibilidade de litispendência internacional no ordenamento jurídico brasileiro como uma vantagem que possibilita a execução simultânea de uma sentença arbitral em diferentes jurisdições. Ainda assim, a ausência de integração dos sistemas legais representa a impossibilidade de prevenção sistemática quanto à execução em excesso, recaindo sobre o exequente o fardo de garantir seu impedimento.

Conclui-se, portanto, que o instituto da litispendência internacional, ainda que tratado por algumas convenções, não se apresenta como impedimento para a execução simultânea de sentenças arbitrais, principalmente pelo fato de que não existem dispositivos que obstam essa execução, mas também pela natureza do reconhecimento e homologação que se busca – que não suscita uma insegurança jurídica, mas, sim, visa a garantir a execução de um crédito.

---

36 BRASIL, Decreto nº 18.871 de 1929 – art. 394 – "A litispendencia, por motivo de pleito em outro Estado contractante poderá ser allegada em materia civel, quando a sentença, proferida em um delles, deva produzir no outro os effeitos de cousa julgada".

37 BRASIL, Decreto nº 166 de 1991 – art. 21 – "O reconhecimento e a execução de sentença poderão ser denegados em qualquer dos seguintes casos: [...] c) se estiver pendente ante um tribunal do Estado requerente um litígio entre as mesmas partes, com o mesmo objeto e fundado nos mesmos fatos, a menos que a ação tenha sido proposta anteriormente no Estado de origem".

38 BRASIL, Código de Processo Civil. Art. 25. "Não compete à autoridade judiciária brasileira o processamento e o julgamento da ação quando houver cláusula de eleição de foro exclusivo estrangeiro em contrato internacional, arguida pelo réu na contestação".

39 RAMOS, André de Carvalho. *Curso de direito internacional privado*. Saraiva Educação SA, 2021. Pag. 232

Conclusões

A arbitragem como método de resolução de conflito se mostra cada vez mais como uma aliada aos agentes do direito internacional privado, visto que suas características permitem maior celeridade, primazia da vontade das partes, celeridade e confidencialidade. Para além das características do procedimento arbitral, a permeabilidade da sentença arbitral em diversas jurisdições se demonstrou essencial para que eventual execução seja possibilidade. Nesse sentido, importa àqueles que se utilizam da arbitragem que a sentença arbitral seja exequível.

Com a análise das normas internacionais, foi possível observar a permeabilidade de certa uniformidade nas legislações domésticas que os países passam a adotar sobre a arbitragem. No entanto, não se excluem as peculiaridades que cada lei nacional vai adotar de forma divergente uma da outra, fator que resulta na complexidade de uma hipótese que busca transitar por diversas jurisdições.

É também de relevância central a constatação de que a sentença arbitral, sob a ótica da legislação brasileira, tem a mesma força jurisdicional que a sentença judicial, pois ambas representam decisões finais em disputas legais.

O trabalho seguiu com a diferenciação da sentença arbitral doméstica da estrangeira, que, para efeitos de execução no Brasil, se faz relevante pelo processo a que está a sentença submetida. Por essa razão, a definição que diferencia essas sentenças é adotada de acordo com cada jurisdição, fato que a Convenção privilegia.

No caso do Brasil, uma sentença arbitral é considerada nacional quando é proferida no território brasileiro e, portanto, submete-se diretamente ao procedimento de execução da sentença, visto que a Lei de Arbitragem Brasileira equipara a sentença arbitral nacional à sentença judicial em termos de exequibilidade, constituindo um título executivo. Já para sentença arbitral estrangeira, adota-se o mesmo critério que para definição de sentença arbitral doméstica: territorialidade. Portanto, é uma sentença arbitral estrangeira para o Brasil aquela que é proferida fora do território nacional.

Demonstra-se, assim, essencial a distinção entre sentença arbitral nacional e estrangeira para que seja possível determinar a aplicabilidade das leis nacionais e internacionais aos procedimentos de reconhecimento e execução de sentenças arbitrais.

Em última análise, a execução da sentença arbitral desempenha um papel crucial na resolução de disputas e na confiabilidade do procedimento arbitral; por esse motivo que foi relevante determinar os procedimentos que concernem às domésticas e às estrangeiras.

Feito o panorama inicial, adentrou-se na hipótese do trabalho: a possibilidade de executar uma sentença arbitral simultaneamente em diferentes jurisdições. Para essa análise, foi essencial a exploração do papel do princípio da boa-fé nesse contexto. A análise do princípio da boa-fé como orientador para a execução simultânea permitiu assegurar que a parte exequente deve ser regida por ele para que seja evitada a execução excessiva.

Além disso, concluiu-se que a litispendência no direito internacional não se demonstrou configurada na hipótese estudada. Isso porque inexistem disposições legais que vedem a execução simultânea, e porque a essência que torna essencial o impedimento da litispendência, que a segurança de que uma questão de mérito não tenha decisões conflitantes, não se aplica no caso de execução de sentença arbitral, dado que é impossibilitada a análise de mérito.

Assim, é possível concluir pela possibilidade de execução de uma sentença arbitral em várias jurisdições, demonstrando-se como estratégia para recuperação do crédito pretendido. Isso é possível pela ausência de óbices, mas também pela base principiológica da boa-fé que deve guiar a pretensão.

Referências

CARMONA, Carlos Alberto. **Arbitragem e processo: um comentário à Lei n. 9.307/96.** 2009.

CARMONA, Carlos Alberto. **Arbitragem no Brasil: em busca de uma nova lei.** In: Revista de Processo. 1993.

DE ARAUJO, Nadia. **Direito internacional privado: teoria e prática brasileira.** Simplíssimo, 2016.

FINKELSTEIN, Cláudio. **Arbitragem internacional.** Enciclopédia jurídica da PUC-SP. Celso Fernandes Campilongo, Alvaro de Azevedo Gonzaga e André Luiz Freire (coords.). Tomo: **Direito Internacional.** Cláudio Finkelstein, Clarisse Laupman Ferraz Lima (coord. de tomo). 1. ed. São Paulo: Pontifícia Universidade Católica de São Paulo, 2017.

FINKELSTEIN, Cláudio. **Arbitragem no Brasil: Evolução Histórica.** Revista Internacional Consinter de Direito, v. 10.

RAMOS, André de Carvalho. **Curso de direito internacional privado.** Saraiva Educação SA, 2021

REDFERN, Alan, et al. **Redfern and Hunter on international arbitration.** Oxford University Press, 2009.

TRINDADE, Antônio Augusto Cançado. **Princípios do direito internacional contemporâneo.** Brasília: Universidade de Brasília, 1981.

THEODORO JUNIOR, Humberto. **Curso de Direito Processual Civil.** Rio de janeiro: Forense, 2019

JUNIOR, Nelson Nery; NERY, Rosa Maria Andrade. **Código de processo civil comentado.** Thomson Reuters, Revista dos Tribunais, 2016

PEREIRA, Lafayette Rodrigues. **Direito das coisas: adaptação ao Código Civil por José Bonifácio de Andrade e Silva.** 5ª ed. v. 1. São Paulo: Freitas Bastos, 1943

NGUYEN, Quoc Dinh; DAILLIER, Patrick; PELLET, Alain. **Direito internacional público: formação do direito, sujeitos, relações diplomáticas e consulares, responsabilidade, resolução de conflitos, manutenção da paz, espaços internacionais, relações económicas, ambiente.** Fundação Calouste Gulbenkian, 2003

CAPÍTULO 14

O CONSENSO NO CONTROLE DA ADMINISTRAÇÃO PÚBLICA E AS SOLUÇÕES DE CONFLITOS DO TRIBUNAL DE CONTAS DA UNIÃO[1]

Pedro Felipe de Abreu Braz

Introdução

O Direito Administrativo nas últimas décadas tem se adaptado aos novos fatos e valores que lhe têm sido apresentados. As transformações deste ramo resultam das mudanças sociais, políticas e econômicas, que repercutem no comportamento da Administração Pública.

Essas transformações incorporaram novos paradigmas no Direito Administrativo, isto é, novas maneiras de solucionar os problemas enfrentados por este ramo do Direito[2]. O consenso é resultado desse processo. Resultado do abandono do paradigma da supremacia do interesse público e do reconhecimento da necessidade de ponderá-lo com os demais interesses da sociedade, sejam eles individuais ou coletivos.

1 Artigo elaborado a partir da monografia apresentada ao Núcleo de Monografia Jurídica da Faculdade de Direito da PUC-SP, sob orientação do Professor Doutor Jacintho Silveira Dias de Arruda Câmara.

2 Essa é a concepção de paradigma defendida por Thomas Kuhn, para quem "uma comunidade científica, ao adquirir um paradigma, adquire igualmente um critério para a escolha de problemas que, enquanto o paradigma for aceito, poderemos considerar como dotados de uma solução possível" (KUHN, Thomas. A estrutura das revoluções científicas. São Paulo: Perspectiva, 1998, p. 59).

Nesse contexto, o Tribunal de Contas da União (TCU), órgão auxiliar do Poder Legislativo, instituiu as Solicitações de Solução Consensual (SSC), cuja finalidade é promover o diálogo entre o órgão controlador e os órgãos/entidades/agentes controlados antes da tomada de decisão, a fim de garantir que esta ocorra conforme as diretrizes estabelecidas em uma "mesa de negociação", da qual participam o administrador, o administrado e o órgão de controle.

Embora alinhado com as inovações do Direito Administrativo, o Tribunal inova ao instituir um mecanismo que lhe permite, praticamente, tomar a decisão em conjunto com o Administrador. Desse modo, este artigo tem por objetivo investigar, a partir de um levantamento de dados majoritariamente provenientes de fontes primárias e de uma análise indutiva, se a inovação do TCU decorre da evolução paradigmática do Direito Administrativo ou da expansão das competências do Tribunal para alcançar o processo de tomada de decisão da Administração.

1. A competência do Tribunal de Contas da União

O TCU possui uma competência bastante ampla, porém, não ilimitada. O órgão controlador tem a finalidade de conformar os atos da Administração Pública aos parâmetros legais, assegurando-se a observância da norma jurídica. Embora possa se manifestar em vários aspectos, as determinações do órgão são possíveis apenas diante de violações ou ameaças de violação à norma legal. Quando o Tribunal utiliza parâmetros diferentes da legalidade, como a economicidade, é possível apenas fazer recomendações aos controlados[3].

Assim, observa-se que, conforme o texto constitucional, o TCU pode fazer determinações nos seguintes casos: (i) apreciação, para fins de registro, da legalidade dos atos pessoais (admissão, aposentadorias, reformas e pensões) e, estando o ato em conformidade com a Lei, ordena o seu registro[4]; (ii) definição de prazo para que o órgão ou entidade adote as providências necessárias ao

[3] SUNDFELD, Carlos Ari; CÂMARA, Jacintho Arruda. **Competências de Controle dos Tribunais de Contas – possibilidades e limites.** In: SUNDFELD, Carlos Ari (Org.). Contratações Públicas e seu controle. São Paulo: Malheiros, 2013.

[4] Nesse sentido: SILVA, José Afonso da. Comentário Contextual à Constituição. São Paulo: Malheiros, 2005, p. 466.

exato cumprimento da lei; ou (iii) sustação de atos administrativos[5]. Em todas as hipóteses, a própria Constituição ou a lei já definiu o parâmetro de análise a ser empregado pelo TCU, que é a legalidade. Por isso, afirma-se que a ilegalidade em questões relacionadas à jurisdição do Tribunal o autoriza- a emitir determinações.

Por outro lado, o TCU poderá utilizar outros critérios de avaliação, tais como: economicidade, eficiência, eficácia e efetividade. Nessa perspectiva, o Tribunal pode realizar as fiscalizações contábil, financeira, orçamentária, patrimonial e operacional[6]. Contudo, por não se tratar de ilegalidade, apenas lhe é possível emitir recomendações.

Portanto, o TCU possui competência para fazer (i) determinações quando constatar ilegalidade na fiscalização contábil, financeira, orçamentária e patrimonial nas atividades da Administração Pública; (ii) recomendações quando identificar falta de economicidade ou eficiência na fiscalização contábil, financeira, orçamentaria, patrimonial e operacional nas atividades da Administração Pública[7]. Como resultado, (i) quando constatar uma ilegalidade na fiscalização operacional, o Tribunal deve representar aos órgãos competentes para analisá-la e julgá-la; e (ii) em nenhuma hipótese o Tribunal pode exercer atos de comando devido à falta de economicidade nas escolhas do Administrador Público.

Contudo, na prática, o Tribunal acaba por confundir as situações em que deve utilizar a determinação ou a recomendação, que são instrumentos distintos. O primeiro é um instrumento voltado para uma abordagem coercitiva, onde

5 Embora a Constituição não explicite o parâmetro da legalidade nesse caso, o art. 45 da Lei Orgânica do TCU esclarece que a sustação do ato é possível quanto for constatada a sua ilegalidade e o Administrador Público não o readequar no prazo assinalado. Art. 45. Verificada a ilegalidade de ato ou contrato, o Tribunal, na forma estabelecida no Regimento Interno, assinará prazo para que o responsável adote as providências necessárias ao exato cumprimento da lei, fazendo indicação expressa dos dispositivos a serem observados. § 1° No caso de ato administrativo, o Tribunal, se não atendido: I - sustará a execução do ato impugnado.

6 O TCU adota a definição de auditoria operacional elaborada pela Organização Internacional das Entidades Fiscalizadoras Superiores, por meio da Norma Internacional das Entidades Fiscalizadoras Superiores – ISSAI n.º 3000/17, segundo a qual a "auditoria operacional é o exame independente, objetivo e confiável que analisa se empreendimentos, sistemas, operações, programas, atividades ou organizações do governo estão funcionando de acordo com os princípios de economicidade, eficiência, eficácia e efetividade e se há espaço para aperfeiçoamento". Isso confirma o fato de que o controle operacional da Administração está vinculado ao parâmetro da economicidade.

7 Os professores Carlos Ari Sundfeld e Jacintho Arruda Câmara manifestam entendimento semelhante. Nesse sentido, veja: SUNDFELD, Carlos Ari; CÂMARA, Jacintho Arruda. **Competências de Controle dos Tribunais de Contas – possibilidades e limites.** In: SUNDFELD, Carlos Ari (Org.). **Contratações Públicas e seu controle.** São Paulo: Malheiros, 2013.

o TCU utiliza sua autoridade para compelir a administração a adotar medidas corretivas para sanar ilegalidades, enquanto a recomendação é um instrumento colaborativo, destinado a sugerir a adoção de providências quando verificadas oportunidades de melhoria de desempenho, aplicáveis a questões que envolvam a discricionariedade do gestor ou que imponham ao órgão público obrigações não previstas na legislação[8]. Desse modo, em casos nos quais seria cabível apenas a recomendação, o Tribunal emite determinações, por entender, por exemplo, que o princípio da economicidade integra o ordenamento jurídico supostamente violado.

1.1. Os princípios e a competência do Tribunal de Contas da União

Desde a constitucionalização do Direito Administrativo, inúmeros princípios afetos à atividade da Administração foram incluídos no texto constitucional como normas valorativas de observância obrigatória. Nesse contexto, a Constituição assumiu um papel central na vinculação administrativa à juridicidade, superando a anterior primazia da lei[9]. Os princípios constitucionais – conceito jurídicos indeterminados – tornaram-se protagonistas da atividade decisória.

Nessa toada, o TCU, utilizando-se da maleabilidade que os princípios oferecem, aproveitou para expandir sua competência. Isso ficou claro no voto paradigmático do Ministro Benjamin Zymler defendendo a possibilidade de controle do TCU à atividade finalística das agências reguladoras. Veja-se:

> (...) a consagração do Princípio da Eficiência como um dos Princípios fundamentais da Administração Pública, em conformidade com a nova redação conferida pela Emenda Constitucional nº 19 ao *caput* do art. 37 da Constituição Federal, gerou novos deveres para o administrador público e, consequentemente, para o controle. Se, anteriormente, a atenção dos agentes públicos devia estar voltada para a legalidade dos atos administrativos, hoje, tanto o gestor quanto o auditor devem

8 SABENÇA, Sandro Zachariades. **O TCU e o controle operacional das agências reguladoras: uma análise empírica.** Dissertação (mestrado) – Escola de Direito do Rio de Janeiro da Fundação Getúlio Vargas, 2019.

9 BINENBOJM, Gustavo. Uma teoria do Direito Administrativo: direitos fundamentais, democracia e constitucionalização. 3ª. ed. Rio de Janeiro: Renovar, 2014, p. 25-26.

> se dedicar à análise concomitante da legalidade e da eficiência. Donde se conclui que, independentemente da natureza jurídica da entidade pública que pratique um determinado ato, ele pode e deve ser apreciado sob os dois aspectos retromencionados. (...) entendo ter ficado patente que o TCU possui competência para fiscalizar as atividades finalísticas das agências reguladoras[10].

Pode-se citar, ainda, o Acórdão nº 2.310/2018–Plenário, sob a relatoria do Ministro Bruno Dantas. Neste caso, foi realizada uma análise da auditoria que investigou os obstáculos que afetam a eficiência dos portos brasileiros, buscando identificar maneiras de reduzir os custos e o tempo necessário para a liberação das cargas. Embora se tratasse de uma auditoria operacional, bem como não tenha sido constatada ilegalidade, a Corte realizou uma série de determinações à Agência[11]. A justificativa para tanto foi de que:

> a análise da situação encontrada frente às Leis 10.233/2001 e 12.815/2013, e aos princípios da transparência, isonomia, economicidade, eficiência, finalidade administrativa e supremacia do interesse público, sugere haver oportunidades de melhoria sobre as análises da Antaq acerca dos conflitos de interesse que tocam a Agência a se posicionar[12].

10 TCU, Acórdão n.º 1703/2004 – Plenário, Relator: Ministro Benjamin Zymler, data da sessão: 03/11/2004.

11 Nesse sentido, veja-se: "9.1. determinar à Agência Nacional de Transportes Aquaviários (Antaq), com fulcro no art. 43, inciso I, da Lei 8.443/1992 c/c o art. 250, inciso II, do Regimento Interno do TCU, que: 9.1.1. no prazo de 180 dias, desenvolva metodologia de análise de denúncias sobre abusividade de preços e tarifas praticados por terminais e operadores portuários na movimentação de contêineres, com vistas a harmonizar objetivos de usuários e prestadores de serviço, preservado o interesse público, nos termos do art. 20 da Lei 10.233/2001; 9.1.2. no prazo de 180 dias, regulamente processo para a obtenção sistemática dos custos relativos à movimentação de contêineres, com vistas a subsidiar as análises de abusividade de preços e tarifas de terminais e operadores portuários, definindo referenciais de eficiência, nos termos do inciso IV do art. 11 da Lei 10.233/2001; 9.1.3. no prazo de 180 dias, estabeleça medidas para acompanhar, de forma sistemática, o comportamento dos preços e tarifas praticados no segmento de contêiner, nos termos do inciso II do art. 27 da Lei 10.233/2001; 9.1.4. no prazo de 30 dias, apresente ao TCU plano de ação com vistas a evidenciar como se dará o atendimento às determinações acima, designando as tarefas a serem executadas, os responsáveis por tais medidas (nomes e cargos) e o prazo para implementação (TCU, Acórdão n.º 2310/2018 – Plenário, Relator: Ministro Bruno Dantas, data da sessão: 02/10/2018).

12 TCU, Acórdão n.º 2310/2018 – Plenário, Relator: Ministro Bruno Dantas, data da sessão: 02/10/2018.

Portanto, ao citar inúmeros princípios que justificam as determinações à ANTAQ, fica demonstrado que o TCU se aproveita da indeterminação de tais conceitos jurídicos para conferir-lhes conteúdo que justifique sua interferência na discricionariedade do Administrador Público.

Esses precedentes, assim como muitos outros, revelam a intenção do TCU de expandir seu escopo de atuação. André Rosilho observa que:

> essa aparente tendência do TCU de querer expandir suas possibilidades de controle impositivo para além dos limites constitucionalmente estabelecidos – também manifestada na tentativa do Tribunal de dar roupagem de comando a atos eminentemente orientativos – talvez decorra de uma visão cultivada pelo próprio TCU (consciente ou inconscientemente), segundo a qual agir impositivamente teria maior valor do que agir em cooperação[13].

A partir disso, percebe-se que há uma tendência do TCU em ampliar seu campo de atuação, restringindo cada vez mais a liberdade do Administrador Público para exercer sua competência discricionária. No entanto, essa atuação acarreta suas próprias consequências. A intensa intervenção do TCU tem levado os administradores à incapacidade de decidir, uma vez que suas decisões, mesmo legítimas e legais, podem ser contestadas pelo Tribunal. É nesse contexto, inclusive, que surgem as soluções consensuais, prometendo garantir segurança jurídica ao Administrador Público.

1.2. O consenso e a competência do Tribunal de Contas da União

A partir da constitucionalização do Direito Administrativo, observou-se também o abandono do paradigma da supremacia do interesse público, que passa a depender de uma ponderação proporcional entre direitos fundamentais e outros valores constitucionalmente consagrados, deixando de ser uma escolha arbitrária do administrador[14].

[13] ROSILHO, André Janjácomo. **Controle da Administração Pública pelo Tribunal de Contas da União.** Tese (doutorado) – Faculdade de Direito da Universidade de São Paulo, 2016, p. 321.

[14] BINENBOJM, Gustavo. **Uma teoria do Direito Administrativo: direitos fundamentais, democracia e constitucionalização.** 3ª. ed. Rio de Janeiro: Renovar, 2014, p. 25-26.

O Estado monoclasse, no qual prevalecia a vontade manifestada pela Administração, foi substituído pelo Estado pluricasse, no qual os particulares passaram participar e a influenciar nas decisões do poder público[15]. Desse modo, para ter uma atuação efetiva, o Estado não pode mais ignorar o pluralismo de interesses em cada ação planejada ou executada. Nesse contexto, o consenso é o mecanismo mais eficaz para congregar todos esses interesses e incorporá-los na escolha do Administrador.

O consenso pode ser verificado em diversos institutos/atividades da Administração Pública. No sentindo amplo, existe consenso em acordos intragovernamentais; contratos administrativos; métodos alternativos de resolução de conflitos; ajustes de conduta e acordos de gestão. Já no sentindo estrito, verifica-se o consenso nos acordos integrativos e nos acordos substitutivos[16].

O instrumento desenvolvido pelo TCU é um método alternativo de solução e prevenção de conflitos, uma vez que os casos levados ao Tribunal poderiam ser dirimidos pelo próprio órgão ou entidade da Administração. Assim, ir ao TCU em busca de uma solução consensual é um caminho alternativo colocado à disposição da Administração.

A origem do instituto decorre da tentativa do Tribunal de minimizar os efeitos da extensão de sua competência: incapacidade do administrador de decidir aquilo que lhe compete. Porém, não se trata de minimizar a atuação do TCU tornando-a menos abrangente e conferindo maior espaço ao Administrador. Pelo contrário, o instrumento parece conferir ao TCU a possibilidade de decidir em conjunto com o Administrador. Isso significa, portanto, mais uma maneira de expandir a atuação do Tribunal.

Nesse sentido, o Ministro Bruno Dantas, atual Presidente do TCU, em artigo publicado em 2020, reconheceu que o pluralismo de interesses nas concessões de serviços públicos é um campo fértil para a adoção de instrumentos consensuais. Ressaltou, no entanto, a necessidade de tais fórmulas prestigiarem *"a cooperação em vez da unilateralidade, buscando-se inserir as instâncias controladoras no processo de confecção do contrato. A ideia é adquirir, com essa modelagem,*

[15] MOREIRA NETO, Diogo de Figueiredo. **Administração Pública Gerencial.** Revista de Direito Administrativo & Constitucional. Curitiba: Juruá, n. 2, 1999.

[16] Essa é a classificação elaborada por Juliana Bonacorsi de Palma. Nesse sentido: PALMA, Juliana Bonacorsi de. **Sanção e acordo na administração pública.** São Paulo: Malheiros, 2015, p. 241-262.

mais segurança jurídica nas contratações públicas"[17]. Em essência, o que o Ministro defende é a participação do órgão controlador no desenvolvimento de uma solução consensual no processo decisório do órgão ou entidade pública.

Essa análise parte da verificação da insegurança provocada pela fiscalização ampla e tardia das decisões tomadas pelos Administradores Públicos nos contratos de concessão, gerando anos depois a aplicação das sanções cabíveis. Esse cenário normalmente impede que o gestor decida nos contratos com medo da sanção, ou fique aguardando a aprovação prévia do Tribunal[18]. Isso torna o processo decisório mais demorado, o que é incompatível com um modelo de gestão que preza pela eficiência e resultados.

Contudo, embora teoricamente busque a efetividade e celeridade processual, a estratégia do TCU implica numa verdadeira expansão da sua atuação, permitindo ao Tribunal interferir em decisões nas quais, sob o ponto de vista de sua competência constitucional, ele não poderia realizar determinações.

Como visto, em muitos casos, embora seja permitido ao Tribunal fazer apenas recomendações, ele acaba fazendo determinações. Como se isso já não fosse uma extrapolação de sua competência, a solução consensual permitirá a participação do Tribunal no processo de elaboração da decisão administrativa. Ou seja, o instituto não representa apenas a busca pela eficiência ou celeridade; ele implica, na verdade, em uma investida do Tribunal para uma maior interferência na atividade da Administração Pública.

A crítica, portanto, não é ao consenso, que é importante e necessário. A crítica é no sentido de que, para se conferir maior segurança jurídica ao Administrador, o caminho consiste na reformulação da atuação do Tribunal nas fiscalizações, determinações e recomendações que faz (em outras palavras, com uma ressignificação do papel e do escopo de atuação do Tribunal). Ou seja, o consenso no âmbito do TCU não é a solução para o problema criado por ele próprio.

[17] DANTAS, Bruno. Consensualismos, eficiência e pluralismo administrativo: um estudo sobre a adoção da mediação pelo TCU. Revista Jurídica da Presidência. Brasília, v. 22, n. 127 Jun./Set. 2020.

[18] DANTAS, Bruno. Consensualismos, eficiência e pluralismo administrativo: um estudo sobre a adoção da mediação pelo TCU. Revista Jurídica da Presidência. Brasília, v. 22, n. 127 Jun./Set. 2020.

2. Estudo de caso: os Contratos de Energia de Reserva do MME

Os casos estudados foram as soluções consensuais firmadas nos Processos n.º 006.253/2023-7 e n.º 006.252/2023-0. Ambos são decorrentes da contratação de energia extra, pelo Ministério de Minas e Energia (MME), para suprir eventual decréscimo na produção de energia hidroelétrica.

Para compreender a situação apresentada, é preciso destacar inicialmente que a distribuição de energia elétrica no Brasil ocorre por meio do Sistema Interligado Nacional (SIN). O SIN é um sistema hidro-termo-eólico de grande porte, que congrega a energia produzida por diversos empreendimentos, principalmente das hidrelétricas. Desse modo, a soma das energias produzidas pelas hidrelétricas, termoelétricas e outras fontes abastecem o sistema nacional e permite a distribuição da energia por todo o país.

O sistema é abastecido majoritariamente pela energia produzida pelas hidroelétricas, que dependem de condições climáticas favoráveis, uma vez que os baixos níveis nas bacias hidrográficas em razão da falta de chuvas, por exemplo, impedem a produção adequada de energia. Dessa forma, o SIN corre o risco de ficar desequilibrado, já que sua principal fonte de abastecimento está comprometida. A estratégia adotada nessas situações consiste no fortalecimento das outras fontes de produção de energia elétrica, principalmente as termoelétricas.

Nesse contexto, o MME registrou nos anos de 2020 e 2021 baixos níveis de afluência hídrica, razão pela qual entendeu ser necessário realizar o Procedimento de Contratação Simplificada (PCS) n.º 01/2021, cuja finalidade era aumentar a oferta de energia para mitigar potenciais dificuldades no suprimento de energia elétrica no período entre 2022 e 2025, garantindo a continuidade e a segurança do suprimento de energia elétrica aos consumidores.

Após a homologação e adjudicação dos resultados, o MME celebrou Contratos de Energia de Reserva (CERs) com algumas empresas para que elas realizassem o empreendimento de usinas termoelétricas a gás natural e movidas a biomassa, para, em seguida, comercializar a energia produzida com o SIN, garantindo o abastecimento do sistema. Os CERs foram celebrados, totalizando mais de R$ 11 bilhões anuais, dos quais cerca de R$ 9 bilhões seriam repassados ao consumidor cativo, resultando em um impacto de 4,49% nas tarifas de energia.

Em que pese a justificativa para a contratação da energia reserva tenha sido relevante, houve uma mudança no quadro de escassez hídrica em 2022 e, consequentemente, no aumento no armazenamento de energia nos reservatórios hidroelétricos e a queda nos preços da energia no mercado de curto prazo, de modo que a necessidade urgente da energia proveniente dos contratos do PCS para a segurança no fornecimento de energia do SIN foi consideravelmente diminuída.

Nesse contexto, a manutenção dos contratos, em um cenário no qual eles deixaram de ser necessários, motivou o Governador de Santa Catarina a representar ao TCU requerendo a suspensão cautelar da execução dos contratos decorrentes do PCS n.º 01/2021, a fim de evitar grave lesão ao interesse público, notadamente o aumento nas tarifas de energia elétrica. O representante argumentou que a situação atual dos reservatórios justificava reavaliação da necessidade dos contratos, uma vez que a situação excepcional que fundamentou a contratação extraordinária, com um procedimento simplificado e diversas flexibilizações, não se fazia mais presente.

Após diligências e debate entre os Ministros, o Plenário do TCU, por meio do Acórdão 2.699/2022-TCU-Plenário, nos termos do Voto do Ministro Relator Benjamin Zymler, resolveu:

> fixar prazo ao Ministério de Minas e Energia, com base no art. 251, caput, do Regimento Interno do TCU, para que, em 30 (trinta) dias, com base especialmente no seu poder-dever de motivação e autotutela, em face, entre outros, da melhoria do cenário hidrológico e dos elevados valores envolvidos, realize avaliação individualizada e conclusiva dos contratos decorrentes do PCS, comparando-se as vantagens e desvantagens quanto às possibilidades de manutenção dos contratos, rescisão ou solução negociada, indicando objetivamente a melhor solução para cada contrato, considerando impacto nas tarifas no curto, médio e longo prazos e a segurança do fornecimento de eletricidade, levando-se em conta, também, alternativas que possam substituir o aumento de oferta de energia e potência previsto nos instrumentos, com fulcro

> no art. 53 da Lei 9.784/1999; no art. 41, VII, da Lei 13.844/2019; nos art. 1º, VI; art. 16, XII; art. 20, IV; art. 21, II e VI, do Anexo I do Decreto 9.675/2019 e no art. 26, caput e § 1º, do Decreto-Lei 4.657/1942 (Lei de Introdução às Normas do Direito Brasileiro)[19].

Considerando a pressão do TCU por uma solução por parte do MME, bem como o insucesso da proposta de acordo da Portaria n.º 55/2022, em março de 2023, o Ministro Alexandre Silveira apresentou uma solicitação de solução consensual para o tratamento da controvérsia.

A principal solução encontrada pela comissão foi a redução da geração inflexível das usinas. A geração inflexível corresponde ao valor de geração mínima obrigatória de energia elétrica de determinada usina termelétrica. Ou seja, independentemente dos valores dos combustíveis e/ou condições do mercado, a usina deve gerar uma quantidade determinada de energia, sob pena de penalidade. Nesse contexto, não se mostra adequado obrigar a usina a gastar recursos para fornecer a quantidade mínima, sendo que essa energia não será utilizada. Desse modo, as partes combinaram em reduzir a quantidade de geração inflexível, o que, na prática, significa que os empreendimentos não serão obrigados a adquirir combustíveis caros e, consequentemente, esses valores não serão repassados ao valor da energia, que ficará mais barata, beneficiando o consumidor.

Conclusões

À luz do que foi apresentado, é possível reconhecer que os problemas de economicidade que afetavam os Contratos de Energia Reserva do Ministério de Minas e Energia permitiam ao TCU tecer tão somente recomendações ao órgão. Mesmo assim, o Tribunal viu-se competente para realizar determinações. Essas determinações, mais tarde, podem ter contribuído para levar a questão ao Tribunal sob a forma de uma solicitação de solução consensual, devido a uma possível intimidação do Administrador. A partir de então, tornou-se possível ao Tribunal participar ativamente do processo de tomada de decisão, uma vez que

[19] Cf. TCU, Acórdão n.º 2.699/2022-TCU-Plenário, Relator: Benjamin Zymler, data da sessão: 07/12/2022.

seus agentes compõem a comissão de solução consensual, cuja proposta apenas é aprovada quando existir unanimidade entre os seus integrantes.

Embora dependa da supervisão e aprovação do TCU, fato é que o acordo celebrado decorre apenas da remodelação de obrigações e deveres entre as contratadas e o poder concedente. Ao que parece, a atuação do Tribunal foi mais para validar em que as partes poderiam ceder ou quanto poderiam assumir de obrigações. Em razão disso, parece possível dizer que os acordos nos moldes formulados eram totalmente viáveis de serem celebrados apenas entre MME/ANEEL e as empresas privadas, sem a intervenção do TCU.

Ao que parece, a infantilização dos Administradores Públicos decorrente da hipertrofia do controle, apontada, inclusive, por aqueles que defendem essa atuação consensual do TCU[20], tem-se convertido não apenas na incapacidade dos Administradores de tomarem decisões, mas também na incapacidade de resolverem problemas, de promoverem acordos eficazes e soluções inovadoras. Nesse cenário, o TCU, em vez de readequar sua atuação aos parâmetros constitucionais, tem aproveitado para substituir o Administrador infantilizado por meio da absorção de problemas da Administração Pública e coordenação de uma solução consensual.

O TCU é órgão auxiliar do Poder Legislativo e não lhe é permitido interferir na função típica do Poder Judiciário ou do Poder Executivo[21]. Portanto, a partir do momento em que o instrumento desenvolvido pelo TCU implica na possibilidade de o órgão decidir em conjunto com o Administrador Público, responsável por algum órgão ou entidade que compõe o Poder Executivo, fica evidente a expansão indevida de sua competência e o risco de interferência na discricionariedade administrativa.

---

[20] Nesse sentido, reitera-se o posicionamento do Presidente do TCU, Ministro Bruno Dantas, de que "a hipertrofia do controle gera a infantilização da gestão pública, despertando nos gestores temor semelhante ao de crianças inseguras educadas por pais opressores" (DANTAS, Bruno. Consensualismos, eficiência e pluralismo administrativo: um estudo sobre a adoção da mediação pelo TCU. Revista Jurídica da Presidência. Brasília, v. 22, n. 127 Jun./Set. 2020).

[21] Nesse sentido, Luís Roberto Barroso destaca que: "Não é papel do Tribunal de Contas, por via de consequência, dizer definitivamente o Direito – pois isso compete ao Judiciário – nem tampouco substituir-se aos agentes públicos constitucionalmente designados para tomada de decisões políticas e administrativas – atribuição dos órgãos do Poder Executivo". (BARROSO, Luís Roberto. **Tribunais de Contas: algumas incompetências.** Revista de Direito Administrativo, [S. l.], v. 203, p. 131–140, 1996).

Referências

BARROSO, Luís Roberto. **Tribunais de Contas: algumas incompetências.** Revista de Direito Administrativo, v. 203, p. 131–140, 1996.

BINENBOJM, Gustavo. **Uma teoria do Direito Administrativo: direitos fundamentais, democracia e constitucionalização.** 3ª. ed. Rio de Janeiro: Renovar, 2014.

DANTAS, Bruno. **Consensualismos, eficiência e pluralismo administrativo: um estudo sobre a adoção da mediação pelo TCU.** Revista Jurídica da Presidência. Brasília, v. 22, n. 127, Jun./Set. 2020.

KUHN, Thomas. **A estrutura das revoluções científicas.** São Paulo: Perspectiva, 1998.

MOREIRA NETO, Diogo de Figueiredo. **Administração Pública Gerencial.** Revista de Direito Administrativo & Constitucional. Curitiba: Juruá, n. 2, 1999.

PALMA, Juliana Bonacorsi de. **Sanção e acordo na administração pública.** São Paulo: Malheiros, 2015.

ROSILHO, André Janjácomo. **Controle da Administração Pública pelo Tribunal de Contas da União.** Tese (doutorado) – Faculdade de Direito da Universidade de São Paulo, 2016.

SABENÇA, Sandro Zachariades. **O TCU e o controle operacional das agências reguladoras: uma análise empírica.** Dissertação (mestrado) – Escola de Direito do Rio de Janeiro da Fundação Getúlio Vargas, 2019.

SUNDFELD, Carlos Ari; CÂMARA, Jacintho Arruda. **Controle das contratações públicas pelos Tribunais de Contas.** Revista de Direito Administrativo, Rio de Janeiro, v. 257, p. 111-44, maio/ago. 2011.

SUNDFELD, Carlos Ari; CÂMARA, Jacintho Arruda. **Competências de Controle dos Tribunais de Contas – possibilidades e limites.** In: SUNDFELD, Carlos Ari (Org.). Contratações Públicas e seu controle. São Paulo: Malheiros, 2013.

SUNDFELD, Carlos Ari. **Direito Administrativo para céticos.** 2. ed. São Paulo: Malheiros Editores, 2014.

CAPÍTULO 15

O SISTEMA DE CONTROLE DA IMPARCIALIDADE E INDEPENDÊNCIA DO ÁRBITRO NO CENÁRIO BRASILEIRO E OS LIMITES DO DEVER DE REVELAÇÃO[1]

Isabella Dias Grassia

INTRODUÇÃO

O presente trabalho apresenta uma análise sobre o sistema de controle da imparcialidade e independência dos árbitros no contexto brasileiro, por meio do método de abordagem dialético, por análises de diferentes autores sobre o tema, e o método de procedimento monográfico, com a apresentação de teorias e suas análises.

No primeiro capítulo, analisa-se o escopo do dever de revelação, como mecanismo para aferição da independência e imparcialidade do árbitro, bem como a perspectiva adotada para o exercício desse dever, confrontando a dúvida justificada aos olhos da parte e a dúvida justificada aos olhos do árbitro.

No segundo capítulo, adentra-se nos limites e extensão do dever de revelação, com relação a fatos públicos e notórios e a eventual dever de investigar das partes. Já o terceiro capítulo analisa as normativas aplicáveis quanto às hipóteses de imparcialidade e independência do árbitro.

[1] Artigo elaborado a partir da monografia apresentada ao Núcleo de Monografia Jurídica da Faculdade de Direito da PUC-SP, sob a orientação do Professor Doutor Cláudio Finkelstein.

No quarto capítulo, analisa-se as ferramentas de controle interno e externo da imparcialidade e independência dos árbitros, bem como seu uso meramente protelatório, como tática de guerrilha arraigada de má-fé. Por fim, explora-se o direito de um julgador imparcial sob a perspectiva das matérias de ordem pública, incluindo eventual submissão ao instituto da preclusão, sua irrenunciabilidade e a maleabilidade dos conceitos de imparcialidade e independência.

1. DEVER DE REVELAÇÃO: IMPORTÂNCIA, FUNÇÃO E OBJETO

Como a arbitragem é um sistema com caráter jurisdicional que envolve a delegação de poder, a necessidade de um julgador imparcial e independente é reforçada. Sua integridade e a confiança conferida pelas partes é o que dá credibilidade ao procedimento arbitral.

A Lei 9.307/96 ("LArb") criou mecanismos para auxiliar na efetivação da independência e imparcialidade dos árbitros e promover segurança jurídica, quais sejam: **(i)** o dever de revelação e a recusa do árbitro (art. 14, §1°); **(ii)** a impugnação (art. 15); e **(iii)** a ação anulatória (art. 32).

Para que haja depósito da confiança, exige-se que as partes tenham conhecimento de "qualquer fato que denote dúvida justificada quanto à sua imparcialidade e independência" (art. 14, §1° da LArb). É dizer, tudo o que tenha o condão de gerar dúvidas às partes deve ser levado a seu conhecimento, tendo em vista que não podem restar dúvidas relevantes quanto à independência ou imparcialidade do árbitro. A legitimidade de todo o procedimento arbitral depende disso.

O dever de revelação, portanto, apresenta-se como instrumento de prevenção de conflitos de interesse e de análise de imparcialidade e independência do indicado a árbitro.

Para exercer o dever de revelação, é necessário que o árbitro realize um juízo de consciência, aferindo fatos que poderiam suscitar dúvidas quanto à sua independência e imparcialidade e situações que poderiam caracterizar conflito de interesses. Tal juízo de consciência consiste na apuração interna das partes e patronos do procedimento, averiguando a existência de fatos a serem revelados.

Caso o árbitro não seja diligente ao buscar os fatos, e na hipótese de tais fatos serem relevantes *in casu*, não há como se afastar a possibilidade de ocorrência de violação ao dever de revelação.

Augusto Aras, em parecer proferido na ADPF 1050, elucida que "a mera falha no seu exercício não conduzirá necessária e automaticamente à constatação de parcialidade"[2], corroborando a necessidade de análise da relevância e do efetivo impacto do fato omitido. O puro descumprimento do dever de revelação não leva ao automático afastamento do árbitro – o que o faz é a gravidade do fato omitido ou recusa injustificada do árbitro a revelar.

O direito da parte a um árbitro independente e imparcial decorre do postulado constitucional do devido processo legal. O §2° do art. 21 da LArb expressamente prevê a necessidade de atenção aos princípios da igualdade das partes e da imparcialidade do árbitro. Desse modo, a imparcialidade constitui verdadeiro requisito de validade do processo – e do procedimento arbitral.

O dever de revelação tem como objeto não apenas fatos que possam gerar dúvidas razoáveis quanto a sua imparcialidade e independência, de conhecimento do indicado, mas também aquele que deveria conhecer em razão de **(i)** sua atividade, **(ii)** vinculação profissional e **(iii)** relações de amizade estreita com partes e demais personagens daquela arbitragem.

Carmona entende que relações negociais – anteriores ou atuais, diretas ou indiretas –, relações sociais substanciais com uma das partes ou potenciais testemunhas daquele procedimento arbitral, ou ainda o conhecimento prévio do litígio "são circunstâncias que as partes têm o direito de sopesar antes de aceitar a indicação de um árbitro."[3]

A premissa para o bom exercício do dever de relevação, portanto, é que haja a revelação e o total conhecimento pelas partes de quaisquer fatos que afete a imparcialidade e independência. O exercício do dever de revelar é a demonstração de que o árbitro não tem nada a esconder ou ocultar.

2 ARAS, Augusto. Parecer AJCONST/PGR N° 851073/2023. 2023. In: Arguição de Descumprimento Fundamental n° 1050/DF.

3 CARMONA, Carlos Alberto. **Arbitragem e processo: um comentário à Lei no 9.307/96**, 3ª ed. rev., atual. e ampl., São Paulo: Atlas, 2009, p. 254.

O E. TJSP já decidiu que tal dever "constitui um dos requisitos primordiais para a nomeação de um árbitro" e "**proíbe**, de início, **a omissão e retenção de qualquer dado tido como relevante para o exercício da escolha do árbitro**"[4].

Em última instância, caso o árbitro não se sinta confortável a revelar fatos que sejam cruciais para aferição de sua imparcialidade e independência, ainda que em decorrência da discrição decorrente de sua ocupação, a única solução que lhe resta é declinar a indicação.

1.1. Dúvida justificada "aos olhos da parte" x "aos olhos do árbitro"

Além da necessidade de a dúvida ser justificada, as situações a revelar pelo árbitro devem provocar dúvida **às partes** – que são quem realmente litigam na arbitragem. Sobre a perspectiva de análise dos fatos pelo candidato a árbitro, Finkelstein faz importante ponderação:

> "(...) o dever de revelação do árbitro implica em um mínimo escrutínio que o árbitro deve realizar pela sua base de dados, verificando a checagem de conflitos de interesses, pensando na revelação de fatos que sejam relevantes **aos olhos das partes, que são observadores interessados na sua independência e imparcialidade**, mas sem que essa mudança de observador implique na obrigatoriedade do árbitro de divulgar fatos irrelevantes sobre si"[5].

As partes não têm a capacidade de averiguar o estado particular e subjetivo da imparcialidade do árbitro, "que só existe na mente e nos pensamentos imperscrutáveis do próprio árbitro"[6]. Ao revelar, o árbitro deve buscar imaginar o que as partes gostariam de saber – e não o que ele, pessoalmente, pensa ser relevante.

---

4 Tribunal de Justiça do Estado de São Paulo, Apelação nº. 1055194-66.2017.8.26.0100, Rel. Des. Erickson Gavazza Marques, 5ª Câmara de Direito Privado, j. 06.08.2021.

5 FINKELSTEIN, Cláudio. **O PL antiarbitragem e a arbitragem internacional**. Valor Econômico. Disponível em: https://valor.globo.com/legislacao/noticia/2022/08/29/o-pl-antiarbitragem-ea-arbitragem-internacional.ghtml. Acesso em 08 de outubro de 2023.

6 CARNEIRO, Diogo Ciuffo. **Dever de Revelação do Árbitro em Arbitragens Envolvendo Empresas em Recuperação Judicial.** In: MONTEIRO, Andre Luís; VERÇOSA, Fabiane; FONSECA, Geraldo. **Arbitragem, Mediação, Falência e Recuperação**. 1. ed. São Paulo: Thomson Reuters Brasil, 2022. E-book. RB-22.2 – RB-22.4. Disponível em: https://proview.thomsonreuters.com/launchapp/title/rt/monografias/288766851/v1/page/RB-22.2 Acesso em 03 de setembro de 2023.

Carlos Elias esclarece que a função do dever de revelação é "permitir que as partes estejam cientes de todas as circunstâncias que, a seus olhos (e não de um observador razoável), possam gerar dúvidas a respeito da imparcialidade do julgador."[7]

Dessa forma, as partes ocupam não apenas a posição de interessadas, mas de quem deposita sua plena confiança no árbitro. Daí a imprescindibilidade de que o árbitro analise os fatos sob a perspectiva da parte.

2. LIMITES E EXTENSÃO DO DEVER DE REVELAÇÃO

Para impedir a banalização de seus limites, é necessária a observação da razoabilidade que envolve o dever de revelar, impedindo a banalização de seus limites.

Ao passo que não se espera que um estado de alerta permanente do árbitro a absolutamente todos os fatos à sua volta, espera-se que sejam revelados fatos que possam ter relação direta ou indireta com a controvérsia e personagens da arbitragem.

Como o critério legal se pauta em conceito jurídico indeterminado – da dúvida justificada –, é necessário estabelecer parâmetros para definir aquilo que minimamente deve ser revelado.

2.1. Extensão a fatos públicos e notórios e o dever de investigar das partes

O art. 14, §1°, da LArb submete os árbitros à revelação de fatos independentemente de sua publicidade ou notoriedade, inclusive porque, caso provoque dúvida justificável às partes, o árbitro terá violado seu dever de revelação.

Existem fatos que, apesar de públicos, não poderiam ser de fácil conhecimento sem a prévia revelação do árbitro. Não é razoável que o indicado presuma que as partes detêm – ou deveriam deter – conhecimento sobre toda e qualquer informação pública que possa ser relevante àquela arbitragem. A publicidade de

[7] ELIAS, Carlos. **3. O árbitro**. In: LEVY, Daniel; PEREIRA, Guilherme Setoguti J. **Curso de Arbitragem**. Thomson Reuters Brasil, 2021. RB-3.23. E-book. Disponível em https://proview.thomsonreuters.com/launchapp/title/rt/monografias/160617115/v2/page/RB-3.23 Acesso em 08 de setembro de 2023.

uma informação não retira aquele fato do escopo do dever de revelação[8]. Lucas Britto Mejias exemplifica:

> "Imagine-se a hipótese de a informação não aparecer nos usuais meios de pesquisa da rede mundial de informações, vindo à tona somente diante da digitação do respectivo endereço eletrônico e eventualmente com profundas incursões em um site específico.
>
> A descoberta de tal informação será, nesse cenário, quase impossível, embora realmente esteja acessível ao público. É bem provável que, em uma atividade investigativa, a parte não a atinja justamente porque não conhece o caminho necessário para encontrá-la."[9]

Nesse contexto, as partes não têm o dever de investigar o árbitro, de modo a fiscalizar sua imparcialidade e independência. A exposição de fatos relevantes constitui obrigação imposta ao árbitro, e não às partes.

Portanto, pautado **(i)** na assimetria de informações na relação árbitro-parte e **(ii)** na condição privilegiada do árbitro de fornecer informações às partes, ainda que resida dúvida quanto à publicidade ou o efetivo ou presumido conhecimento pelas partes, o próprio árbitro deve revelar as informações sobre si, em vez de exigir que terceiros o façam.

Uma vez munido de dados suficientes sobre as partes e seus advogados, incluindo sócios, empresas holdings e afiliadas etc., é mais simples que o árbitro revele eventuais relações do que exigir uma busca exagerada e desarrazoada pelas partes.

Nesse contexto que se fala do dever de colaboração das partes, o qual abrange **(i)** o fornecimento de informações necessárias para a condução da averiguação interna do árbitro e **(ii)** a revelação de eventuais fatos importantes para o adequado exercício da revelação. O próprio artigo 7(b) dos *Guidelines* da IBA dispõe sobre tal dever.

---

8 CLAY, Thomas. **Quem são os árbitros internacionais**. Abordagem sociológica. Revista de Arbitragem e Mediação, São Paulo, ano 2, n. 6, jul.-set. 2005. p. 58.

9 MEJIAS, Lucas Britto. **Controle da Atividade do Árbitro**. 1. ed. Thomson Reuters Brasil, 2022. E-book. Disponível em https://proview.thomsonreuters.com/launchapp/title/rt/monografias/109189952/v1/document/110423879/anchor/a-110423879. Acesso em 11 de setembro de 2023.

2.2. Caráter contínuo do dever de revelação

Não obstante a revelação do árbitro preceder a aceitação do nomeado ao encargo, o dever de revelar não se exaure naquele momento. Ao contrário, possui caráter contínuo e deve ser exercido também durante o procedimento arbitral sempre que surjam novos fatos aptos a gerar dúvidas justificadas às partes.

O caráter contínuo encontra sua razão de ser não somente pelo eventual surgimento de fatos novos, mas também porque as atitudes tomadas pelo árbitro no decorrer do procedimento arbitral podem mostrar sua predisposição a uma das partes.

Tal predisposição pode se dar "seja mantendo com uma delas comunicação indevida sobre a disputa, seja proferindo decisão que favoreça uma das partes frente à outra"[10], ou mesmo por opiniões que venha a emitir no curso do procedimento sobre uma das partes ou sobre o mérito do litígio.

3. PARÂMETROS PARA O DEVER DE REVELAÇÃO: NORMATIVAS APLICÁVEIS

Há diversas normativas que visam a dar maior concretude à dúvida justificada e minguar o subjetivismo do critério legal, para trazer maior previsibilidade às situações de conflito de interesse – desde a aplicação do próprio Código de Processo Civil brasileiro à *soft law.*

3.1. Código de Processo Civil

Apesar da expressa remissão ao CPC contida no art. 14, cogitar sua taxatividade é restringir em demasia as hipóteses de afastamento do árbitro. Com efeito, situações inexistentes no juízo estatal, como o árbitro dar parecer sobre o litígio a uma parte (item 2.1.1 da Lista Vermelha de Situações Renunciáveis da IBA), também podem representar conflitos de interesses.

10 ELIAS, Carlos Eduardo Stefen. **Imparcialidade dos árbitros**. Tese (Doutorado) – Faculdade de Direito, Universidade de São Paulo, São Paulo, 2014, pp. 57/58.

O *múnus* do juiz togado se distingue do *múnus* do árbitro, na medida em que o primeiro é público, com jurisdição natural e universal, derivada do princípio do juiz natural, enquanto o segundo é privado, de escopo contratual e limitado.

A dinâmica arbitral, que inclui o conhecimento do objeto do litígio, das partes e advogados pelo indicado, faz com que seu *múnus* seja muito mais específico e sujeito a um controle mais rigoroso – o que não ocorre com os juízes togados, submetidos à distribuição por sorteio. Na arbitragem, uma das únicas formas de controle sobre a independência e imparcialidade reside no dever de revelar.

Não pode haver um paralelo completo entre as hipóteses de impedimento e suspeição de juízes togados e árbitros, inclusive pela realidade de atuação distinta. Enquanto o juiz é constitucionalmente vedado de exercer qualquer outra atividade profissional, à exceção do magistério, o árbitro conjuga a função de árbitro com várias outras.

Dessa forma, as situações dos árbitros – que muitas vezes são advogados – são mais complexas. A advocacia gera uma gama de relacionamentos pessoais e profissionais que aumenta a probabilidade de ocorrer conflito de interesses.

Diante do fenômeno ao qual o TJSP se refere como *revolving door*[11], a questão ganha especial relevância: uma pequena e distinta parcela de juristas se dedica profissional e exclusivamente à função de árbitro, ao mesmo tempo em que ainda atua como advogado, parecerista. Não raro, esbarram em disputas desempenhando sequencial ou simultaneamente todos os papéis.

3.2. *Soft Law: Guidelines* da IBA

Ante a dificuldade de detecção com precisão de situações aptas a gerar dúvidas justificadas, mecanismos de *soft law*, como os *Guidelines* da IBA, abarcam situações que relacionam o árbitro não apenas às partes e ao objeto da disputa, mas também aos advogados, escritórios de advocacia, testemunhas etc.

11 "O caso em exame remete àquilo que, em doutrina estrangeira, se convencionou depreciativamente denominar *revolving door* (porta giratória): situação, frequente no mundo da arbitragem, de uma pequena quantidade de pessoas passar a ocupar (como advogados, árbitros, testemunhas técnicas, pareceristas, dirigentes de Câmara Arbitral) todas as cadeiras, a desempenhar todos os papéis." (Tribunal de Justiça do Estado de São Paulo, Agravo de Instrumento nº. 2166470-26.2019.8.26.0000, Rel. Des. Fortes Barbosa, voto do Des. Cesar Ciampolini, j. em 09.10.2019).

Ainda que não possuam força vinculante, tampouco caráter exaustivo, os *Guidelines* da IBA desempenham papel relevante, constituindo fonte de indicação de fatos relevantes.

Não obstante o progresso dos *Guidelines* em disciplinar a matéria, sua aplicação não é impositiva, servindo como referencial e auxiliando a interpretação dos conceitos de imparcialidade e independência por meio da uniformização dos critérios da melhor prática internacional.

3.3. Regulamentos das Câmaras Arbitrais

Outra fonte que deve ser observada são os regulamentos das Câmaras Arbitrais, complementares às disposições legais. Também em caráter de *numerus apertus*, tais dispositivos disciplinam as hipóteses de dúvida justificada de parcialidade.

Tanto os regulamentos quanto as diretrizes de *softlaw* (i.e. códigos éticos, códigos de conduta e diretrizes de instituições ou associações arbitrais) apesar de, a princípio, não serem de aplicação obrigatória, podem ter caráter imperativo diante de eventual aderência das partes. Ao serem incorporadas no compromisso arbitral, passarão a ser de caráter cogente.

Conclui-se que tais normativas, ainda que sem caráter taxativo, devem ser observadas em conjunto, sendo complementares entre si e, ainda assim, não esgotam as hipóteses que maculam a imparcialidade e independência dos árbitros.

4. FERRAMENTAS DE CONTROLE

O sistema de imparcialidade e independência dos árbitros conta com ferramentas de controle, quais sejam a impugnação dos árbitros, em verdadeiro controle interno e controle externo, que ocorre em sede do juízo estatal, nas ações anulatórias de sentenças arbitrais.

4.1. Impugnação de árbitro

O controle interno se dá pelo procedimento de impugnação, que se processa de modo paralelo ao procedimento arbitral, como verdadeiro incidente processual.

Além da rapidez e escopo limitado, uma das peculiaridades é a não apresentação de uma defesa. O árbitro presta informações referentes aos fatos suscitados porque "[n]ão se acusa o árbitro, mas se demonstra que para aquele caso ele supostamente não poderia atuar como árbitro"[12].

Como o árbitro não é *ex adverso* da parte, o requerimento de impugnação deve ser objetivo, preciso e redigido com urbanidade. Eventual agressividade e desproporcionalidade destoam dos objetivos da impugnação.

A crítica que há de ser feita, neste ponto, é que a apreciação das impugnações é feita pela própria Câmara Arbitral ou pelos Comitês de Impugnação por ela nomeados ou vinculados e, na ausência de norma específica, decidem como lhes convier, sob o manto do sigilo. O caminho percorrido pelas partes no que tange o direito de um julgador imparcial e independente não reflete uma garantia irrestrita de justiça. Como resultado, tem-se uma insegurança nos meios de controle da arbitragem.

4.2. Ação de anulação de sentença arbitral

O controle externo exercido pelo Poder Judiciário não adentra no mérito da arbitragem porque o juízo estatal não é instância revisional. O papel da ação anulatória é desconstituir a sentença maculada por vícios.

Dentre as hipóteses do art. 32 da LArb, que fundamentam a ação anulatória, destaca-se o inciso II, que prevê a nulidade da sentença emanada por quem não poderia ser árbitro – justamente aqueles impedidos, suspeitos ou não independentes.

Ana Luiza Nery e Nelson Nery Junior entendem que o autor possui o ônus de provar a efetiva parcialidade do árbitro em sede de ação anulatória – e não da potencial parcialidade, aferível em abstrato durante o procedimento e antes da sentença[13].

A nulidade processual não pode ser alegada quando for conveniente à parte, a seu bel prazer. Tal conduta oportunista se equipara a nulidades de algibeira,

[12] LEMES, Selma Ferreira. **O Procedimento de Impugnação e Recusa de Árbitro, como Sistema de Controle quanto à Independência e a Imparcialidade do Julgador**. Revista de Arbitragem e Mediação. Vol. 50/2016. P. 369/386.

[13] NERY, Ana Luiza; NERY JUNIOR, Nelson. **Notas sobre a configuração da nulidade de sentença arbitral por violação ao dever de revelação do árbitro em conflitos falimentares**. In: MONTEIRO, Andre Luís; VERÇOSA, Fabiane; FONSECA, Geraldo. **Arbitragem, Mediação, Falência e Recuperação**. 1. ed. São Paulo: Thomson Reuters Brasil, 2022. E-book. RB-20.5 – RB-20.6. Disponível em https://proview.thomsonreuters.com/launchapp/title/rt/monografias/288766851/v1/page/RB-20.5 Acesso em 15 de julho de 2023.

"que ocorre justamente quando a parte deixa para arguir o vício apenas no momento posterior, dada a conveniência para sua defesa e em afronta ao princípio da boa-fé processual"[14].

4.3. Uso protelatório das ferramentas: nulidade de algibeira e táticas de guerrilha

Há casos em que as ferramentas são instrumentalizadas em estratégias de protelação e de nulidades de algibeira. Tais nulidades compreendem situações que são utilizadas como artifícios pela parte para **(i)** protelar o início da arbitragem, **(ii)** privar a parte contrária do árbitro de sua escolha ou **(iii)** anular a sentença arbitral desfavorável.

Esse uso abusivo costuma ocorrer quando a parte alega tardiamente a suspeição do árbitro para anular a sentença, por fato que já era de seu conhecimento. Huck retrata que esse tipo de prática pode ser considerado litigância de má-fé, como verdadeiras táticas de guerrilha[15].

A nulidade de algibeira ocorre quando a parte já sabia do fato e "guardou no bolso" propositalmente, apenas para alegação caso a sentença de mérito não lhe fosse favorável. Neste ponto, Cláudio Finkelstein ressalta a necessidade de combate a tal prática[16].

Faz-se necessário que as partes suscitem a questão relacionada à suspeição/impedimento tão logo tomem conhecimento. Nessa linha, Augusto Aras leciona:

> "Conhecida a causa de possível parcialidade e não deduzida pela parte arguição de impedimento ou suspeição na primeira oportunidade, **presume-se que a teve como irrelevante para recusar o árbitro, demonstrando confiança no profissional**. Admitir pudesse argui-la em

14 LEMES, Selma Ferreira; CAVALCANTE, Andressa. **O dever de revelação do árbitro e a jurisprudência brasileira**. In: WALD, Arnoldo; LEMES, Selma Ferreira. **25 Anos da Lei de Arbitragem (1996-2021)**. São Paulo: Thomson Reuters Brasil, 2022. E-book. RB-22.3. Disponível em https://proview.thomsonreuters.com/launchapp/title/rt/monografias/278687330/v1/page/RB-22.3 Acesso em 28 de setembro de 2023.

15 HUCK, Hermes Marcelo. **As táticas de guerrilha na arbitragem**. In.: CARMONA, Carlos Alberto, et. al. (coord.) **20 anos da lei de arbitragem: homenagem a Petrônio R. Muniz**, 1. ed., São Paulo: Atlas, 2017, p. 312.

16 FINKELSTEIN, Cláudio. **A 'guerrilha' no procedimento arbitral: O dever de revelação do árbitro**. 2022. Disponível em https://www.fgvblogdearbitragem.com.br/post/a-guerrilha-no-procedimento-arbitral-o-dever-de-revela%C3%A7%C3%A3o-do-%C3%A1rbitro. Acesso em 08 de outubro de 2023.

> momento posterior, tomando-a como base para a anulação da sentença arbitral proferida, além de objetivamente afrontar a disciplina legal do instituto, importaria prestigiar a má-fé processual e certamente serviria à frustração do processo arbitral a longo prazo."[17]

Não obstante a necessidade de alegação em primeira oportunidade, há situações em que as partes não sabiam e nem tinham como saber de determinado fato. Nesse sentido, o TJSP já decidiu que a falta de comprovação da prévia ciência dos fatos pela parte, somada a ausência de revelação de tais fatos pelo árbitro, não obsta o direito da parte de impugnar o julgador[18].

Nestes casos, tem lugar a ação de anulação da sentença arbitral – até porque o direito das partes a um árbitro independente e imparcial é irrenunciável.

4.4. Imparcialidade do julgador: matéria de ordem pública não sujeita à preclusão

O direito das partes a um julgador imparcial e independente é irrenunciável. O Min. Ricardo Villas Bôas Cueva deixa claro que "a imparcialidade do julgador é pressuposto de validade do processo e, como tal, é matéria de ordem pública, não sujeita à preclusão"[19]. Augusto Aras ressalta que tal dever é inegociável, conduzindo à nulidade do julgamento:

> "[V]erificado aparente e relevante nexo de causalidade entre o fato não revelado e uma possível parcialidade no julgamento, há de se garantir impugnação a qualquer tempo perante o Judiciário. Por ser matéria de ordem pública a falta de independência e/ou parcialidade do árbitro não está sujeita, como tal, à preclusão. Não há margem legal, e nisso assiste razão ao requerente, para relativização do princípio da imparcialidade que garanta julgamento justo e válido."[20]

17 *Ibid.*

18 Tribunal de Justiça de São Paulo, Apelação nº. 1121216-09.2017.8.26.0100, Juiz Luis Felipe Ferrari Bedendi, 2ª Vara Empresarial e Conflitos de Arbitragem, j. 17.10.2018.

19 CUEVA, Ricardo Villas Bôas. **O dever de revelação do árbitro na jurisprudência do STJ**. Disponível em: https://www.poder360.com.br/opiniao/o-dever-derevelacao-do-arbitro-na-jurisprudencia-do-stj-escreve-ricardo-villas-boas-cueva/. Acesso em 28 de julho 2023.

20 ARAS, Augusto. Parecer AJCONST/PGR Nº 851073/2023. 2023. In: Arguição de Descumprimento Fundamental nº 1050/DF.

O direito das partes a um julgador (árbitro ou juiz togado) imparcial e independente não é moldável. O que admite maleabilidade são os próprios conceitos de imparcialidade e independência.

Caso as partes concluam que, mesmo havendo situação que ensejaria a suspeição, a atuação do indicado será imparcial, merecendo o depósito de sua confiança, podem não exercer o direito de recusa. Não se trata de renúncia ao direito a um julgador imparcial, mas sim da maleabilidade do conceito de imparcialidade.

Contudo, caso a parte seja surpreendida com atuação concreta e evidentemente parcial daquele árbitro, a matéria não está preclusa e poderá ser arguida desde que acompanhada da comprovação da condução parcial do procedimento.

Não se pode esquecer que tanto as causas de impedimento quanto as de suspeição afetam a parcialidade do julgador. Corroborando esse entendimento, o STF já decidiu que "[o]fende a ordem pública nacional a sentença arbitral emanada de árbitro que tenha, com as partes ou com o litígio, algumas das relações que caracterizam os casos de impedimento ou suspeição de juízes."[21]

Tendo em vista que a imparcialidade do árbitro é garantia que resulta do devido processo legal, diante de sua natureza jurisdicional não há preclusão, já que sua inobservância ofende diretamente a ordem pública. Uma vez provada a conduta parcial, a sentença arbitral é nula e deve ser anulada.

Conclusões

Como visto, a arbitragem vale o que vale o árbitro. A possibilidade de escolha do julgador torna seu *múnus* muito mais específico do que o dos juízes togados, o que faz com que sejam submetidos a um controle de imparcialidade e independência mais rígido.

O árbitro deve observância aos princípios da imparcialidade e independência durante todo o procedimento. Nesse contexto, é imposto a ele o dever de informar quaisquer circunstâncias suscetíveis de criar dúvidas justificadas. E assim deve proceder à revelação, sem meias-revelações, meias-verdades e nem por

[21] Supremo Tribunal Federal, Agravo em Recurso Extraordinário n. 1.136.287, Rel. Min. Luís Roberto Barroso, j. 08.06.2018.

meio de linguagem propositalmente imprecisa. O dever de revelação deve ser elevado no máximo grau, de modo a não permitir discricionariedades ou qualquer tipo de omissão ou seletividade dos fatos.

A revelação deve se dar sob a perspectiva dos olhos das partes, de modo a analisar as circunstâncias que poderiam gerar dúvidas justificadas aos litigantes daquele procedimento, estendendo tal análise a fatos públicos ou notórios.

Caso o candidato a árbitro conclua ser incapaz de revelar certos fatos, ainda que em razão da indiscutível discrição decorrente de sua ocupação, deve renunciar ao encargo, jamais lhe sendo permitida a omissão e aceite do encargo.

Tendo em vista que no mundo arbitral as hipóteses de parcialidade e não independência não são abarcadas de forma integral pelo CPC, as diretrizes de *soft law* e os regulamentos de câmaras arbitrais as complementam, ainda que de forma não exaustiva, diante complexidade das situações e do *revolving door.*

Pela assimetria de informações na relação árbitro-parte e condição privilegiada do árbitro de fornecer informações sobre sua vida, não cabe a exigência de que as partes investiguem a vida de árbitros para confirmar informações reveladas ou buscar uma possível relação conflituosa. Além de custoso, demorado, inexato, seria um ônus desproporcional à parte.

Para além do dever de revelação, a impugnação de árbitros e as ações anulatórias não garantem irrestritamente o direito das partes a um julgador imparcial e independente. Destaca-se o uso abusivo e meramente protelatório desses mecanismos, como táticas de guerrilha repletas de má-fé. A ocorrência de impugnações frívolas deve ser coibida, inclusive porque constituem violação à boa-fé e à lealdade processual.

Como matéria de ordem pública, o direito a um julgador imparcial e independente é irrenunciável e não sujeito à preclusão. Por outro lado, os conceitos de imparcialidade e independência admitem maleabilidade. As partes, ao analisar as circunstâncias reveladas, podem concluir que, ainda que haja circunstância que ensejaria a suspeição do julgador, sua atuação seria imparcial, merecendo o depósito de sua confiança. Esta situação não constitui renúncia ao direito de ter um julgador imparcial, apenas serve para demonstrar a maleabilidade do conceito de imparcialidade.

Caso seja surpreendida com atuação concretamente parcial daquele árbitro, deve ser permitido que a parte suscite a violação aos deveres de imparcialidade e independência, na medida em que se trata de direito de ordem pública e não preclui.

Portanto, em busca da higidez e confiança na arbitragem, é necessário que os *standards* do dever de revelação sejam elevados ao máximo, visando a segurança do instituto, das partes, advogados e mesmo árbitros – que passarão a ter clareza das barreiras para exercer a função em obediência aos deveres de imparcialidade e independência de forma adequada.

Referências

ARAS, Augusto. Parecer AJCONST/PGR Nº 851073/2023. 2023. In: Arguição de Descumprimento Fundamental nº 1050/DF.

CARMONA, Carlos Alberto. **Arbitragem e processo: um comentário à Lei no 9.307/96**, 3ª ed. rev., atual. e ampl., São Paulo: Atlas, 2009, p. 254.

CARNEIRO, Diogo Ciuffo. **Dever de Revelação do Árbitro em Arbitragens Envolvendo Empresas em Recuperação Judicial.** In: MONTEIRO, Andre Luís; VERÇOSA, Fabiane; FONSECA, Geraldo. **Arbitragem, Mediação, Falência e Recuperação.** 1. ed. São Paulo: Thomson Reuters Brasil, 2022. E-book. RB-22.2 – RB-22.4. Disponível em: https://proview.thomsonreuters.com/launchapp/title/rt/monografias/288766851/v1/page/RB-22.2. Acesso em 03 de setembro de 2023.

CLAY, Thomas. **Quem são os árbitros internacionais**. Abordagem sociológica. Revista de Arbitragem e Mediação, São Paulo, ano 2, n. 6, jul.-set. 2005. p. 58.

CUEVA, Ricardo Villas Bôas. **O dever de revelação do árbitro na jurisprudência do STJ**. Disponível em: https://www.poder360.com.br/opiniao/o-dever-derevelacao-do-arbitro-na-jurisprudencia-do-stj-escreve-ricardo-villas-boas-cueva/. Acesso em 28 de julho 2023.

ELIAS, Carlos Eduardo Stefen. **Imparcialidade dos árbitros.** Tese (Doutorado) – Faculdade de Direito, Universidade de São Paulo, São Paulo, 2014, pp. 57/58.

ELIAS, Carlos. **3. O árbitro.** In. LEVY, Daniel; PEREIRA, Guilherme Setoguti J. **Curso de Arbitragem.** Thomson Reuters Brasil, 2021. RB-3.23. E-book. Disponível em https://proview.thomsonreuters.com/launchapp/title/rt/monografias/160617115/v2/page/RB-3.23. Acesso em 20 de julho de 2023.

FINKELSTEIN, Cláudio. **A 'guerrilha' no procedimento arbitral: O dever de revelação do árbitro.** 2022. Disponível em https://www.fgvblogdearbitragem.com.br/post/a-guerrilha-no-procedimento-arbitral-o-dever-de-revela%C3%A7%C3%A3o-do-%C3%A1rbitro. Acesso em 08 de outubro de 2023.

FINKELSTEIN, Cláudio. **O PL antiarbitragem e a arbitragem internacional**. Valor Econômico. Disponível em: https://valor.globo.com/legislacao/noticia/2022/08/29/o-pl-antiarbitragem-ea-arbitragem-internacional.ghtml. Acesso em 08 de outubro de 2023.

HUCK, Hermes Marcelo. **As táticas de guerrilha na arbitragem**. In.: CARMONA, Carlos Alberto, et. al. (coord.) **20 anos da lei de arbitragem: homenagem a Petrônio R. Muniz**, 1. ed., São Paulo: Atlas, 2017, p. 312.

LEMES, Selma Ferreira; CAVALCANTE, Andressa. **O dever de revelação do árbitro e a jurisprudência brasileira.** In: WALD, Arnoldo; LEMES, Selma Ferreira. **25 Anos da Lei de Arbitragem (1996-2021).** São Paulo: Thomson Reuters Brasil, 2022. E-book. RB-22.2. Disponível em https://proview.thomsonreuters.com/launchapp/title/rt/monografias/278687330/v1/page/RB-22.2. Acesso em 04 de setembro de 2023.

LEMES, Selma Ferreira. **O procedimento de impugnação e recusa de árbitro, como sistema de controle quanto à independência e a imparcialidade do julgador**, Revista de Arbitragem e Mediação, vol. 50/2016, jul-set./2016, São Paulo: Revista dos Tribunais, pp. 369/386.

MARQUES, Ricardo Dalmaso. **O Dever de Revelação do Árbitro**. São Paulo: Almedina, 2018.

MEJIAS, Lucas Britto. **Controle da Atividade do Árbitro**. 1. ed. Thomson Reuters Brasil, 2022. E-book. Disponível em https://proview.thomsonreuters.com/launchapp/title/rt/monografias/109189952/v1/document/110423879/anchor/a-110423879. Acesso em 11 de setembro de 2023.

NERY, Ana Luiza; NERY JUNIOR, Nelson. **Notas sobre a configuração da nulidade de sentença arbitral por violação ao dever de revelação do árbitro em conflitos falimentares.** In: MONTEIRO, Andre Luís; VERÇOSA, Fabiane; FONSECA, Geraldo. **Arbitragem, Mediação, Falência e Recuperação.** 1. ed. São Paulo: Thomson Reuters Brasil, 2022. E-book. RB-20.5 – RB-20.6. Disponível em https://proview.thomsonreuters.com/launchapp/title/rt/monografias/288766851/v1/page/RB-20.5. Acesso em 15 de julho de 2023.

PUCCI, Adriana Noemi, **Impugnação dos Árbitros**. In: CARMONA, Carlos Alberto; LEMES, Selma Ferreira; MARTINS, Pedro Batista. **20 anos da lei de arbitragem: homenagem a Petrônio R. Muniz**, 1ª ed., São Paulo: Atlas, 2017, p. 172.

Supremo Tribunal Federal, Agravo em Recurso Extraordinário n. 1.136.287, Rel. Min. Luís Roberto Barroso, j. 08.06.2018.

Tribunal de Justiça do Estado de São Paulo, Apelação nº. 1055194-66.2017.8.26.0100, Rel. Des. Erickson Gavazza Marques, 5ª Câmara de Direito Privado, j. 06.08.2021.

Tribunal de Justiça do Estado de São Paulo, Agravo de Instrumento nº. 2166470-26.2019.8.26.0000, Rel. Des. Fortes Barbosa, voto do Des. Cesar Ciampolini, j. em 09.10.2019.

Tribunal de Justiça de São Paulo, Apelação nº. 1121216-09.2017.8.26.0100, Juiz Luis Felipe Ferrari Bedendi, 2ª Vara Empresarial e Conflitos de Arbitragem, j. 17.10.2018.

PARTE V

REFORMA TRABALHISTA

CAPÍTULO 16

A ANÁLISE DA JORNADA DE TRABALHO 12 X 36 FRENTE A REFORMA TRABALHISTA[1]

Luísa Lago Pires

Introdução

O Direito do Trabalho possibilita a fixação de diversas escalas de trabalho, a serem adotadas conforme a necessidade do empregador, desde que se verifique o regular atendimento das diretrizes previstas na Consolidação das Leis do Trabalho (CLT).

No que tange à jornada de trabalho em turno 12x36, tem-se o labor por 12 horas seguidas de um intervalo interjornada de 36 horas para descanso. Anteriormente, tal escala de trabalho poderia ser fixada apenas mediante convenção ou acordo coletivo de trabalho; mas, atualmente, a adoção desta modalidade pode ocorrer por meio de acordo individual firmado diretamente entre empregado e empregador, conforme previsão constante no artigo 59-A da CLT, incluído pela Lei 13.467/2017, denominada Reforma Trabalhista.

O tema é usualmente trazido em reclamações trabalhistas, ações anulatórias de instrumentos normativos, bem como é apontado como causa de acidentes laborais. Diante desta problemática, o presente artigo abordará as alterações

[1] Artigo elaborado a partir da monografia apresentada ao Núcleo de Monografia Jurídica da Faculdade de Direito da PUC-SP, sob a orientação do Professor Doutor Adalberto Martins.

trazidas com a Reforma Trabalhista com relação à jornada de trabalho em escala 12x36, a regulamentação respectiva, bem como as implicações na saúde dos trabalhadores.

O estudo apresentará um breve traçado histórico das relações de trabalho no Brasil e da flexibilização na legislação trabalhista oriunda da Lei 13.467/2017. Sequencialmente, tratará da jornada em turno 12x36, da discussão quanto a constitucionalidade de sua implementação e do entendimento do Supremo Tribunal Federal (STF) **por tal jornada não ocasionar prejuízos à tutela da dignidade humana.** Ademais, analisará os impactos ocasionados pela referida jornada na saúde dos trabalhadores.

1. Evolução do Direito do Trabalho

Desde a antiguidade, o trabalho é inerente ao ser humano, sendo utilizado como instrumento de luta para a sobrevivência. Todavia, foi no contexto do desenvolvimento industrial inglês, durante a 1ª Revolução Industrial do século XVIII, com o início do capitalismo e trabalho livre, que surgiu o Direito do Trabalho.

Os trabalhadores, até então, não gozavam de quaisquer direitos, evidenciando uma intensa exploração da classe operária. No entanto, por volta de 1760, surgiu do ideal comum de busca por direitos trabalhistas do ponto de vista coletivo e por melhores condições laborais.

1.1. Direito do Trabalho no Brasil

No Brasil, após a Revolução de 1930, foi iniciado o processo de criação de uma justiça focada na resolução de questões trabalhistas, com o surgimento do Ministério do Trabalho. Sequencialmente, com a Constituição de 1934, foi estabelecida a proteção ao trabalhador como um princípio fundamental, bem como a garantia de liberdade sindical, o salário-mínimo, o repouso semanal remunerado, a jornada de oito horas de trabalho, férias anuais remuneradas, dentre outros direitos.

A Constituição de 1937, por sua vez, marcou uma fase intervencionista estatal, com elaboração de novas leis trabalhistas de modo amplo, sendo inegável que as normas trabalhistas eram esparsas. Assim, com a necessidade de sistematização da legislação trabalhista, houve a nomeação de uma comissão de juristas para a tarefa, sendo as diversas normas existentes organizadas e compiladas por meio do Decreto-Lei nº 5.452, de 1º de maio de 1943, o qual aprovou a Consolidação das Leis do Trabalho.

Entretanto, a consagração de diversos direitos trabalhistas como direitos fundamentais se deu posteriormente com a Constituição Federal de 1988 (CF). Juntamente à CLT, a atual Constituição representou um marco na evolução do Direito do Trabalho brasileiro, com o fortalecimento de direitos individuais dos trabalhadores e da autonomia privada coletiva, sendo igualmente reconhecido o direito subjetivo à diminuição dos riscos no ambiente laboral e a ordem econômica passou a ser orientada para alcançar a existência digna para todos.

A CLT, por sua vez, sofreu diversas alterações no decorrer do tempo, tendo o Direito do Trabalho no Brasil sido marcado por uma intensa flexibilização nas relações de trabalho, por intermédio de diversas leis. Entretanto, é inegável que as alterações de maior relevância foram trazidas com a Lei 13.467/17, em que mais de 100 artigos foram alterados, o que impactou diretamente diferentes aspectos das relações trabalhistas.

1.2. Flexibilização na Reforma Trabalhista

A intensa modificação da CLT proveniente da Reforma Trabalhista, com acréscimos e supressões de dispositivos, fundou-se principalmente na argumentação de que a legislação trabalhista estava desatualizada e, portanto, necessitava se adequar ao contexto de maior produtividade. A Reforma englobou aspectos relacionados a direitos dos trabalhadores, normas processuais trabalhistas, bem como aspectos sindicais, de forma a evidenciar uma clara flexibilização do direito do trabalho, isto é, uma minimização de sua rigidez.

As alterações se originaram de novas condições das relações de trabalho e viabilizaram a livre negociação diretamente entre trabalhador e empregador em determinados aspectos, a concessão de maior autonomia às negociações coletivas, a limitação da atuação direta da Justiça do Trabalho em negociações, bem como a redução de custos ao empregador.

Contudo, na CLT foram incluídas disposições sensíveis quanto às relações de trabalho, oriundas da flexibilização supracitada, merecendo destaque, a título ilustrativo, a prevalência do negociado em norma coletiva sobre o legislado e a pactuação de jornada de trabalho na modalidade 12x36 por meio de acordo individual escrito entre empregado e empregador.

Ademais, também vale destacar a nova redação atribuída ao artigo 59 da CLT, de forma a permitir o acréscimo de duas horas extras diárias na jornada do trabalhador, por meio de acordo individual entre empregado e empregador ou negociação coletiva, desde que estas horas sejam acrescidas de, no mínimo, 50% do valor da hora normal de trabalho – a qual é válida inclusive para trabalho em turnos ininterruptos de revezamento.

Como acima descrito, foram diversas as inovações provenientes da Reforma Trabalhista, visando à adaptação do Direito do Trabalho às condições atuais das relações de trabalho e de emprego. Todavia, é inegável que tais alterações acabaram por impactar diretamente os trabalhadores, tidos como parte hipossuficiente das relações de trabalho.

2. Jornada de Trabalho 12x36

Os empregados sujeitos à jornada em escala 12x36 normalmente trabalham 48 horas em uma semana e 36 horas na semana seguinte, posteriormente reiniciando este ciclo, de forma a perfazer uma média de 168 horas de labor mensal. No entanto, até a Lei 13.467/2017, referida modalidade era tida como de caráter excepcional, isto é, de aplicação restrita a certas categorias profissionais – incluindo o sistema hospitalar, a categoria de vigilantes e outros ramos necessários de divisão de empregados entre dia e noite para execução das atividades ininterruptamente – aplicação que foi ampliada com o advento da lei supracitada.

2.1. Considerações iniciais

A polêmica levantada com relação à jornada 12x36 desde o início se referia à sua não compatibilização com as Convenções da OIT e com a própria CF de 1988, a qual prevê, em seu artigo 7º, principalmente nos incisos XIII e XXII, (i) a limitação da escala de trabalho a 8 horas diárias e 44 horas semanais, (ii) a compensação de horários mediante negociação coletiva e (iii) a redução dos riscos inerentes ao trabalho mediante normas de saúde, higiene e segurança.

Ademais, também costumava se invocar a dissonância de tal modalidade de trabalho com a redação inicial do artigo 59 da CLT, o qual dispõe sobre a possibilidade de compensação de jornada, mediante acordo individual ou negociação coletiva.

Contudo, nesta jornada, com a alternância de uma semana de trabalho com duração excedente a 44 horas semanais e uma semana com jornada inferior às 44 horas semanais previstas constitucionalmente, é realizada a respectiva compensação – o que representa um dos argumentos mais sólidos para defender o respeito aos ditames constitucionais da referida jornada.

Em 2012, o TST fixou o teor da súmula 444, em decorrência da grande demanda de passivos trabalhistas pelas interpretações divergentes dos tribunais sobre a jornada 12x36. Assim, a súmula passou a ser frequentemente utilizada para resolver impasses relacionados a tal modalidade de jornada; no entanto, parte dos juízes e Tribunais Regionais do Trabalho permaneceram sentenciando em desfavor das empresas, para que fosse modificado o regime de escala.

Por meio da referida súmula, estipulou-se a validade do regime em caráter excepcional, mediante análise do caso concreto, e, ainda, a validade de sua implementação a partir de acordo coletivo ou convenção coletiva de trabalho, em consonância com a CF, havendo o pagamento em dobro do labor realizado em domingos e feriados.[2]

Todavia, com o advento da Reforma Trabalhista, com amparo no artigo 59-A da CLT, um maior número de categorias passou a adotar o regime de trabalho em tal modalidade, em face das peculiaridades dos setores de atuação e da necessidade de lapsos temporais de trabalho mais amplos. O artigo traz a seguinte redação:

> **Art. 59-A.** Em exceção ao disposto no art. 59 desta Consolidação, é facultado às partes, mediante acordo individual escrito, convenção coletiva ou acordo coletivo de trabalho, estabelecer horário de trabalho de doze horas seguidas por trinta e seis horas ininterruptas de descanso, observados ou indenizados os intervalos para repouso e alimentação (Incluído pela Lei nº 13.467, de 2017) (Vigência).

2 BRASIL. Tribunal Superior do Trabalho. **Súmula 444: Jornada 12x36.**

> **Parágrafo único.** A remuneração mensal pactuada pelo horário previsto no caput deste artigo abrange os pagamentos devidos pelo descanso semanal remunerado e pelo descanso em feriados, e serão considerados compensados os feriados e as prorrogações de trabalho noturno, quando houver, de que tratam o art. 70 e o § 5º do art. 73 desta Consolidação (Incluído pela Lei nº 13.467, de 2017) (Vigência).

Com a nova lei trabalhista, que trouxe a inovação do artigo 59-A ao bojo da CLT, é inegável que a súmula 444 do TST ficou superada. No dispositivo consolidado, a jornada 12x36 foi generalizada e alterou-se o entendimento da súmula, ao incluir a possibilidade de pactuação da referida jornada por meio de acordo individual escrito entre empregado e empregador, sem a necessidade de participação das entidades de classe nas negociações.

Ainda, houve a inclusão da disposição de que em tal jornada o labor ocorrido em domingos ou feriados já está englobado na remuneração mensal do empregado; vale dizer, não é devida qualquer remuneração adicional nestas situações. Ademais, a prorrogação da jornada noturna foi incluída na remuneração mensal do empregado e a supressão do intervalo intrajornada para refeição e descanso foi autorizada mediante indenização ao trabalhador.

Insta salientar que a novidade legislativa foi recepcionada com críticas e entendimentos doutrinários polarizados, existindo argumentos diversos para criticar ou defender tal modalidade laboral, diante da insegurança jurídica levantada com as incongruências constantes no artigo supracitado, trazidas com a Lei 13.467/2017.

Não obstante existir entendimento consolidado sobre o tema, os debates acerca da validade da jornada persistem, havendo uma vertente doutrinária que entende que a duração do trabalho deve obrigatoriamente respeitar os ditames constitucionais de 8 horas diárias e o teto de 44 horas semanais, enquanto outros defendem a necessidade de adequação parcial de regras, com respeito aos direitos trabalhistas e à saúde do trabalhador, não havendo plausibilidade na argumentação de que a jornada viola previsões constitucionais.

Por um lado, argumenta-se que a jornada 12x36 ratifica o desequilíbrio entre empregado e empregador, bem como aumenta o número de acidentes laborais e doenças ocupacionais, incluídas aquelas vinculadas à saúde física e mental do trabalhador.

Ainda, defende-se que o labor na escala 12x36 impede a previsibilidade das folgas do trabalhador, que serão alternadas no decorrer das semanas, o que afeta diretamente a vida pessoal e comunitária do empregado. Ademais, constantemente se discute que a tentativa de implantação generalizada dessa modalidade de jornada poderá ocasionar sério questionamento jurídico, por envolver direitos fundamentais inerentes à pessoa humana.[3]

Por outro lado, há a argumentação de que, ainda que a jornada seja exaustiva, pode ser benéfica, visto que representa um notório avanço social e possibilita ao trabalhador um período de descanso prolongado, o que gera maior disponibilidade para momentos de lazer e aperfeiçoamento da profissão. Ademais, a pactuação desta jornada é justificada sob o fundamento de que a Carta Magna viabiliza o regime compensatório de jornada e, por isso, não haveria de se falar em afronta constitucional.

2.2. Constitucionalidade da jornada 12x36 – ADI nº 5994

A Ação Direta de Inconstitucionalidade (ADI) é um instrumento utilizado para arguir a inconstitucionalidade de uma lei ou ato normativo. Dentro da temática analisada, vale ressaltar a ADI nº 5994, ajuizada em 2018 pela Confederação Nacional dos Trabalhadores na Saúde perante o Supremo Tribunal Federal.

A entidade sindical autora pretendia obter a tutela jurisdicional cautelar e de mérito para declaração de incompatibilidade da jornada 12x36 pactuada mediante acordo individual escrito com as disposições constitucionais, isto é, a declaração de inconstitucionalidade do artigo 59-A, *caput* e parágrafo único, da CLT. Isto, mediante a alegação de que a redação do artigo 59-A da CLT pretende "mascarar direitos que são expressamente assegurados pela Constituição Federal e devem ser destacados de forma clara e objetiva na remuneração do trabalhador". Ainda destacou na petição inicial, dentre outras questões, o princípio

[3] MARANHÃO, Ney. **Reforma trabalhista: jornada de 12 horas de trabalho por 36 de descanso – impressões iniciais do art. 59-A**. Revista do Tribunal Regional do Trabalho da 8. Região, Belém, 2017, p. 87.

do não retrocesso e a garantia de condições e remuneração dignas de trabalho asseguradas constitucionalmente.[4]

Todavia, em sessão virtual de 23/06/2023 a 30/06/2023, o Tribunal, por maioria, julgou improcedente a ação, nos termos do voto divergente do Ministro Gilmar Mendes, em que foi defendida a vertente de que as alterações trazidas com a Reforma Trabalhista destacam a autonomia da negociação entre as partes da relação empregatícia, sem prejuízo da tutela da dignidade humana. Além disso, rememorou-se que a jornada 12x36 já era pacificada na jurisprudência trabalhista e explicou-se que essa modalidade não vai de encontro ao artigo 7º da CF.[5]

O Plenário do STF julgou improcedente a ADI nº 5994, sendo de repercussão geral a decisão proferida no julgamento. Assim, uma vez que as decisões do STF em controle concentrado de constitucionalidade possuem efeito vinculante, os órgãos da Justiça do Trabalho devem obrigatoriamente seguir referido posicionamento, entendendo pela constitucionalidade das disposições constantes no artigo 59-A da CLT e validade da pactuação da jornada 12x36 via acordo individual escrito.

Assim, tem-se a autonomia da vontade individual como um mecanismo alternativo para apresentar respostas à forma tradicional de relação empregado-empregador, tendo a Reforma Trabalhista servido a quebrar paradigmas por ampliar a negociação direta entre as partes envolvidas na relação de emprego.

Todavia, vale ressaltar que é evidente o surgimento de desafios para a proteção dos direitos trabalhistas diante desse entendimento, sendo imprescindível que a implementação da jornada 12x36 mediante acordo individual seja acompanhada de medidas garantidoras de transparência nas negociações.

3. Impactos da Jornada 12x36

Conforme mencionado, a jornada 12x36 possibilita maior flexibilidade na organização das escalas de trabalho, o que se mostra favorável ao empregador, diante da viabilização de redirecionamento dos empregados de acordo com a necessidade da empresa.

4 **ADI 5994.** Portal STF.

5 **ADI 5994.** Voto do ministro Gilmar Mendes. Portal STF.

Contudo, certos pontos negativos necessitam de uma análise cautelosa pelos empregadores. Isto porque cargas laborais prolongadas comprovadamente repercutem na saúde dos empregados, sendo evidente a correlação entre rotinas desgastantes de trabalho e problemas laborais.

3.1. Repercussões na saúde do trabalhador

A jornada na modalidade 12x36, pactuada via norma coletiva, ou então diretamente entre empregado e empregador, entendida como válida e reputada constitucional pelo STF evidentemente repercute na saúde física e mental dos empregados.

O organismo humano possui limitações físicas e psíquicas, sendo o descanso imprescindível para a realização de atividades cotidianas, incluindo o labor. O artigo 6º e os artigos 196 a 200, todos da CF, estabelecem o direito à saúde e ao trabalho, também sendo oportuna a referência ao artigo 7º, XXII, da CF, que assegura o direito dos trabalhadores "à redução dos riscos inerentes ao trabalho, por meio de normas de saúde, higiene e segurança".

Ainda, a OIT recomenda que as horas diárias sejam divididas entre jornada de trabalho, sono e vida familiar e social. O trabalho deve ocupar aproximadamente um terço das horas diárias, para que o trabalhador possa distribuir os outros dois terços para as demais atividades cotidianas.

Especificamente em relação à jornada 12x36, parte da doutrina entende que esta é menos prejudicial ao trabalhador do que a escala de turno regular, devido ao fato de os intervalos interjornadas serem maiores. No entanto, deve-se atentar que a saúde do empregado é diretamente afetada com jornadas de trabalho prorrogadas e que, para a modalidade 12x36, tem-se acrescida a previsão expressa de que os intervalos intrajornadas poderão ser usufruídos ou indenizados.

Assim, é ocasionada uma nova discussão a respeito de tal jornada ser mais benéfica, havendo uma forte vertente doutrinária defensora de que a jornada 12x36 viola direitos dos trabalhadores pelos impactos diretos causados pela quantidade de horas laboradas, o que influencia na redução da qualidade e desempenho de tarefas, bem como reflete na saúde e na segurança do empregado quando do exercício de seus misteres.

Isto porque, o labor na escala 12x36 ocasiona uma estafa física e mental no trabalhador, que consequentemente gera dificuldade maior de recuperação do organismo pela privação de sono e estado tensional diante de um número prolongado de horas de trabalho contínuo, o qual excede aquele que se considera adequado para uma jornada de trabalho.

Os períodos de descanso servem para evitar o cansaço acumulado do trabalhador – diretamente comprometido em jornadas de trabalho que ultrapassam os turnos recomendados de oito horas de labor diário. Tal informação se confirma pelas estimativas conjuntas da OMS e da OIT, datadas de 2016, em que foi verificado terem ocorrido cerca de 750 mil mortes naquele ano em decorrência da exposição a longas jornadas de trabalho.[6]

Evidentemente, a adoção da modalidade 12x36 é inevitável para determinadas atividades; no entanto, deve-se prezar pela reorganização das escalas de trabalho de forma a evitar, quando possível, tal modalidade de jornada como forma de proporcionar ao trabalhador melhor qualidade de vida. No entanto, vê-se que a Reforma Trabalhista serviu a impulsionar a adoção desta modalidade de jornada, o que por muitos é entendido como um movimento contrário ao recomendado à tutela da saúde e segurança dos trabalhadores.

Verifica-se, pois, que o trabalho em jornada de 12 horas consecutivas acaba por relativizar o viés protetivo ao trabalhador para se adequar a uma condição de trabalho especial mais favorável ao empregador, a qual tem por base potencial configuração de nocividade ao empregado.

3.2. Ocorrência de acidentes de trabalho

A teoria do risco adotada pelo Código Civil de 2002 possibilitou ao direito do trabalho a utilização da teoria objetiva da responsabilidade civil ligada ao risco profissional. Nesse sentido, o artigo 2º, *caput*, da CLT, determina que o empregador assume os riscos da atividade econômica. Assim, quando verificado que o direito do empregado de não suportar os riscos da atividade é violado, surge o direito de reparação para tutela da parte mais vulnerável da relação de emprego.

6 **Joint Estimates of the Work-related Burden of Disease and Injury, 2000-2016: Global Monitoring Report**. World Health Organization and International Labour Organization, 2021, p. 10.

Todavia, conforme bem pontuado por Sebastião Geraldo de Oliveira, na maioria dos casos é necessária a caracterização de dolo ou culpa do empregador, bem como o nexo de causalidade do ato ilícito com o prejuízo causado, para que surja a responsabilidade da reparação dos danos ocasionados pelo acidente de trabalho – havendo culpa do empregador quando este não observar normas legais, convencionais, contratuais ou técnicas de segurança, higiene e saúde do trabalho.[7] Assim, evidentemente, pelo princípio da razoabilidade, não se pode admitir que o empregador seja responsabilizado em situações de exclusão do nexo de causalidade.

O STF, apreciando o tema 932 de Repercussão Geral, decidiu pela constitucionalidade da imputação da responsabilidade civil objetiva do empregador por danos decorrentes de atividades de risco, que apresentem maior probabilidade de ocorrência de acidentes ou doenças laborais – com a aplicação, nos demais casos, da responsabilidade civil subjetiva. Dessa forma, depreende-se a responsabilidade objetiva do empregador por danos decorrentes de acidente de trabalho nos casos especificados por meio de lei ou então, quando a atividade desenvolvida for naturalmente perigosa.

Contudo, usualmente, tem-se a responsabilidade subjetiva do empregador por acidentes de trabalho, com a definição dada pela jurisprudência dos casos em que há a responsabilidade civil com presunção de culpa do empregador, conforme determina o artigo 7º, XXVIII, da CF.

Ocorre que, no presente trabalho, uma situação de maior sensibilidade foi analisada, diante da discussão de sobrecarga ao trabalhador em decorrência de jornada de trabalho de 12 horas. Isto porque, é inegável que os acidentes laborais são multicausais, não se podendo afastar as jornadas de trabalho extensas como uma das causas que contribuem para o aumento de infortúnios no ambiente laboral.

[7] OLIVEIRA, Sebastião Geraldo de. **Proteção jurídica a saúde do trabalhador.** 2 rev., ampl. e atual. ed. São Paulo: LTR, 1998, p. 214.

Conclusões

Ao longo deste trabalho, buscou-se trazer um panorama geral das alterações provenientes da Reforma Trabalhista (Lei 13.467/2017), com maior aprofundamento nas mudanças relacionadas à jornada de trabalho na escala 12x36, tendo em vista a possibilidade de estabelecimento desta jornada por meio de acordo individual entre empregado e empregador.

Pela relevância e impacto da adoção da referida jornada em diversos segmentos econômicos, a análise englobou diversas argumentações que são utilizadas para defender ou criticar os impactos da escala 12x36 na vida do trabalhador. Ademais, trouxe a discussão pacificada pelo Plenário do Supremo Tribunal Federal de constitucionalidade do artigo 59-A da CLT, votada em sessão de julgamento da ADI **nº** 5994, com repercussão geral reconhecida, de forma a reforçar a tendência de flexibilização das relações trabalhistas no país.

Igualmente, clareou-se a ideia de que a mencionada escala laboral traz benefícios ao empregador, por facilitar o atendimento às demandas do mercado com menor número de empregados. No entanto, é evidente que a adoção da jornada 12x36 possui algumas linhas tênues no que diz respeito à proteção dos direitos dos trabalhadores, inclusive impactando no direito fundamental à saúde e na redução dos riscos inerentes ao trabalho.

Pelos diferentes desdobramentos do tema, é possível concluir pela necessidade de a flexibilização do trabalho estar equilibrada com a proteção dos direitos dos trabalhadores, o que comumente parece se mostrar conflituoso. Todavia, é imprescindível que se preze pela promoção de relações justas de trabalho, que também contribuam com o desenvolvimento das atividades econômicas do país.

Assim, a implementação da jornada de trabalho na modalidade 12x36 deve ser cautelosa, e utilizada quando realmente necessária para o funcionamento de determinada atividade ou setor econômico, acompanhada de medidas que garantam a transparência nas negociações entre empregado e empregador, de forma a evitar abusos nas condições pactuadas entre as partes e em respeito aos direitos que devem impreterivelmente ser garantidos aos trabalhadores quando do exercício de seus misteres.

Referências

ALVES, Cassia. **Regime de 12 horas de trabalho e 36 horas de descanso no ordenamento jurídico brasileiro.** PUC-Rio Grande do Sul, 2018. Disponível em: https://www.pucrs.br/direito/wp-content/uploads/sites/11/2018/09/cassia_alves.pdf. Acesso em 17 jul. 2023.

BERTOTTI, Monica. **A responsabilidade civil objetiva no âmbito trabalhista.** R. Fórum Trabalhista – RFT. Belo Horizonte, ano 3, n. 11, 2014. Disponível em: https://www.editoraforum.com.br/wp-content/uploads/2014/09/A-responsabilidade-civil-objetiva.pdf. Acesso em: 26 ago. 2023.

BRASIL (1988). **Constituição da República Federativa do Brasil**. Brasília: Casa Civil, 1988. Disponível em: https://www.planalto.gov.br/ccivil_03/constituicao/Constituicao.htm

BRASIL (1943). Presidência da República. Casa Civil Decreto-lei n. 5.452, de 1º de maio de 1943. Aprova a **Consolidação das Leis do Trabalho**. Disponível em: https://www.planalto.gov.br/ccivil_03/decreto-lei/del5452.htm

BRASIL. Supremo Tribunal Federal (Tribunal Pleno). **Acórdão Ação Direta de Inconstitucionalidade 5.994 Distrito Federal.** Relator: Marco Aurélio, Data de Julgamento: 03/07/2023, Data de Publicação: 09/08/2023. Disponível em: https://portal.stf.jus.br/processos/downloadPeca.asp?id=15359883241&ext=.pdf. Acesso em: 23 ago. 2023.

BRASIL. Tribunal Superior do Trabalho. **Súmula 444: Jornada 12x36**. Disponível em: http://www.tst.jus.br/sumulas. Acesso em: 17 jul. 2023.

COSTA, Polianna Suzi Nunes. **A jornada de trabalho 12x36 e seus reflexos à saúde do trabalhador.** Faculdade Evangélica de Goianésia. Goianésia/GO, 2020. Disponível em: http://anais.unievangelica.edu.br/index.php/praxisjuridica/article/view/6416/3442. Acesso em: 19 ago. 2023.

DIAS, Fernando Gallego. **Efeitos da flexibilização da jornada de trabalho na Reforma Trabalhista.** Orientador: Jorge Luiz de Lima, 2018. 56 f. TCC (Graduação) – Curso de Direito, Universidade do Sul de Santa Catarina, Palhoça, 2018. Disponível em: https://repositorio.animaeducacao.com.br/bitstream/ANIMA/11193/1/FERNANDO_AD4.pdf. Acesso em: 27 jun. 2023.

FRANHAN, Aidan Luiz. **A jornada 12x36 e os impactos na saúde do trabalhador.** Orientador: Lucio Roberto Falce, 2021, Monografia (Graduação) – Curso de Direito, Universidade de Taubaté, São Paulo, 2021. Disponível em: http://repositorio.unitau.br/jspui/bitstream/20.500.11874/6074/1/TG%20Aidan%20Luiz%20Franhan.pdf. Acesso em: 22 ago. 2023.

Joint Estimates of the Work-related Burden of Disease and Injury, 2000-2016: Global Monitoring Report. World Health Organization and International Labour

Organization, 2021. Disponível em: https://www.ilo.org/wcmsp5/groups/public/---ed_dialogue/---lab_admin/documents/publication/wcms_819788.pdf. Acesso em: 06 out. 2023.

MARANHÃO, Ney. **Reforma trabalhista: jornada de 12 horas de trabalho por 36 de descanso – impressões iniciais do art. 59-A**. Revista do Tribunal Regional do Trabalho da 8. Região, Belém, 2017. Disponível em: https://www.trt8.jus.br/sites/portal/files/pdfs/revista/Revista_99.pdf. Acesso em: 06 ago. 2023.

MEDEIROS, Vinicius Pereira de. **Análise da jornada 12x36 horas: a flexibilização e os impactos à saúde do trabalhador**. Orientador: Carlos Francisco do Nascimento, 2022. 12 f. TCC (Graduação) – Curso de Direito, Universidade Federal do Rio Grande do Norte, Caicó, 2022. Disponível em: https://repositorio.ufrn.br/bitstream/123456789/50764/1/Análise%20da%20jornada%2012x36%20horas%20a%20flexibilização%20e%20os%20impactos%20à%20saúde%20do%20trabalhador.pdf. Acesso em: 20 ago. 2023.

OLIVEIRA, Sebastião Geraldo de. **Proteção jurídica a saúde do trabalhador**. 2 rev., ampl. e atual. ed. São Paulo: LTR, 1998.

PARTE VI

SEGURANÇA PÚBLICA

C A P Í T U L O 1 7

JURIMETRIA: A CONSTRUÇÃO DE UMA CRIMINOLOGIA PÓS-MODERNA[1]

Rogério de Oliveira Fadigas César

Introdução

O capitalismo, como sistema econômico, foi implementado na Europa após o século XVI com o declínio do feudalismo e a consolidação da revolução industrial, que ocorreu principalmente na Inglaterra em meados do século XVIII. Deste modo, a transição da manufatura para a indústria e o crescimento do rendimento do trabalho aumentaram a produção global. Sob esta ótica, o modelo industrial desencadeou uma série de avanços para a sociedade, principalmente na medicina, aumentando a expectativa de vida dos indivíduos[2]. Neste mesmo século, predominara o Iluminismo e suas ideologias, sendo estas historicamente marcadas pela Revolução Francesa, acontecimento que transformou irreversivelmente a sociedade e deu início à sociedade moderna, bem como à ciência moderna, nos séculos XIX e XX.

Em relação à modernidade, Giddens[3] assevera que pode ser definida como o processo de aproximação com o mundo industrializado, com o emprego da

1 Artigo elaborado a partir da monografia apresentada ao Núcleo de Monografia Jurídica da Faculdade de Direito da PUC-SP, sob a orientação do Professor Doutor Alexandre Rocha Almeida de Moraes.

2 MORAES, Alexandre Rocha Almeida de. **O tempo social do direito penal: Propostas para uma política criminal racional.** Orientador: Christiano Jorge Santos. 2015. 373 f. Tese (Doutorado) – Faculdade de Direito, Pontifícia Universidade Católica de São Paulo, São Paulo, 2015, p. 61.

3 BECK, Ulrich; GIDDENS, Antony; LASH, Scott. **Modernização reflexiva: política, tradição e estética na ordem social moderna.** Tradução: Magda Lopes. São Paulo: Universidade Estadual Paulista,

força material e com as máquinas da produção. Sob a perspectiva de Habermas[4], o mundo moderno é um projeto inacabado, polêmico e multifacetado da sociedade que se organizou por meio da ideologia capitalista no aparelho burocrático do Estado. Já a pós-modernidade, Touraine[5] assevera que a sociedade pós-moderna é uma sociedade pós-industrial com ênfase na tecnologia e na troca de informações. Para Manuel Castells[6], sob a perspectiva da comunicação, ressalta que a sociedade pós-moderna é uma sociedade da informação, em que o mundo funciona em rede, especialmente pela internet.

No tocante à perspectiva do Direito Penal na sociedade pós-moderna, Moraes[7] entende que esta se opera com códigos corrompidos e busca metas inalcançáveis, sendo alguns paradigmas, por exemplo: a ineficiência do Estado em executar políticas públicas, fiscalizar e executar sistemas penitenciários; aumento da insegurança da população advinda dos avanços tecnológicos dos meios de comunicação; aumento das demandas penais em relação aos interesses difusos e coletivos; intensificação da desigualdade social devido à globalização econômica; utilização do direito penal para soluções de curto prazo; desprestígio de outras formas de soluções de conflitos, diminuindo, portanto, a tutela do direito penal; aumento do descrédito da população nas instituições de soluções de conflitos.

Visto isso, no âmbito criminológico, vislumbra-se que houve um aumento do espectro de estudo da Criminologia, que teve como finalidade a explicação e a prevenção do fenômeno criminal, a avaliação dos modelos de controle social, a análise das interações do criminoso e da vítima com a sociedade, e, por fim, a reflexão sobre políticas de segurança, criminais e prisionais.

1997.

4 HABERMAS, Jürgen. **O discurso filosófico da modernidade.** Tradução: Ana Maria Bernardo et al. Lisboa: Dom Quixote, 1990.

5 TOURAINE, Alain Touraine. **Crítica da modernidade.** 7. ed. Tradução: Elia Ferreira Edel. Rio de Janeiro: Vozes, 2002. p. 334-342.

6 CASTELLS, Manuel. **A sociedade em rede: a era da informação: economia, sociedade e cultura.** Tradução: Roneide Venâncio Majer. São Paulo: Paz e Terra, 2008. v. 1., p. 71-113.

7 MORAES, Alexandre Rocha Almeida de. **A Terceira Velocidade do Direito Penal: o 'Direito Penal do Inimigo'.** Orientador: Dirceu de Mello. 2006. 314 f. Dissertação (Mestrado) – Faculdade de Direito, Pontifícia Universidade Católica de São Paulo, São Paulo, 2006, p. 23.

Assim, para que se possa compreender e solucionar o desafio da sociedade pós-moderna trazida por Bauman[8], principalmente em relação ao estudo dos crimes e da busca da eficiência penal, será preciso que a Criminologia adote novas ferramentas de estudo e avaliações para o controle e o gerenciamento de riscos, além de conciliar a evolução tecnológica. Logo, o presente artigo pretende introduzir a Jurimetria, análise quantitativa e qualitativa das informações, como alternativa existente para complementar a atual necessidade da Criminologia pós-moderna em que, sob o prisma de Nunes[9], cada vez mais a sociedade exige resultados eficazes dos gestores sociais, isto é, os operadores do direito não podem propor reformas do ordenamento jurídico embasadas em intuições.

1. Método estatístico na Criminologia

A partir da angústia que se tem da insegurança e da falta de previsibilidade do Direito, surge a relação entre Direito e Estatística[10]. Este, diferentemente de outras ciências que são definidas por seus objetos, é uma disciplina definida por sua metodologia de experimentação e observação. Nunes[11], citando Stephen Stigler, conceitua que a estatística moderna é a lógica na qual se mede a incerteza e suas consequências. Ademais, a metodologia de pesquisa que a estatística possui objetiva planejar e realizar testes de hipóteses, envolvendo como etapas da formulação de hipóteses a escolha do tipo de teste, do nível de significância, da coleta de dados, da determinação do valor crítico e da apresentação dos resultados.

Deste modo, além de a pesquisa estatística descrever o que foi observado, ela pode analisar o que não foi observado e elaborar inferências. Essas temáticas dividem a estatística em duas áreas, sendo elas: descritiva e inferencial. A primeira é a área que analisa o processo de exploração, visualização e sumarização de dados, ou seja, ela apenas descreve os dados que foram coletados e os apresentará por meio de tabelas e gráficos. Em relação à estatística inferencial,

8 BAUMAN, Zygmunt. **Vida líquida**. Tradução: Carlos Alberto Medeiros. 2. ed. Rio de Janeiro: Zahar, 2009, p. 91 e 133.

9 NUNES, Marcelo Guedes. **Jurimetria: como a estatística pode reinventar o Direito**. São Paulo: Editora Revista dos Tribunais, 2016, p. 158.

10 Ibid., p. 85-87.

11 Ibid., p. 55-57.

esta é a área que estuda como as conclusões podem ser induzidas a partir de um conjunto de dados sujeitos a uma variação aleatória. Assim, os dois estudos das estatísticas se complementam[12].

Insta salientar que os resultados de um experimento estatístico possem incertezas. Tendo isso em vista, não se pode definir com exatidão o resultado de um determinado teste, apenas distinguir os seus graus através dos critérios de significância estatística e com base no tamanho da amostra[13]. Por exemplo, Moraes[14] e Santos[15] afirmam que, no âmbito criminal, em que, para Costa[16], a estatística criminal é um conjunto de informações de crimes e criminosos extraídos de organismos oficiais e analisados para a sua publicação periódica, as estatísticas podem atingir dados meramente oficiais devido ao fenômeno da "cifra oculta", que são delitos não relatados aos órgãos oficiais, afugentando-se do real resultado criminológico.

2. Jurimetria

Diante da problemática das estatísticas criminais, nasce do realismo jurídico, que consiste no estudo interdisciplinar do Direito baseado em pesquisas de campo, entrevistas, experimentos e observações, a Jurimetria. A palavra 'Jurimetria' é um neologismo criado pelo advogado Lee Loevinger e utilizada pela primeira vez no artigo *Jurimetrics: the next step forward*, publicado em 1949, no qual se esclareceu que a Jurimetria pretendia descrever o comportamento das partes do processo, como os juízes julgam, prevenir crimes e acelerar os processos. Ademais, o autor americano acreditava que a Jurimetria seria o estudo quantitativo do comportamento judicial, a aplicação da teoria da informação e da lógica matemática e a elaboração de cálculos sobre o resultado dos processos[17]. O primeiro contato que a doutrina nacional teve com a Jurimetria foi por meio de

[12] Ibid., p. 58 e 62.

[13] Ibid., p. 79-80.

[14] MORAES, Alexandre Rocha Almeida de; NETO, Ricardo Ferracini. **Criminologia**. Salvador: Editora Juspodivm, 2019, p. 116-118.

[15] CIRINO DOS SANTOS, Juarez. **A Criminologia Radical**. Curitiba: ICPC: Lumen Juris: 2008, p. 12.

[16] COSTA, Álvaro Mayrink da. **Criminologia**. 4. ed. Rio de Janeiro: Editora Forense, 2005, p. 471-473.

[17] NUNES, Marcelo Guedes. **Jurimetria: como a estatística pode reinventar o Direito**. São Paulo: Editora Revista dos Tribunais, 2016, p. 90-98.

palestras de Mario Losano, professor da Universidade de Milão e Turim, o qual a definiu como método de aplicação das ciências exatas e naturais ao Direito, cuja investigação concerne no funcionamento da ordem jurídica da produção e da imposição de normas.

Isto posto, a Jurimetria, conforme Nunes[18], possui três pilares: jurídico, estatístico e computacional. Outrossim, o autor assevera que o estudo da Jurimetria é baseado no teste de hipóteses, ou seja, um conjunto de métodos que registram informações a respeito do funcionamento de uma ordem jurídica, e pode ser dividida sob dois espectros. O primeiro é a Jurimetria de regulação, o qual diz respeito à análise do comportamento de quem produz a norma. O segundo, trata-se da eficácia da Jurimetria, que está voltada para o estudo de quem recebe a norma.

Em relação ao objeto da Jurimetria, este consiste na investigação do comportamento humano no que se refere à ordem jurídica, sendo ela o conjunto de normas jurídicas com o objetivo de influenciar o comportamento humano por meio de sanções. Assim, por meio dos objetos da Jurimetria se conhece a realidade do poder judiciário, a análise da aplicação do direito pelos tribunais e, por fim, o estudo da aderência das normas no ordenamento jurídico.

Ademais, o método jurimétrico consiste em duas pesquisas: quantitativa e qualitativa. A pesquisa quantitativa da Jurimetria reside no uso da inferência estatística para validar e expandir conclusões. Essa pesquisa trará a possibilidade de dimensionar os problemas, os investimentos e a expectativa de tempo para a sua solução. Além disso, por meio desta pesquisa, será possível a análise das características gerais da população, permitindo, portanto, o acesso a uma visão de ordem jurídica. Em último lugar, a pesquisa quantitativa permite associar os dados coletados, possibilitando a previsão e o controle sobre o funcionamento da ordem jurídica[19]. Em relação à pesquisa qualitativa, Shecaira[20] vislumbra que a Jurimetria tem duas espécies: diacrônica e sincrônica. A primeira pretende investigar o escopo, os elementos, as técnicas e as conclusões das pesquisas para analisar a sua evolução. Já a sincrônica são as comparações dos resultados de

18 Ibid., p. 112

19 Ibid., p. 160.

20 SHECAIRA, Sérgio Salomão. **Criminologia**. 4. ed. São Paulo: RT, 2012, p. 65.

outras pesquisas interculturais, colhidos em outras regiões do mesmo país ou em outro país.

A metodologia, de forma sucinta, consiste, primeiramente, em determinar o tópico ou a problemática que será analisada e, em seguida, coletar e armazenar as informações sensíveis em um banco de dados para que se possam extrair, de forma qualitativa, quais dados serão úteis para a análise. Ato contínuo, caberá ao operador do direito em realizar análises desses dados e, por conseguinte, quantificar os percentuais de cada dado para o desenvolvimento de um modelo de negócio, servindo para a construção de políticas criminais eficientes, combatendo, portanto, a incerteza no direito por meio de previsões, por exemplo: saber como uma causa será julgada e como o juiz reagirá aos argumentos constantes nos autos; antever quais efeitos sociais a norma produzirá; e prever as consequências de um projeto de lei. Ou seja, resta claro que a Jurimetria nos permite, ao tomar uma decisão, embasar em dados, e não em intuições. Assim, para o combate da incerteza, a Jurimetria se fundamenta em sua metodologia quantitativa especializada, que consiste em dados estatísticos para a construção de um conjunto coerente e rigoroso de generalizações sobre ordenamento jurídico com base em análises estatísticas[21].

Assim, no âmbito penal, a Jurimetria é o ramo da Criminologia que utiliza a estatística em sua metodologia para investigar o funcionamento do conjunto de normas penais e extrapenais, servindo como controle social e para a proteção dos bens. Ademais, a Jurimetria está voltada para a compreensão do comportamento de testemunhas, juízes e legisladores, isto é, é ramo de uma ciência comportamental[22].

3. O operador do direito como construtor do modelo de negócio e análise de dados

Outro tópico relevante em relação à Jurimetria diz respeito ao operador do direito, sujeito responsável pela utilização do método jurimétrico para construir

21 NUNES, Marcelo Guedes. op. cit., p. 156-162.

22 MORAES, Alexandre Rocha Almeida de; NETO, Ricardo Ferracini. **Criminologia**. Salvador: Editora Juspodivm, 2019, p. 104-124.

um modelo de negócio e análise de dados em suas pesquisas na Criminologia. Assim, vislumbra-se que, apesar da Jurimetria, metodologia que corresponde a um conjunto de métodos estatísticos que registram informações e preveem sobre o funcionamento de uma ordem jurídica, ser uma ferramenta auxiliadora para a análise da Criminologia pós-moderna, o operador do direito precisa saber manusear essa ferramenta para que possa extrair, coletar, descrever, sumarizar e analisar as normas e, eventualmente, antecipar consequências advindas dela na sociedade[23].

Logo, a principal tarefa do operador do direito na Jurimetria é a formulação de hipóteses sobre fatores relacionados à produção de normas e os seus efeitos na sociedade para a construção de um modelo teórico do funcionamento da ordem jurídica dentro de sistemas de coordenadas espaciais e temporais. Portanto, este modelo de negócio busca a elaboração de um conjunto de generalizações capazes de explicar e prever o comportamento das pessoas na produção e no cumprimento de normas jurídicas e, por último, possui a proposta de analisar a ordem jurídica através de observações de comportamentos de populações pelas seguintes etapas: identificar o momento da ocorrência do objeto de pesquisa e calcular os intervalos de tempo entre a ocorrência do objeto[24].

Visto isso, o método jurimétrico utilizado pelo operador do direito, no âmbito da Criminologia, surge a partir da necessidade de elaborar um instrumento para avaliar o fenômeno criminológico das cidades, bem como analisar possíveis políticas públicas para solucionar a criminalidade[25]. Assim, o modelo negocial tem a necessidade de resolver as seguintes questões: o aumento da complexidade e quantidade de processos e de institutos jurídicos nas sociedades; a criação de banco de dados jurídicos; desenvolvimento e a evolução das técnicas estatísticas e dos modelos probabilísticos[26].

Deste modo, o operador do direito, por meio da análise criminal, processo analítico e sistemático que relaciona conjuntos de fatos, padrões e as tendências da criminalidade, possui algumas tarefas, por exemplo: a utilização de aplicativos de computação; a realização de amostragens estatísticas; análise da correlação

23 NUNES, Marcelo Guedes. op. cit., p. 116-122.

24 Ibid., p. 143-150.

25 SHECAIRA, Sérgio Salomão. **Criminologia.** 4. ed. São Paulo: RT, 2012, p. 66-67.

26 MORAES, Alexandre Rocha Almeida de; NETO, Ricardo Ferracini. **Criminologia.** Salvador: Editora Juspodivm, 2019, p. 122.

e regressão dos dados coletados; e realização de estudos probabilísticos. Assim, a utilização da estatística servirá para os estudos dos comportamentos coletivos em relação às normas vigentes, quais são as consequências para a sociedade e como os indivíduos virão aderir à norma, indicando taxas da criminalidade, da repressão, da prevenção e de medidas de revisões periódicas das normas[27].

Por fim, vislumbra-se que o operador de direito, respaldando-se do método jurimétrico, busca defender o planejamento, a elaboração de prognósticos, a construção de parâmetros para construção de políticas criminais, políticas de segurança pública e políticas legislativas. Ou seja, a Jurimetria permite a avaliação da eficácia das normas, das políticas de prevenção e repressivas e das decisões judiciais que impactam na sociedade[28].

4. Análise jurimétrica dos acordos de não persecução penal

Para consignar o presente artigo, será apresentado resultados preliminares do desenvolvimento da pesquisa jurimétrica acerca dos acordos de não persecução penal, em elaboração pelo grupo de estudos "Efetividade da Política e Justiça Criminais"[29].

Em breve síntese, insta mencionar os passos utilizados para o presente modelo de negócio. O primeiro ponto é determinar o tema ou a problemática. A partir do tema ou problemática, o operador do direito elaborará perguntas-chaves para a confecção de estatísticas, por exemplo: "Qual é o tempo que perdura um acordo de não persecução penal?" ou "Qual é a taxa de cumprimento dos acordos?" e outras perguntas. Em seguida, os pesquisadores extrairão dados das fontes disponíveis, como processos judiciais, para a confecção das estatísticas. Por último, com as estatísticas elaboradas, o operador do direito poderá construir políticas criminais por meios de dados reais.

27 Ibid., p. 123-125.

28 NUNES, Marcelo Guedes. **Jurimetria: como a estatística pode reinventar o Direito**. São Paulo: Editora Revista dos Tribunais, 2016, p. 172.

29 Disponível em: <httpss://dgp.cnpq.br/dgp/espelhogrupo/0231981421486094>. Acesso em: 07 de novembro de 2023.

Isto posto, o grupo de pesquisa, na extração de 100 (cem) acordos de não persecução penal, em trâmite nos departamentos de inquéritos policiais no Fórum Criminal Ministro Mário Guimarães, cujos processos não eram sigilosos, aferiram que, acerca das prestações pecuniárias, 67 acordos (ou 67%) consistem em prestações pecuniárias de um salário-mínimo, como exposto a seguir:

Por meio desta singela pesquisa fica evidenciado a imposição da condição da prestação pecuniária de um salário-mínimo aos investigados em diversos crimes como estelionato, porte ilegal de arma de fogo, receptação, adulteração de sinal identificador de veículo, furto e outros. Ou seja, o presente instituto, advindo do "plea bargain", está sendo interpretado como benefício para o suposto réu, tendo em vista que basta o pagamento de um salário-mínimo para o não prosseguimento da persecução penal, e não como acordo entre o *Parquet* e o acusado com o intuito de reprimir a reincidência criminal. Logo, pelo método jurimétrico, pode-se constatar a análise econômica do direito e a eficiência dos institutos.

Conclusões

O nascimento do capitalismo no século XVI desencadeou uma série de transformações na sociedade, desde a sociedade agrária até a sociedade pós-moderna. Essa sociedade se caracteriza pela evolução das ciências, das artes, das tecnologias e da troca de informações, refletindo em uma sociedade de riscos, marcada pela incerteza e constante mudança. Isto posto, o desafio da sociedade pós-moderna é estabelecer mecanismos necessários para o controle e o gerenciamento de riscos, além de conciliar a evolução tecnológica. Logo, para que se possa compreender e solucionar os desafios da sociedade pós-moderna, principalmente no âmbito penal, será preciso que a Criminologia adote novas ferramentas de estudo e avaliações, sendo ela a Jurimetria.

Assim, nasce o método jurimétrico, análise quantitativa e qualitativa dos dados, que busca a eficiência de uma política legislativa orientada paras as consequências, seja porque a sociedade exige maior transparência, capacitação ou resultados. Deste modo, a Jurimetria representa um instrumento de diminuição da complexidade e da incerteza, objetivando as políticas preventivas e repressivas mais eficientes, advindas da intolerância à criação de normas com base em intuições ou idiossincrasias[30].

Contudo, a proposta da Jurimetria como uma ferramenta capaz de examinar informações pode ser acelerada e aprimorada com maior precisão por meio da presença de operadores do direito qualificados para a elaboração de modelos negociais, coleta de dados precisas, adotando uma taxonomia estrita para evitar falsos positivos ou negativos, e na identificação de soluções preventivas e corretivas para diversos tipos de problemas, com o menor custo possível.

Referências

BAUMAN, Zygmunt. **Vida líquida**. Tradução: Carlos Alberto Medeiros. 2. ed. Rio de Janeiro: Zahar, 2009.

BECK, Ulrich; GIDDENS, Antony; LASH, Scott. **Modernização reflexiva: política, tradição e estética na ordem social moderna**. Tradução: Magda Lopes. São Paulo: Universidade Estadual Paulista, 1997.

CASTELLS, Manuel. **A sociedade em rede: a era da informação: economia, sociedade e cultura**. Tradução: Roneide Venâncio Majer. São Paulo: Paz e Terra, 2008. v. 1.

CIRINO DOS SANTOS, Juarez. **A Criminologia Radical**. Curitiba: ICPC: Lumen Juris: 2008.

COSTA, Álvaro Mayrink da. **Criminologia**. 4. Ed. Rio de Janeiro: Editora Forense, 2005.

30 MORAES, Alexandre Rocha Almeida de; NETO, Ricardo Ferracini. **Criminologia**. Salvador: Editora Juspodivm, 2019, p. 127.

HABERMAS, Jürgen. **O discurso filosófico da modernidade**. Tradução: Ana Maria Bernardo et al. Lisboa: Dom Quixote, 1990.

MORAES, Alexandre Rocha Almeida de. **A Terceira Velocidade do Direito Penal: o 'Direito Penal do Inimigo'**. Orientador: Dirceu de Mello. 2006. 314 f. Dissertação (Mestrado) – Faculdade de Direito, Pontifícia Universidade Católica de São Paulo, São Paulo, 2006.

MORAES, Alexandre Rocha Almeida de. **O tempo social do direito penal: Propostas para uma política criminal racional**. Orientador: Christiano Jorge Santos. 2015. 373 f. Tese (Doutorado) – Faculdade de Direito, Pontifícia Universidade Católica de São Paulo, São Paulo, 2015.

MORAES, Alexandre Rocha Almeida de; NETO, Ricardo Ferracini. **Criminologia**. Salvador: Editora Juspodivm, 2019.

NUNES, Marcelo Guedes. **Jurimetria: como a estatística pode reinventar o Direito**. São Paulo: Editora Revista dos Tribunais, 2016.

SHECAIRA, Sérgio Salomão. **Criminologia**. 4. ed. São Paulo: RT, 2012.

TOURAINE, Alain Touraine. **Crítica da modernidade**. Tradução: Elia Ferreira Edel. 7. ed. Rio de Janeiro: Vozes, 2002.

CAPÍTULO 18

O IMPACTO DA POLÍTICA ARMAMENTISTA SOBRE A VIOLÊNCIA NO BRASIL: UMA ANÁLISE DA FLEXIBILIZAÇÃO DO ACESSO A ARMAS DURANTE O GOVERNO BOLSONARO[1]

Victória de Oliveira Gonçalves

Introdução

O trabalho em questão se propõe a examinar o impacto da flexibilização do acesso às armas de fogo, durante o Governo do ex-presidente Jair Messias Bolsonaro (2019-2022), nos índices de violência no Brasil, através da análise das consequências dessa flexibilização.

Entre 2019 e 2022, foram publicados mais de 40 atos normativos e decretos que buscaram afrouxar os mecanismos estabelecidos pelo Estatuto do Desarmamento[2]. O trabalho irá analisar os impactos desse afrouxamento, com o objetivo de observar como ele facilitou a aquisição de armas de fogo por criminosos, por

1 Artigo elaborado a partir da monografia apresentada ao Núcleo de Monografia Jurídica da Faculdade de Direito da PUC-SP, sob orientação do Professor Doutor Gustavo Junqueira.

2 CERQUEIRA, Daniel; LINS, Gabriel; KAHN, Túlio; BUENO, Samira. Armas de Fogo e Homicídios no Brasil. Fórum Brasileiro de Segurança Pública, 2022. Disponível em: https://forumseguranca.org.br/wp-content/uploads/2022/09/informe-armas-fogo-homicidios-no-brasil.pdf. Acesso em: 01 de jul. de 2023.

meio de furtos ou roubos de armas legais, além do registro como "laranjas" de colecionadores, atiradores e caçadores, os chamados CACs.

A pesquisa é teórica, porque serão analisadas diversas outras pesquisas, cujos resultados serão utilizados para embasar as conclusões realizadas. Trata-se também de um estudo quantitativo, pois será feita a análise de dados numéricos de pesquisas realizadas por terceiros, de modo a verificar a hipótese levantada.

O primeiro capítulo irá analisar a liberalização do acesso às armas, ocorrida entre 2019 e 2022. Serão apresentadas as principais alterações na legislação armamentista que ocorreram nesse período, bem como seus impactos. Será tratado também da questão da precarização da fiscalização das armas de fogo no Brasil.

O segundo capítulo realizará uma análise acerca da diminuição da taxa de mortes violentas intencionais nos últimos anos no Brasil, examinando os elementos que, segundo especialistas, contribuíram para esse declínio, como o envelhecimento populacional, a implementação de políticas efetivas de segurança pública em alguns estados federativos e o armistício na guerra das facções criminosas em 2018[3].

Será mostrado que, se não fosse a legislação permissiva quanto às armas de fogo, a redução dos homicídios, provocada por outros fatores, teria sido ainda maior do que a observada. Será destacado também que as mortes por arma de fogo de mão subiram em meio à queda de homicídios no Brasil[4].

Já o terceiro capítulo irá tratar sobre o acesso a armas de fogo de origem legal por criminosos, através dos furtos e roubos de armas e da compra de armas legais por laranjas que se registraram como CACs. Ainda nesse capítulo será demonstrado que as alterações na legislação de armas resultaram na modernização e no aumento do arsenal utilizado pelo crime organizado[5].

Por fim, o presente trabalho concluíra que o afrouxamento da legislação armamentista, ocorrido entre 2019 e 2022, que teve como resultado direto o crescimento vertiginoso nos registros de CACs e compras de armas e munições

3 Idem, 2022.

4 Idem, 2022.

5 LANGEANI, Bruno. Medidas do Governo Bolsonaro Ajudaram a Modernizar Armamento do Crime, Mostra Análise de Armas Apreendidas. Instituto Sou da Paz, 2022. Disponível em: https://soudapaz.org/noticias/medidas-do-governo-bolsonaro-ajudaram-a-modernizar-armamento-do-crime-mostra-analise-de-armas-apreendidas/. Acesso em: 08 de out. de 2023.

em todo o Brasil, facilitou a aquisição, por parte de criminosos, de mais armas de fogo e de armas de maior potencial ofensivo.

1. Flexibilização do acesso à arma de fogo

No Brasil, o sentimento de insegurança social, efeito de uma série de fatores relacionados entre si, dentre eles, a desregulamentação econômica e a diminuição dos esquemas de proteção social realizada pelo Estado, próprios à lógica neoliberal, é associado de modo conveniente à lógica dominante de violência urbana, e esta violência à pobreza[6].

A partir desse sentimento de insegurança presente na sociedade atual, desenvolveu-se uma obsessão pela segurança, relacionada a uma responsabilização dos indivíduos pela prevenção dos delitos, sendo que a indústria do controle passou a gerar uma nova economia, com seus medos, suas blindagens, suas câmeras, suas vigilâncias e sua arquitetura.

Nesse contexto, destaca-se o discurso que defendeu uma maior liberação de armas, que teve notoriedade entre 2019 e 2022, o qual tem como objetivo a atribuição da responsabilidade pela prevenção do crime aos cidadãos, persuadindo-os a agir apropriadamente, de modo a evitar a possibilidade de se tornarem vítima de delitos.

1.1. Mudanças na legislação armamentista no Brasil

No Brasil, é possível notar que a legislação vigente que trata da questão armamentista, o Estatuto do Desarmamento, vem perdendo força, e agentes políticos contrários a ele vêm atuando com intuito de derrubá-lo, em busca de constituir uma nova lei que seja mais flexível.

Embora haja a percepção de que o aumento recente na demanda por armas de fogo no Brasil teve início em 2019, a realidade apresenta nuances mais complexas. Isso porque, ainda durante o governo de Michel Temer, foi criada a figura do porte de trânsito de arma de fogo pela Portaria nº 28 de 2017, conhecido no

6 NASCIMENTO, Maria Livia do Nascimento; RODRIGUES, Rafael Coelho. A convergência social/penal na produção e gestão da insegurança social. In: BATISTA, Vera Malaguti (org.). Loïc Wacquant e a questão penal no capitalismo neoliberal. Rio de Janeiro: Revan, 2012, p. 197-203.

meio do tiro desportivo por "porte abacaxi". A medida permitia que CACs fossem dos locais onde estavam seus acervos até clubes de tiro ou locais de caça com uma arma municiada e pronta para uso[7].

Com o início do Governo Bolsonaro (2019-2022), além da manutenção do porte de trânsito e sua ampliação, com a autorização para que CACs pudessem circular armados por quaisquer trajetos entre os locais de acervo e seus destinos e vice-versa, por meio da Portaria nº 150 de 2018, foram publicados mais de 40 atos normativos e decretos, que fragilizaram os mecanismos estabelecidos pelo Estatuto do Desarmamento (lei 10.826/03) e facilitaram a posse de armas de fogo e munições no Brasil[8].

Como esse estudo não se propõe a analisar cada uma dessas 40 medidas, nem assim poderia prosseguir pela extensão e complexidade das alterações, apenas serão apontadas aquelas mudanças que foram consideradas mais importantes e mais correlacionadas ao objetivo do presente trabalho.

Entre as alterações realizadas, o Decreto 9.846/2019 foi atualizado para permitir que atiradores pudessem adquirir até 60 armas sendo 30 de uso restrito, como fuzis, além da compra anual de até 180 mil balas. Caçadores, até 30 armas, sendo 15 delas de uso restrito e até 6 mil balas, podendo ser exigida autorização do Exército somente quando essas quantidades fossem superadas. Já para os colecionadores este decreto não impôs um limite, disse apenas que eles podiam comprar até cinco peças de cada modelo de arma e seis mil balas[9].

Essa medida também elevou a quantidade de munições que podiam ser adquiridas por essas categorias, que passaram a ser 2 mil para armas de uso restrito e 5 mil para armas de uso permitido[10].

7 MARQUES, David; UCHÔA, Roberto. A herança de meia década de descontrole sobre as armas de fogo no Brasil. In: FÓRUM BRASILEIRO DE SEGURANÇA PÚBLICA. 17º Anuário Brasileiro de Segurança Pública. São Paulo: Fórum Brasileiro de Segurança Pública, p. 226-231, 2023. Disponível em: https://forumseguranca.org.br/wp-content/uploads/2023/07/anuario-2023.pdf. Acesso em: 20 de set. de 2023.

8 Idem, 2023.

9 ARCOVERDE, Léo. 449 pessoas obtêm licença para usar armas no país a cada 24 horas, aponta levantamento. G1, 2022. Disponível em: https://g1.globo.com/politica/noticia/2022/06/06/449-pessoas-obtem-licenca-para-usar-armas-no-pais-a-cada-24-horas-aponta-levantamento.ghtml. Acesso em: 20 de set. de 2023.

10 VERDÉLIO, Andréia. Entra em vigor parte dos decretos que ampliam acesso a armas de fogo: STF julga na sexta-feira decisão que suspendeu trechos das medidas. Agência Brasil, 2021. Disponível em: https://agenciabrasil.ebc.com.br/geral/noticia/2021-04/entra-em-vigor-parte-dos-decretos-que-ampliam-acessoarmas-de-fogo. Acesso em: 20 de set. de 2023.

O Decreto 10.030/2019 também passou por alterações que visaram retirar a classificação de alguns armamentos como Produtos Controlados pelo Exército (PCEs) e dispensar os comerciantes de armas de pressão (tais como as armas de chumbinho) da obrigação de registro no Exército. Além disso, as modificações abrangeram a regulamentação da prática do tiro recreativo e a permissão para que a Receita Federal e os CACs pudessem solicitar autorização para importar armas de fogo e munição[11].

O Decreto 10.030/2019 também definiu de maneira precisa a responsabilidade do Exército na regulamentação das escolas de tiro e dos instrutores de tiro esportivo. Além disso, conferiu autorização para a coleção de armas semiautomáticas de uso restrito e automáticas com mais de 40 anos de fabricação[12].

Por meio do Decreto 9.785/2019, foram ampliados em quatro vezes a potência das armas liberadas para civis (de 407 joules para 1.620 joules), sendo essa mudança consolidada no Decreto 1.222/2019. A partir desta mudança de 2019, calibres como 9x19 mm, .40 S&W e .45 ACP, que antes eram restritos, passaram para a lista de calibres permitidos e para acessá-los passou a não ser mais necessário ser CAC. Mesmo cidadãos comuns com registro na Polícia Federal passaram a poder comprar até 06 armas com esses calibres sem a necessidade de justificativa[13].

Outra mudança relevante também foi realizada em 2019, em uma portaria do Exército que derrubou a limitação para CACs comprarem armas longas semiautomáticas de calibres restritos. Isso, na prática, resultou na liberação para caçadores, atiradores e colecionadores comprarem fuzis novos[14].

1.2. Efeitos da flexibilização da política armamentista

Os mais de 40 atos normativos e decretos promulgados entre 2019 e 2022 tiveram impactos notórios no mercado armamentista. Em 2022, o Exército Brasileiro

[11] Idem, 2021.

[12] Idem, 2021.

[13] LANGEANI, Bruno. Medidas do Governo Bolsonaro Ajudaram a Modernizar Armamento do Crime, Mostra Análise de Armas Apreendidas. Nota técnica: Mudança do perfil da arma do crime nos estados de São Paulo e Rio de Janeiro (2017-2022). Instituto Sou da Paz, 2022. Disponível em: https://soudapaz.org/noticias/medidas-do-governo-bolsonaro-ajudaram-a-modernizar-armamento-do-crime-mostra-analise-de-armas-apreendidas/. Acesso em: 04 de ago. de 2023.

[14] Idem, 2022.

identificava 783.385 Certificados de Registro ativos para as atividades de CAC, o que correspondia ao total de CAC ativos no país, sendo que esse número era 117.467 em 2018. Ou seja, entre 2018 e 2022, foi observado um crescimento de 665% Certificados de Registro concedidos ou ativados[15].

Segundo a legislação vigente, compete ao Exército a avaliação e autorização dos registros para aqueles que desejam se tornar CACs. Esse processo de mapeamento é feito por meio do Sigma (Sistema de Gerenciamento Militar de Armas)[16].

O crescimento no número de armas de fogo em circulação no Brasil não se deu apenas entre os CACs. Em 2022, no âmbito do Sistema Nacional de Armas (Sinarm) da Polícia Federal, havia 2,3 milhões de armas de fogo com registros ativos, representando um crescimento de 15,3% em relação a 2021. Dentre esse total de 2,3 milhões de armas, aproximadamente 1,4 milhão pertencia à categoria "Cidadão"[17].

Outra evidência do significativo crescimento do mercado armamentista é que, entre o período de 2017 e 2022, o número de munições vendidas no mercado nacional cresceu 147%, saindo de 170,2 milhões para 420,5 milhões[18].

1.3. Redução dos esforços na fiscalização de armas no Brasil

Ao mesmo tempo em que ocorreu o aumento no número de CACs, na quantidade de armas em circulação, bem como no volume de munições disponíveis, paradoxalmente os investimentos em fiscalização e controle permaneceram escassos. A estrutura que atendia ao mercado antes de 2019 permaneceu

15 MARQUES, David; UCHÔA, Roberto. A herança de meia década de descontrole sobre as armas de fogo no Brasil. In: FÓRUM BRASILEIRO DE SEGURANÇA PÚBLICA. 17º Anuário Brasileiro de Segurança Pública. São Paulo: Fórum Brasileiro de Segurança Pública, p. 226-231, 2023. Disponível em: https://forumseguranca.org.br/wp-content/uploads/2023/07/anuario-2023.pdf. Acesso em: 20 de set. de 2023.

16 STABILE, Arthur. Número de brasileiros com autorização para ter arma aumenta 7 vezes durante mandato de Bolsonaro. G1, 2023. Disponível em: https://g1.globo.com/politica/noticia/2023/01/22/numero-de-brasileiros-com-autorizacao-para-ter-arma-aumenta-7-vezes-durante-mandato-de-bolsonaro.ghtml. Acesso em: 20 de set. de 2023.

17 SCHROEDER, Lucas. Brasil registrou aumento de CACs e armas de fogo em 2022; apreensões caíram. CNN Brasil, 2023. Disponível em: https://www.cnnbrasil.com.br/nacional/brasil-registrou-aumento-de-cacs-e-armas-de-fogo-em-2022-apreensoes-cairam/. Acesso em: 20 de set. de 2023.

18 Idem, 2023.

praticamente inalterada, e em alguns casos, até diminuiu, enquanto o mercado crescia de forma significativa[19].

Um dado importante que demonstra o descaso que houve com a fiscalização de armas no Brasil entre 2019 e 2022 foi a queda dos recursos empregados pelo Exército para combater possíveis fraudes, que vão desde irregularidades na documentação e no armazenamento até o desvio de arsenal para o crime organizado[20].

Em 2020, o montante destinado a essas operações foi de R$ 3 milhões, 15% a menos do que em 2018. Antes de 2019, os custos com esse controle vinham numa tendência de crescimento. De 2016 a 2018, houve um acréscimo de 18% da verba[21].

O efetivo alocado para fiscalização também sofreu redução. Em 2020, 2.121 militares estiveram envolvidos em operações de fiscalização, o que representa uma queda de 54% em relação a 2019[22].

Houve redução do orçamento do Exército para fiscalização de armas e munições. O setor responsável por fiscalizar fábricas e lojas de armas e munições, bem como clubes de tiros, CACs e comércio de explosivos, teve o orçamento reduzido pela metade. Os recursos caíram de R$ 3,6 milhões em 2018 para R$ 1,7 milhão em 2021[23].

19 MARQUES, David; UCHÔA, Roberto. A herança de meia década de descontrole sobre as armas de fogo no Brasil. In: FÓRUM BRASILEIRO DE SEGURANÇA PÚBLICA. 17º Anuário Brasileiro de Segurança Pública. São Paulo: Fórum Brasileiro de Segurança Pública, p. 226-231, 2023. Disponível em: https://forumseguranca.org.br/wp-content/uploads/2023/07/anuario-2023.pdf. Acesso em: 20 de set. de 2023.

20 RIBEIRO, Aline. Orçamento do Exército para a fiscalização de armas cai, apesar da explosão de estandes e clubes de tiros em 791% no ano passado. O Globo, 2021. Disponível em: https://oglobo.globo.com/brasil/seguranca-publica/orcamento-do-exercito-para-fiscalizacao-de-armas-cai-apesar-da-explosao-de-estandes-clubes-de-tiros-em-791-no-ano-passado-25152341. Acesso em: 23 de set. de 2023.

21 Idem, 2023.

22 Idem, 2023.

23 Caneta Gatilho. Instituto Sou da Paz, 2022. Disponível em: https://soudapaz.org/canetagatilho/. Acesso em: 23 de set. de 2023.

2. Relação entre a flexibilização armamentista e a violência

De acordo com dados do Anuário Brasileiro de Segurança Pública de 2022 do Fórum Brasileiro de Segurança Pública (FBSP)[24], a violência letal no Brasil atingiu recorde histórico em 2017, quando mais de 64 mil pessoas foram assassinadas e a taxa de mortalidade chegou a 30,9 por 100 mil habitantes. A partir de 2018 iniciou-se uma tendência de queda nas mortes violentas intencionais, que continuaram a cair em 2019, cresceram um pouco em 2020 e mostraram novo recuo em 2021, ano em que a taxa de assassinatos foi de 22,3 por 100 mil habitantes.

No informe do FBSP foi desenvolvida uma análise descritiva acerca da violência letal na última década, considerando como hipóteses explicativas dessa evolução três fatores, sendo eles: a forte mudança do regime demográfico rumo ao envelhecimento da população; políticas efetivas de segurança pública propostas em alguns estados; e a dinâmica pelo controle do narcotráfico[25].

A mudança demográfica desempenhou um papel contributivo de 23% na redução da taxa de homicídios durante o período considerado, apresentando variações marcantes entre as diferentes regiões. A redução da taxa de mortalidade por homicídios decorre da diminuição do número de adolescentes e jovens de 10 a 19 anos, da estabilidade do quantitativo de jovens de 20 a 29 anos, e da diminuição do risco de mortalidade deste grupo populacional[26].

Acerca da evolução da mudança demográfica no Brasil, existe uma considerável heterogeneidade no ritmo de envelhecimento populacional entre as regiões. As regiões Sudeste e Sul avançaram nesse processo com maior intensidade, enquanto os estados do Norte e Nordeste começaram essa transição posteriormente. Vale notar que a maior redução de homicídios ocorreu precisamente

[24] CERQUEIRA, Daniel; LINS, Gabriel; KAHN, Túlio; BUENO, Samira. Armas de Fogo e Homicídios no Brasil. Fórum Brasileiro de Segurança Pública, 2022. Disponível em: https://forumseguranca.org.br/wp-content/uploads/2022/09/informe-armas-fogo-homicidios-no-brasil.pdf. Acesso em: 23 de set. de 2023.

[25] Idem, 2022.

[26] Idem, 2022.

no Sudeste e Sul, enquanto os estados que enfrentaram as piores dinâmicas de letalidade estavam situados no Norte e Nordeste[27].

Outro motivo apontado como sendo responsável pela queda da letalidade é o desenvolvimento de políticas efetivas de segurança pública propostas em alguns estados. Assim, a partir dos anos 2000 alguns estados e municípios brasileiros passaram a assimilar a experiência estrangeira e a introduzir políticas e ações inovadoras como a construção do Infocrim (1999), em São Paulo; o Programa "Ficar Vivo" (2002) e o Igesp (2008), em Minas Gerais; o Pacto pela Vida (2007), de Pernambuco; o "Paraíba Unida pela Paz" (2011); o "Estado Presente" (2011), no Espírito Santo, sem contar as ações e planos de segurança pública em alguns municípios[28].

De igual modo, a dinâmica pelo controle do narcotráfico também serve para explicar a queda das mortes violentas intencionais. Conforme analisado no Atlas da Violência 2019[29], possivelmente o forte crescimento da letalidade nas regiões Norte e Nordeste tenha a ver com a eclosão da guerra do narcotráfico, sobretudo após o assassinato do traficante Jorge Rafaat pelo PCC, em 15 de julho de 2016, na cidade de Pedro Juan Caballero, fronteira com Ponta Porã/MS.

Jorge Rafaat era um notório traficante de drogas, conhecido por controlar rotas de tráfico na fronteira entre o Brasil e o Paraguai. Após sua morte, o Primeiro Comando da Capital (PCC), assumiu o controle de algumas dessas rotas. A rivalidade entre organizações criminosas como o PCC e o Comando Vermelho (CV), juntamente com o envolvimento de cartéis internacionais, exacerbou ainda mais o conflito[30].

Os confrontos entre essas facções ocorreram principalmente nos territórios atravessados pela rota do tráfico internacional de drogas no Norte e Nordeste do país. Entretanto, diante da inviabilidade econômica para manter tais conflitos de alta intensidade em uma guerra prolongada e incerta entre esses grupos criminosos, houve um armistício a partir de 2018, após dois anos de confronto[31].

27 Idem, 2022.

28 Idem, 2022.

29 CERQUEIRA, Daniel et al. Atlas de violência 2019. Ipea. Rio de Janeiro, 2019. Disponível em: https://www.ipea.gov.br/atlasviolencia/arquivos/artigos/6363-atlasdaviolencia2019completo.pdf. Acesso em: 27 de set. de 2023.

30 FELTRAN, Gabriel. Irmãos: Uma história do PCC. São Paulo: Todavia, 2018.

31 CERQUEIRA, Daniel; LINS, Gabriel; KAHN, Túlio; BUENO, Samira. Armas de Fogo e Homicídios no Brasil. Fórum Brasileiro de Segurança Pública, 2022. Disponível em: https://forumseguranca.org.

O armistício de 2018 na guerra do tráfico se refere, portanto, a um acordo de cessar-fogo que ocorreu em janeiro de 2018 no estado do Ceará e que foi negociado entre as facções criminosas que estavam envolvidas em violentos confrontos pelo controle do tráfico de drogas na região[32].

Nota-se que as maiores quedas na letalidade, a partir de 2018, ocorreram principalmente em estados como Acre, Roraima, Pará, Ceará, Pernambuco e Rio Grande do Norte, nos territórios onde se concentraram os principais embates da guerra do narcotráfico ocorrida em 2016 e 2017, pelo controle do corredor internacional do narcotráfico[33].

O relatório do FBSP concluiu que, ao longo de pelo menos uma década, tem havido uma tendência favorável à redução de crimes violentos no Brasil, sendo que esta redução se deve, principalmente, à mudança no perfil demográfico e à implementação de políticas de segurança pública em alguma Unidades Federativas. No entanto, devido ao significativo aumento de mortes decorrentes da intensificação da guerra do narcotráfico, essa tendência de redução da violência passou despercebida no cenário geral. Somente com o armistício em 2018, foi possível observar a queda quase uniforme nos índices de homicídios em todo o Brasil[34].

2.1. A relação entre armas de fogo e criminalidade

Os resultados da nota técnica produzida pelo FBSP em 2022 indicaram que, quanto maior a difusão de armas, maior a taxa de homicídios. Segundo a pesquisa, a cada 1% de aumento na difusão de armas nas Unidades Federativas, a taxa de homicídios aumenta em 1,1%[35].

Foi estimado que, se não houvesse o aumento de armas de fogo em circulação a partir de 2019, teriam ocorrido 6.379 homicídios a menos no Brasil. Isto é, se não fosse a legislação permissiva quanto às armas de fogo, a redução dos homicídios teria sido ainda maior do que a observada[36].

br/wp-content/uploads/2022/09/informe-armas-fogo-homicidios-no-brasil.pdf. Acesso em: 23 de set. de 2023.

32 Idem, 2022.

33 Idem, 2022.

34 Idem, 2022.

35 Idem, 2022.

36 Idem, 2022.

Foi analisada a relação entre as taxas de latrocínio e armas de fogo, tendo os resultados indicado que a maior difusão de armas de fogo está associada ao aumento de latrocínios. Dessa forma, a cada 1% de crescimento nas armas, a taxa de latrocínio aumenta 1,2%, num efeito cuja magnitude percentual é ainda maior do que a observada para o caso dos homicídios[37].

Já a análise da relação entre difusão de armas de fogo e crimes contra a propriedade, excluído o latrocínio, sugeriu não existir relação estatisticamente significativa entre as variáveis consideradas. Resultado similar foi observado ao considerar individualmente os componentes da taxa de crimes contra propriedade, isto é, a difusão de armas de fogo não conseguiu explicar a dinâmica destes crimes[38].

Sendo assim, pode-se dizer que, se não fosse a legislação permissiva quanto às armas de fogo, a redução dos homicídios provocada por outros fatores, como o envelhecimento populacional, a implementação de políticas efetivas de segurança pública em alguns estados do Brasil e o armistício na guerra das facções criminosas após 2018, teria sido ainda maior do que a observada.

2.2. Assassinatos por arma de fogo no Brasil

Outro ponto importante a destacar é que, de acordo com uma reportagem realizada pelo jornal Uol em 2022, pesquisas mostraram que as mortes por arma de fogo de mão subiram em meio à queda de homicídios no Brasil[39]. Esses dados reforçam a tese de que a queda no número de homicídios no país teria sido maior caso o Brasil não tivesse adotado uma política pró-armamentista entre 2019 e 2022.

Conforme dados foram obtidos pela Sistema de Informação de Mortalidade do Ministério da Saúde, chamado de SIM, em 2021, contrariando a tendência de queda nos índices de homicídios no país, houve um aumento de 24% no número de assassinatos envolvendo revólveres, pistolas e garruchas. Estas armas

37 Idem, 2022.

38 Idem, 2022.

39 MADEIRO, Carlos. Mortes por arma de fogo de mão sobem em meio a queda de homicídios no país. Uol, 2022. Disponível em: https://noticias.uol.com.br/colunas/carlos-madeiro/2022/07/15/mortes-por-arma-de-fogo-de-mao-sobem-em-meio-a-queda-de-homicidios-no-pais.htm. Acesso em: 28 de set. de 2023.

são oficialmente classificadas como armas de fogo de mão, diferenciando-se das de calibres mais elevados, como espingardas ou fuzis, por exemplo[40].

De acordo com o Sistema de Informação de Mortalidade, em 2021 o Brasil registrou uma redução de 13% no total de homicídios: nesse ano, foram contabilizados 41.354 assassinatos classificados como agressão, em contraste com os 47.680 casos em 2020. Dentre os 41.354 assassinatos de 2021, 25 mil foram atribuídos ao uso de armas não especificadas no formulário do profissional de saúde[41].

No entanto, durante o mesmo período, o número de óbitos causados por armas de fogo de mão aumentou em 24,5%, passando de 3.118 em 2020 para 3.878 em 2021. Todas as mortes resultantes de outras formas de agressão apresentaram uma diminuição, como assassinatos por objeto cortante ou penetrante, objeto contundente, força corporal, enforcamento, estrangulamento e sufocação[42].

Assim, visto que os homicídios por arma de fogo de mão aumentaram e os assassinatos por meios diversos diminuíram na comparação entre 2020 e 2021, é possível concluir que não foi a flexibilização da legislação armamentista que acarretou a diminuição nas taxas de homicídios no Brasil, o que reforça a tese de que a queda no número de homicídios no país teria sido ainda mais significativa se o país não tivesse implementado uma política pró-armamento entre 2019 e 2022.

3. Acesso a armas de fogo de origem legal por criminosos

3.1. Furtos e Roubos de Armas de Fogo

Segundo aponta um estudo do Instituto Sou Da Paz de 2022[43], a origem das armas de fogo que são apreendidas com mais frequência pelas polícias, as pistolas

[40] Idem, 2022.

[41] Idem, 2022.

[42] Idem, 2022.

[43] LANGEANI, Bruno; PASSOS, Ingrid. Desvio fatal: Vazamento de armas do mercado legal para o ilegal no estado de São Paulo. Instituto Sou da Paz, 2022. Disponível em: https://soudapaz.

usadas em assaltos e assassinatos, está principalmente no mercado legal. A pesquisa confrontou os registros de ocorrências de furtos e roubos de armas com os dados de apreensões, respaldando-se também em outros estudos no campo da segurança pública que chegaram a conclusões semelhantes.

Dos cinco modelos de armas mais apreendidos no estado de São Paulo, que representam 55% do total, a principal origem de abastecimento é o mercado legal. Empresas de segurança privada, repartições públicas e as próprias residências dos CACs, nesta sequência, são os locais mais frequentemente alvo de furtos e roubos. Isso porque, geralmente, os criminosos visam áreas onde há uma maior concentração de armamento[44].

Foram analisadas 23.709 ocorrências de desvios de armas registradas entre os anos de 2011 e 2020. Neste período, houve uma média de 6,49 ocorrências de desvios por dia, sendo que cada ocorrência pode estar vinculada a uma ou mais armas, elevando a média para 9 armas desviadas por dia em 10 anos. Outrossim, a maioria desses desvios ocorreu em situações de furto (60%) e, em segundo lugar, temos os casos de roubo (38%)[45].

Dentre as mais de 23 mil ocorrências de desvio de armas analisadas, 50 casos representam apenas 0,2% do total de ocorrências, mas contabilizam surpreendentes 6% de todas as armas desviadas. Os grupos de risco que mais trazem prejuízo para a segurança pública e que, portanto, necessitariam de uma maior fiscalização incluem repartições públicas, como fóruns e delegacias, que armazenam armas e munições por longos períodos e de forma inadequada, além de empresas de segurança privada e residências de CACs[46].

Ademais, em 2015, a média mensal de armas registradas em posse de CACs que foram furtadas ou roubadas no Brasil era de 31. Entretanto, em 2022, esse número aumentou para 112 armas por mês[47].

Em adição, segundo uma matéria do jornal El País de novembro de 2021[48], até setembro deste ano, 840 armas de fogo de CACs já haviam sido roubadas ou

org/o-que-fazemos/conhecer/pesquisas/controle-de-armas/as-armas-do-crime/?show=documentos#5825-1. Acesso em: 03 de out. de 2023.

44 Idem, 2022.

45 Idem, 2022.

46 Idem, 2022.

47 Idem, 2022.

48 FONSECA, Bruno; MARTINS, Laís. Caçadores, atiradores e colecionadores 'perdem' três armas por dia no Brasil. El País, 2021. Disponível em: https://brasil.elpais.com/brasil/2021-11-25/

extraviadas no Brasil. Esse número representa cerca de 03 armas perdidas por dia.

As informações, adquiridas pela Agência Pública, através da Lei de Acesso à Informação junto ao Comando do Exército, revelaram que o número total de armas consideradas "perdidas" até setembro de 2021 já havia excedido o total registrado em todo o ano de 2020 e o de 2019. A maioria dessas armas foi adquirida através de roubos ou furtos: 692 no decorrer de 2021, uma média de 2,5 por dia. Esse número é superior ao registrado em 2020 e 2019[49].

Conforme, dados do Exército, obtidos também por meio da Lei de Acesso à Informação[50], o número de armas furtadas, roubadas, extraviadas ou perdidas pertencentes a caçadores, atiradores e colecionadores de armas de fogo aumentou 35,9% em 2021 em relação ao ano anterior.

É importante ressaltar que desde 2018, observava-se uma tendência de queda nos números. No entanto, o total subiu de 498 em 2020 para 677 em 2021. Essa cifra aumenta ainda mais quando se incluem os dados dos clubes de tiro, chegando a um total de 699 armas extraviadas ou roubadas em 2021[51].

3.2. Compra de armas legais por laranjas que se registraram como CACs

Entre 2019 e 2022, organizações criminosas se utilizaram da concessão de licenças para CACs pelo Exército para ter maior acesso a armas de fogo[52]. Essas organizações se aproveitaram da fragilidade na fiscalização da Força de Exército no que diz respeito à verificação de antecedentes criminais e à ausência de investigação social sobre aqueles que desejavam manter um arsenal em casa.

Em outras palavras, a fiscalização conduzida pelo Exército em relação aos CACs foi extremamente insuficiente e baseou-se principalmente na

cacadores-atiradores-e-colecionadores-perdem-tres-armas-por-dia-no-brasil.html. Acesso em: 01 de out. de 2023.

49 Idem, 2021.

50 TEÓFILO, Sarah. Número de armas extraviadas ou roubadas de CACs aumenta 35,9% em 2021. R7 Brasília, 2022. Disponível em: https://noticias.r7.com/brasilia/numero-de-armas-extraviadas-ou-roubadas-de-cacs-aumenta-359-em-2021-18072022. Acesso em: 01 de out. de 2023.

51 Idem, 2022.

52 GODOY, Marcelo. Investigações mostram como política de Bolsonaro arma o PCC. Estadão, 2022. Disponível em: https://www.estadao.com.br/politica/marcelo-godoy/investigacoes-mostram-como-politica-de-bolsonaro-arma-o-pcc. Acesso em 07 de out. de 2023.

autodeclaração do interessado em tornar-se um caçador, colecionador ou atirador. Dessa forma, não se verificava se o endereço do futuro CAC era legítimo, se os documentos apresentados por ele eram autênticos ou nem se fazia uma pesquisa mais profunda sobre ligação com criminosos[53].

Ademais, a discussão acerca do uso de armas por parte do crime sempre foi pautada pelo argumento de que a proibição da venda de fuzis a particulares no Brasil nunca foi um obstáculo para que traficantes se armassem por meio do contrabando[54].

É inegável que grande parte das armas adquiridas por criminosos advenham do contrabando. Entretanto, é importante ressaltar que as alterações realizadas na legislação de armas entre 2019 e 2022 foram recebidas como um presente pelo crime organizado, dada a dificuldade do Exército em controlar a proliferação de CACs e a quantidade de armamentos que estes podiam adquirir[55].

De acordo com o promotor de justiça do estado de São Paulo Lincoln Gakiya, o crime organizado teve seu custo para comprar armas de fogo reduzido em 65%. Dessa maneira, as organizações criminosas passaram a ter a alternativa de adquirir armas a um custo consideravelmente menor do que aquele ao qual estavam sujeitas quando dependiam do contrabando[56].

Conforme Gakiya, os membros do PCC costumavam desembolsar de R$ 35 mil a R$ 59 mil por um fuzil no mercado ilegal e passaram a conseguir adquirir um fuzil calibre 556 com nota fiscal por valores entre R$ 12 mil e R$ 15 mil. Segundo o promotor, foram detectadas em várias investigações do Grupo de Atuação Especial e Repressão ao Crime Organizado (Gaeco) ordens dessa facção para que membros do grupo obtivessem o registro de CAC[57].

3.3. Perfil das armas apreendidas

Em 2022, com mais armas em mãos de civis e armas mais potentes, que antes não estavam liberadas para este grupo, era esperado que o fluxo de migração

53 Idem, 2022.
54 Idem, 2022.
55 Idem, 2022.
56 Idem, 2022.
57 Idem, 2022.

delas do mercado legal para o ilegal tivesse aumentado em quantidade e em periculosidade. Isso ocorre porque é natural e esperado que criminosos busquem armas de melhor qualidade, de melhor funcionamento e mais novas.

De acordo com os resultados de uma pesquisa sobre o perfil das armas utilizadas em crimes no Sudeste[58], em que foram examinados as marcas, a nacionalidade, o tipo e o calibre das armas de fogo confiscadas pelas forças policiais na região, concluiu-se que as alterações na legislação de armas entre 2019 e 2022 resultaram na modernização e no aumento do arsenal utilizado pelo crime organizado.

O estudo do Instituto Sou da Paz incluiu dados de São Paulo e Rio de Janeiro, estados que concentram 17% da apreensão de armas de fogo no país e são locais de origem de facções criminosas com expressão nacional[59].

Assim, o período de 2019 a 2022 foi marcado por aumento da participação de armas com maior potencial ofensivo. Sendo assim, fuzis apreendidos subiram 50% em São Paulo e 16% no Rio de Janeiro, enquanto pistolas aumentaram 31% em São Paulo e 32% no Rio de Janeiro[60].

Em 2017, os revólveres representavam 44,6% de todas as armas apreendidas em São Paulo. No entanto, a participação dos revólveres diminuiu de forma acentuada em 2018 e em 2022 atingiu o menor registro da série histórica, com 40%. Por outro lado, as pistolas, que em 2014 eram 27,8%, em 2022 chegaram a 34,2%. Na comparação entre 2017 e 2022, a participação das pistolas entre as armas apreendidas subiu 31% em São Paulo[61].

No que diz respeito ao Rio de Janeiro, as pistolas já haviam superado os revólveres em 2016, porém, a diferença na participação entre esses dois tipos de armas nas apreensões se ampliou significativamente, primeiro em 2018 e depois em 2022. Em 2022, esse tipo de arma semiautomática representou impressionantes 54,2%. Na comparação entre 2017 e 2022, a participação das pistolas entre as armas apreendidas subiu 32% no Rio de Janeiro[62].

---

58 LANGEANI, Bruno. Medidas do Governo Bolsonaro Ajudaram a Modernizar Armamento do Crime, Mostra Análise de Armas Apreendidas. Instituto Sou da Paz, 2022. Disponível em: https://soudapaz.org/noticias/medidas-do-governo-bolsonaro-ajudaram-a-modernizar-armamento-do-crime-mostra-analise-de-armas-apreendidas/. Acesso em: 08 de out. de 2023.

59 Idem, 2022.

60 Idem, 2022.

61 Idem, 2022.

62 Idem, 2022.

Essa mudança nos perfis dos tipos de armas também se manifestou nos calibres das armas apreendidas. Notou-se um aumento significativo do calibre 9mm, que é comumente associado a pistolas semiautomáticas, ao passo que se observou uma diminuição nos calibres de revólveres, como o .32 SW e .38 SPL[63].

Em São Paulo, o calibre 9mm era praticamente insignificante até 2018. A partir de 2019, no entanto, seu uso começou a crescer de forma significativa, mais que dobrando sua incidência e alcançando 7,6%. Na primeira edição da pesquisa sobre armas do Sudeste, com dados de 2014, esse calibre representava apenas 2% e ocupava o oitavo lugar. Em 2022, ele já figurava em quinto lugar entre as apreensões no estado de São Paulo[64].

No Rio de Janeiro, o calibre 9mm já possuía uma relevância maior no mercado criminal, embora ainda estivesse consideravelmente atrás do calibre .38, mais comumente associado a revólveres. Em 2018, o calibre 9mm representava mais de 20% das apreensões e continuou a crescer a partir de 2021, chegando próximo aos 28%. Na primeira edição da pesquisa sobre armas do Sudeste, com informações referentes ao ano de 2014, esse calibre compreendia 16,6% e ocupava a segunda posição, registrando praticamente a metade das ocorrências do calibre .38. A partir de 2022, o calibre 9mm não apenas ultrapassou o calibre .38, como também se distanciou, tornando-se o calibre de arma mais frequentemente apreendido no território carioca[65].

Sendo assim, é possível concluir que o aumento de armas em circulação no mercado legal, em conjunto com medidas que afetaram a fiscalização das armas adquiridas legalmente, alimentaram o mercado ilegal desses equipamentos, levando as organizações criminosas a buscarem armamentos de melhor qualidade, melhor funcionamento e mais novos.

Conclusões

Esta pesquisa gira em torno da questão de como a flexibilização da legislação armamentista durante o Governo do ex-presidente Jair Messias Bolsonaro

[63] Idem, 2022.
[64] Idem, 2022.
[65] Idem, 2022.

(2019-2022) impactou a violência no Brasil, ao facilitar a aquisição de armas de fogo por criminosos, através de furtos ou roubos de armas legais, além do registro de laranjas como CACs.

Nesse período foram publicados mais de 40 atos normativos e decretos que fragilizaram os mecanismos estabelecidos pelo Estatuto do Desarmamento (lei 10.826/03). As mudanças promovidas facilitaram a compra, o porte, a ampliação de tipos de armas, calibres e acessórios disponíveis para civis, assim como o aumento dos limites quantitativos de armas e munições que podiam ser compradas.

Foi mostrado que o crime organizado mudou a sua dinâmica em razão da política armamentista de flexibilização do acesso a arma de fogo e deixou de buscar armas em sua maioria por meio do tráfico internacional. Dessa forma, em meio à política belicista ocorrida entre 2019 e 2022, tiveram alta o furto e roubo de armas e o registro de CACs por "laranjas".

Contribuiu para essa situação o fato de o investimento em fiscalização e controle das armas em circulação dos clubes de tiro e das lojas de armas entre 2019 e 2022 ter sido extremamente aquém do necessário para lidar com o grande aumento do mercado armamentista nesse período.

Como mostrado no trabalho, a expansão do mercado legal e a concessão de acesso a um maior número de armas e de armas mais potentes para os cidadãos comuns e para CACs durante o período indicado tiveram o potencial de produzir o mesmo efeito no mercado criminal.

Além de interromper e reverter a flexibilização da legislação armamentista realizada pelo Governo Bolsonaro nos últimos anos, conforme já vem ocorrendo desde o início do ano de 2023, com o começo do mandato presidencial de Luiz Inácio Lula da Silva, é extremamente importante intensificar a fiscalização das armas de fogo.

É crucial adotar políticas que, primeiramente, conduzam uma avaliação mais criteriosa sobre quem pode ter acesso a armas de fogo. Por fim, é fundamental focar em medidas preventivas para evitar desvios, o que, por sua vez, irá contribuir para reduzir a disponibilidade de armas legais no mercado ilegal.

Referências

ARCOVERDE, Léo. **449 pessoas obtêm licença para usar armas no país a cada 24 horas, aponta levantamento.** G1, 2022. Disponível em: https://g1.globo.com/politica/noticia/2022/06/06/449-pessoas-obtem-licenca-para-usar-armas-no-pais-a-cada-24-horas-aponta-levantamento.ghtml. Acesso em: 20 de set. de 2023.

CERQUEIRA, Daniel et al. **Atlas de violência 2019**. Ipea. Rio de Janeiro, 2019. Disponível em: https://www.ipea.gov.br/atlasviolencia/arquivos/artigos/6363-atlasdaviolencia2019completo.pdf. Acesso em: 27 de set. de 2023.

CERQUEIRA, Daniel; LINS, Gabriel; KAHN, Túlio; BUENO, Samira. **Armas de Fogo e Homicídios no Brasil. Fórum Brasileiro de Segurança Pública**, 2022. Disponível em: https://forumseguranca.org.br/wp-content/uploads/2022/09/informe-armas-fogo-homicidios-no-brasil.pdf. Acesso em: 01 de jul. de 2023.

FELTRAN, Gabriel. **Irmãos: Uma história do PCC**. São Paulo: Todavia, 2018.

FONSECA, Bruno; MARTINS, Laís. **Caçadores, atiradores e colecionadores 'perdem' três armas por dia no Brasil.** El País, 2021. Disponível em: https://brasil.elpais.com/brasil/2021-11-25/cacadores-atiradores-e-colecionadores-perdem-tres-armas-por-dia-no-brasil.html. Acesso em: 01 de out. de 2023.

GODOY, Marcelo. **Investigações mostram como política de Bolsonaro arma o PCC**. Estadão, 2022. Disponível em: https://www.estadao.com.br/politica/marcelo-godoy/investigacoes-mostram-como-politica-de-bolsonaro-arma-o-pcc. Acesso em: 01 de jul. de 2023.

LANGEANI, Bruno. **Medidas do Governo Bolsonaro Ajudaram a Modernizar Armamento do Crime, Mostra Análise de Armas Apreendidas.** Instituto Sou da Paz, 2022. Disponível em: https://soudapaz.org/noticias/medidas-do-governo-bolsonaro-ajudaram-a-modernizar-armamento-do-crime-mostra-analise-de-armas-apreendidas/. Acesso em: 04 de ago. de 2023.

LANGEANI, Bruno. **Medidas do Governo Bolsonaro Ajudaram a Modernizar Armamento do Crime, Mostra Análise de Armas Apreendidas. Nota técnica: Mudança do perfil da arma do crime nos estados de São Paulo e Rio de Janeiro (2017-2022).** Instituto Sou da Paz, 2022. Disponível em:

https://soudapaz.org/noticias/medidas-do-governo-bolsonaro-ajudaram-a-modernizar-armamento-do-crime-mostra-analise-de-armas-apreendidas/. Acesso em: 04 de ago. de 2023.

LANGEANI, Bruno; PASSOS, Ingrid. **Desvio fatal: Vazamento de armas do mercado legal para o ilegal no estado de São Paulo**. Instituto Sou da Paz, 2022. Disponível em: https://soudapaz.org/o-que-fazemos/conhecer/pesquisas/controle-de-armas/as-armas-do-crime/?show=documentos#5825-1. Acesso em: 01 de jul. de 2023.

MADEIRO, Carlos. **Mortes por arma de fogo de mão sobem em meio a queda de homicídios no país.** Uol, 2022. Disponível em: https://noticias.uol.com.br/colunas/carlos-madeiro/2022/07/15/mortes-por-arma-de-fogo-de-mao-sobem-em-meio-a-queda-de-homicidios-no-pais.htm. Acesso em: 28 de set. de 2023.

MARQUES, David; UCHÔA, Roberto. **A herança de meia década de descontrole sobre as armas de fogo no Brasil.** In: FÓRUM BRASILEIRO DE SEGURANÇA PÚBLICA. 17º Anuário Brasileiro de Segurança Pública. São Paulo: Fórum Brasileiro de Segurança Pública, p. 226-231, 2023. Disponível em: https:// forumseguranca.org.br/wp-content/uploads/2023/07/anuario-2023.pdf. Acesso em: 20 de set. de 2023.

RIBEIRO, Aline. **Orçamento do Exército para a fiscalização de armas cai, apesar da explosão de estandes e clubes de tiros em 791% no ano passado.** O Globo, 2021. Disponível em: https://oglobo.globo.com/brasil/seguranca-publica/orcamento-do-exercito-para-fiscalizacao-de-armas-cai-apesar-da-explosao-de-estandes-clubes-de-tiros-em-791-no-ano-passado-25152341. Acesso em: 23 de set. de 2023.

STABILE, Arthur. **Número de brasileiros com autorização para ter arma aumenta 7 vezes durante mandato de Bolsonaro.** G1, 2023. Disponível em: https://g1.globo.com/politica/noticia/2023/01/22/numero-de-brasileiros-com-autorizacao-para-ter-arma-aumenta-7-vezes-durante-mandato-de-bolsonaro.ghtml. Acesso em: 20 de set. de 2023.

SCHROEDER, Lucas. **Brasil registrou aumento de CACs e armas de fogo em 2022; apreensões caíram.** CNN Brasil, 2023. Disponível em: https://www.cnnbrasil.com.br/nacional/brasil-registrou-aumento-de-cacs-e-armas-de-fogo-em-2022-apreensoes-cairam/. Acesso em: 20 de set. de 2023.

TEÓFILO, Sarah. **Número de armas extraviadas ou roubadas de CACs aumenta 35,9% em 2021.** R7 Brasília, 2022. Disponível em: https://noticias.r7.com/brasilia/numero-de-armas-extraviadas-ou-roubadas-de-cacs-aumenta-359-em-2021-18072022. Acesso em: 01 de out. de 2023.

VERDÉLIO, Andréia. **Entra em vigor parte dos decretos que ampliam acesso a armas de fogo: STF julga na sexta-feira decisão que suspendeu trechos das medidas.** Agência Brasil, 2021. Disponível em: https://agenciabrasil.ebc.com.br/geral/noticia/2021-04/entra-em-vigor-parte-dos-decretos-que-ampliam-acesso-armas-de-fogo. Acesso em: 20 de set. de 2023.

C A P Í T U L O 1 9

VOZ E CÁRCERE: ESTUDO SOBRE O DIREITO AO SILÊNCIO NA EXECUÇÃO PENAL[1]

Gabrielle Almeida Rocha Tavares

Introdução

A presente monografia objetiva contribuir para com a produção acadêmica acerca da execução penal, área de tímida exploração, investigando seu histórico, dados estatísticos, natureza jurídica e princípios norteadores.

Posteriormente, busca-se investigar a relação entre os tratados e convenções internacionais e o direito doméstico brasileiro. Nessa oportunidade, são estudadas as garantias fundamentais previstas na Convenção Americana de Direitos Humanos e no Pacto Internacional de Direitos Civis e Políticos.

Em seguida, demonstra-se o direito convencional e constitucional ao silêncio e a sua aplicabilidade também sobre a fase executiva. Assim, é explorado o desrespeito de tal garantia fundamental na execução penal a partir, principalmente, do exame criminológico. As consequências dessa violação ao apenado são minuciosamente investigadas, demonstrando afetação ao julgamento da ação de revisão criminal.

[1] Artigo elaborado a partir da monografia apresentada ao Núcleo de Monografia Jurídica da Faculdade de Direito da PUC-SP, sob orientação da Professora Doutora Eliana Faleiros Vendramini Carneiro.

1. A execução penal no Brasil

1.1 Conceito

A análise etimológica do termo "execução" (*ex sequor, excseutio*) traduz o que é posterior à cognição, com intrínseca relação de causalidade. Nesse sentido, Rodrigo Roig define que "em matéria penal, execução significa a colocação em prática do comando contido em uma decisão jurisdicional penal, em regra, contra a vontade do condenado"[2]. O artigo 1º da Lei de Execuções Penais (LEP) colabora à definição, tendo em vista determinar o papel da execução penal como efetivador das disposições de sentença (condenatória ou absolutória) e de decisões criminais.

Importa ressaltar que a execução penal, *ipso jure*, é consequência tanto das sentenças quanto das decisões criminais, isto é, entende-se que ela não está restrita a momento posterior ao trânsito em julgado. Nesse sentido, a execução penal abrange também as decisões interlocutórias de caráter provisório ou cautelar, dado os atos de conservação (anteriores à sentença definitiva) e os atos de repressão (posteriores à sentença definitiva) manifestarem comando jurisdicional. Assim, aqueles que sofrem medidas cautelares estão também vivenciando a execução penal, porém na modalidade provisória, estando sujeitos à LEP, conforme seu artigo 2º, parágrafo único.

Desta feita, aos réus presos e aos réus soltos deve ser franqueada a possibilidade de pleitear seus direitos junto ao Juízo da Execução, justamente pelo instituto da execução provisória da pena, resultado da cominação do artigo 2º, parágrafo único, e 105, ambos da LEP. Ademais, em respeito ao princípio da inafastabilidade do controle jurisdicional (art. 5º, XXXV, da CF), todo sujeito privado de liberdade apresenta o direito de estar vinculado a uma autoridade judicial, sendo este o Juízo da Execução, nos termos do art. 66 da LEP.

Isto posto, entende-se como imprescindível a conceituação de execução penal para a definição de sua competência, bem como para a regulamentação dos seus institutos, o que será discutido adiante.

---

[2] ROIG, Rodrigo Duque Estrada. **Execução penal:** teoria crítica. 6. Ed. São Paulo: Thomson Reuters Brasil, 2022, p. 15.

1.2 Histórico

Importa ter-se em mente a tese de que a cultura de determinada sociedade impõe o limite extremo que a pena pode alcançar, isto é, a pena como é compreendida em seu desenrolar histórico denuncia a sua característica inerente de *ultima ratio*, dado calcular o limite jurídico de dor permitida do Estado impor a um indivíduo. Essa a teoria de Hermann Kriegsmann: "(...) es de la esencia de la pena de privación de libertad, el sojuzgar absolutamente todos los medios de coacción que según las ideas morales y jurídicas de la época pueden ser admisibles"[3].

No Brasil Colônia, o sistema penal adotado se encontrava na seara privada e corpórea. Os senhores instruíam, processavam, julgavam e executavam a pena determinada sobre seus escravos. É um engano, porém, inferir que não havia instituição similar ao cárcere à época. A história, embora delimitada em episódios para fins didáticos e de análise científica, não é recortada na realidade e apresenta características mistas, dada as suas mudanças ocorrerem, majoritariamente, de modo gradual. Assim, nos últimos anos do Brasil Colonial é perceptível a existência de instituições-embriões das atuais prisões.

Com isso, é pacífico o entendimento sobre as condições insalubres das prisões, muitas vezes acompanhadas do super encarceramento, da não segregação entre os presos (gênero, idade, delito cometido, dentre outros) e de alarmantes castigos corporais (à exemplo do açoite, acorrentamento, solitária e trabalho forçado). Enquanto consequências, as mortes e enfermidades eram corriqueiras, ocasionando problemas de saúde pública a toda a cidade.

Dada as flagrantes torturas estatais para com os presos escravos, sua capacidade laboral era também afetada, muitas vezes levando à perda da mão-de-obra dos senhores, como eram considerados. Por desestímulo financeiro, portanto, iniciou-se o costume de impor normativamente limites às penas, não por respeito a supostos direitos subjetivos dos presos, mas por resguardo a alguém considerado propriedade produtiva dos senhores. Esse cenário da sociedade escravista do século XIX é o berço do sistema prisional brasileiro.

A partir do Brasil-Império, com a promulgação da Constituição Imperial de 1824, instalou-se a Casa de Correção da Corte (1850), que manifesta o projeto

[3] KRIEGSMANN, Hermann *apud* CALON, Eugenio Cuello. **La Moderna Penología.** Barcelona: Bosch, 1958, tomo I, p. 455.

conturbado ao que seria o cárcere no Brasil. A construção do primeiro raio foi inspirada no modelo arquitetônico do sistema de Auburn, caracterizado pelo silêncio forçado, no qual os presos trabalhavam coletivamente durante o dia e eram confinados individualmente no período noturno. O segundo raio, por sua vez, inspirou-se no sistema pensilvânico, do século anterior (séc. XVIII), caracterizado pelo silêncio e isolamento absoluto durante todo o cumprimento da pena, porém, conforme o Relatório da Comissão Inspetora da Casa de Correção da Corte, as celas comportavam até seis presos. Isto é, o presídio panóptico brasileiro é uma junção de sistemas não bem reproduzidos e contrários entre si, que agrupou presos e regimes disciplinares distintos, expondo a dificuldade brasileira na adoção de uma política penitenciária própria.

Contribuiu à miscelânea da política penitenciária o fato dos seus regulamentos disciplinares serem eivados de termos vagos, conferindo às autoridades administrativas notório arbítrio. O Decreto nº 678 de 06 de julho de 1850 deu origem ao Regulamento para a Casa de Correção do Rio de Janeiro, considerado a matriz do regramento carcerário brasileiro. Incutiu modelo meritocrático e progressivo de pena sentido até os dias atuais, marcado por notável hierarquia entre os reclusos (classe identificada por estampa nos uniformes), acompanhada pela concessão de privilégios e imposição de punições disciplinares (rebaixamento de classe, imposição de trabalho solitário na própria cela, restrição alimentar, reclusão em cela escura, imposição de ferros e qualquer outra julgada pertinente pelo diretor), definidos arbitrário e administrativamente.

Nesse período, tem-se o desenvolvimento da medicina carcerária, aliando a interioridade psíquica dos reclusos a seus traços físicos, reduzindo-os a meros objetos de pesquisa criminológica. Dr. Luis Almeida Valle, dentre 1869 e 1876, ocupou o cargo de médico e diretor da Casa de Correção, quando desenvolveu fichas sobre personalidade e hereditariedade dos privados de liberdade, requerendo a instalação de gabinete para que fosse possível estudar os seus crânios. As categorias desenvolvidas foram: o gatuno, o vagabundo, o envenenador, o assassino com tendência irresistível ao derramamento de sangue, o assassino que praticara o crime em circunstâncias horrorosas e o cavalheiro da indústria. Bastante significativas as categorias desenvolvidas, pois expõem o entendimento da administração sobre os seus reclusos, calcados na ilusão de que seriam doentes eivados de violência, cada qual a seu modo, necessitando de tratamento, que seria a pena.

No tocante à voz, a imposição do silêncio persiste. Caso fosse necessário se comunicar com os agentes, era necessário demonstrar sinal para pedir a fala e se comunicar em "voz submissa", nos termos do artigo 44 do Decreto nº 678, ou posteriormente alterado para "à meia voz" no artigo 144, §1º, do Decreto nº 8.386, de 1882. Por fim, a queixa de injustiças contra si estava cominada na punição, caso a administração do estabelecimento não se convencesse do seu acontecimento, tolhendo-a, portanto.

Promulgado em 1890, o Código Penal da República ofereceu importantes alterações para a execução penal atual, pois extinguiu a prisão perpétua, limitando a privação de liberdade a 30 anos, instituiu o livramento condicional e o sistema progressivo ao cumprimento de pena para aquelas superiores a seis anos, bem como apresentou o rol de penas admitidas em seu artigo 43. Muito discutido e criticado, justamente por continuar a miscelânea de projetos sobre o cárcere, recebeu extensas alterações.

O contexto social de passagem da sociedade escravista para a consolidação de mercado de trabalho livre afeta diretamente a execução penal, mitigando a sua função neutralizadora e impulsionando a reparação do indivíduo, para que ele seja posto à figura de trabalhador novamente após (e durante) o cumprimento da pena. Nesse sentido, percebe-se crescer o autoritarismo e o obscurantismo na execução penal.

Até esse momento, não há um Código Penitenciário Brasileiro que regule a execução penal de todo o país, motivo pelo qual cada unidade prisional possui seu próprio regulamento, comumente contrários entre si. Com o fim de unificação e autonomia científica do Direito Penitenciário (tripartição dos códigos em sede penal), foram realizados os primeiros projetos à Lei, que serviram de inspiração para a atual LEP, embora não tenham se transformado em diplomas legais propriamente ditos.

Após quatro anteprojetos infrutíferos, a comissão composta pelos juristas René Ariel Dotti, Benjamin Moraes Filho, Rogério Lauria Tucci, Negi Calixto, Miguel Reale Júnior, Sergio Marcos Pitombo e Ricardo Antunes Andreucci apresentou o texto que, em 1984, se tornou a promulgada Lei nº 7.210, mais conhecida como Lei de Execução Penal.

Nos anos seguintes, promulgou-se a Constituição da República de 1988 que consagrou expressamente postulados penais e processuais penais, que são atualmente garantias fulcrais na execução da pena, dentre os quais o direito do preso a calar-se e a ter assistência jurídica e da família (art. 5º, LXIII).

Desse modo, a LEP, embora tenha oferecido notáveis progressos, é defasada constitucionalmente, legitimando uma série de práticas atentórias aos direitos humanos e impondo considerável desproporção da relação jurídica entre o homem e o Estado, o que reforça o vultuoso discricionarismo administrativo da execução (pena quantitativamente flexível e qualitativamente diferenciada).

2. Natureza jurídica

Inicialmente, cumpre comunicar não ser a discussão sobre a natureza jurídica da execução penal mera elucubração técnica *per si*. Embora as produções meramente teóricas tenham importância para o estudo e avanço da ciência jurídica, a presente discussão apresenta reflexos diretos em distintos institutos da execução penal, pois influi em seu arcabouço normativo regulador, princípios e mecanismos, além de alcançar o tema de separação dos poderes e suas funções.

A primeira e mais antiga natureza jurídica da execução penal desenvolvida é a administrativa. Adhemar Raymundo da Silva, seu doutrinador representante, defende que "cessada a atividade do Estado-jurisdição com a sentença final, começa a do Estado-administração com a execução penal"[4].

Nessa acepção, o caráter jurisdicional se encerra com o trânsito em julgado da sentença penal condenatória, sendo a execução penal competência estrita da Administração Pública. Assim, não seriam aplicáveis as normas do Código Penal ou do Código de Processo Penal, devendo as escolhas dos(as) diretores(as) dos presídios serem calcadas em princípios e normas da seara administrativa.

Desse modo, é justificada, e por consequência reforçada, a notória arbitrariedade da execução penal. Isso, pois o sujeito encarcerado é entendido enquanto objeto da execução, sendo as eventuais atenuações da quantidade ou qualidade

4 SILVA, Adhemar Raimundo in CARVALHO, Salo. **Pena e Garantias**, 2. Ed. Rio de Janeiro: Lumen Juris, 2003, p. 166.

da pena vislumbradas como "benefícios", isto é, mera liberalidade estatal no exercício do *jus puniendi*[5].

Tal posicionamento, porém, começa a perder força a partir da necessidade de intervenção judicial nos incidentes de execução, à exemplo do livramento condicional, que, repisa-se, foi instituído pelo Código Penal da República, em 1890. Por esse motivo, constata-se a atuação de dois Poderes estatais: o judiciário e o executivo. Conforme a jurista Ada Pellegrini Grinover, principal representante desse sistema, o cumprimento material da pena é da seara administrativa, enquanto a apreciação dos incidentes de execução é eminentemente jurisdicional[6]. Com a crescente notoriedade dos incidentes, portanto, foi desenvolvida a teoria mista ou híbrida, que defende coexistir a natureza administrativa e jurisdicional da execução penal.

No entanto, pode-se que a existência de atividade administrativa não atrai a sua natureza jurídica. Nesse sentido, foi desenvolvida a teoria da natureza jurisdicional da execução penal, que é ampliada a partir da promulgação da Lei de Execuções Penais (LEP), em 1984. Essa corrente defende que a execução penal é eminentemente jurisdicional a partir da *longa manus* da jurisdição, que declara o direito ao proferir a sentença do processo de conhecimento e segue a fim do seu efetivo cumprimento (voluntário ou forçado), evitando, desse modo, a sua própria ineficácia.

Evitando dúvidas, o artigo 194 da LEP trata diretamente do assunto ao determinar que "o procedimento correspondente às situações previstas nesta Lei será judicial, desenvolvendo-se perante o Juízo da execução". Além da jurisdição, a Lei trata ainda da competência em seu artigo 65, dispondo que "a execução penal competirá ao Juiz indicado na lei local de organização judiciária e, na sua ausência, ao da sentença".

A partir desse entendimento, o juízo da execução atrai os ditames do direito penal e do direito processual penal, além, por óbvio, das previsões constitucionais, o que é expresso pelo art. 2º da LEP. Assim, não há arbitrariedade administrativa apta a justificar violações à Lei penal, devendo a pena ser executada nos

5 PRADO, Daniel Nicory do. **Sobre a natureza jurídica da execução penal**. Disponível em: https://jus.com.br/artigos/10124/sobre-a-natureza-juridica-da-execucao-penal. Acesso em 28 ago. 2023.

6 GRINOVER, Ada Pellegrini (coord). **Execução Penal**: mesas de processo penal, doutrina, jurisprudência e súmulas. São Paulo: Max Limonad, 1987, p.10.

estritos limites legais, sendo aplicável a todos os princípios e proteções da fase de conhecimento na fase jurisdicional executiva penal, pois, diferentemente da acepção anterior, o sujeito encarcerado é titular de direitos públicos subjetivos em relação ao Estado.

Embora não seja o tema do presente estudo, importa ressaltar as consequências diretas da definição da natureza da execução penal para temas atuais importantes, à modo de exemplo, a privatização do sistema prisional. Isso, pois, sendo função jurisdicional do Estado, a gestão dos presídios é função típica, essencial e indelegável do Estado, sendo impossível que se delegue tal função ao âmbito privado, o que está ocorrendo no Complexo Prisional de Erechin, Rio Grande do Sul, a partir do decreto da Presidência nº 11.498/2023.

3. Princípios norteadores

O princípio é a tônica para o sentido de existência e aplicação da norma jurídica e, sendo assim, é hierarquicamente superior ao próprio texto normativo. Nessa perspectiva, mais do que um elemento informador e interpretativo do sistema de normas jurídicas, os princípios apresentam o condão de concretamente tutelar direitos fundamentais das pessoas presas. Assim, caso uma norma ou ato administrativo se contraponha à norma substancial (princípios), tornar-se-á inválida, mesmo que apresente existência formal.

Nas palavras de Rodrigo Roig, "os princípios da execução penal são meios de limitação racional do poder executório estatal sobre as pessoas", oferecendo ao doutrinador duas premissas: (i) impossibilidade de um princípio da execução penal ser evocado para o fim de fundamentar restrição de direitos ou maior rigor punitivo, sendo necessariamente "escudos normativos de proteção do indivíduo"; (ii) interpretação *pro homine*, isto é, deve ser aplicada solução que proporciona maior ampliação do gozo e do exercício de direito, liberdade ou garantia, em consonância ao disposto no artigo 29, item b, da Convenção Americana de Direitos Humanos e no artigo 5º do Pacto Internacional sobre Direitos Civis e Políticos[7].

[7] ROIG, Rodrigo Duque Estrada. **Execução penal**: teoria crítica. 6. Ed. São Paulo: Thomson Reuters Brasil, 2022, p. 23-24.

Isso significa, portanto, que, para a aplicação das normas jurídicas atuantes sobre a execução penal, deve-se considerar, centralmente, o apenado e as suas circunstâncias. Com suporte no contexto crítico do sujeito, ao invés da figura do "criminoso" amplamente reforçada pela mídia, ter-se-á melhores condições para solucionar os conflitos existentes, buscando o resguardo de seus direitos e garantias.

Conforme reconhecido pelo Supremo Tribunal Federal ao declarar o Estado de Coisas Inconstitucional no bojo da Arguição de Descumprimento de Preceito Fundamental nº 347/DF, no entanto, há reiterado desrespeito às garantias constitucionais no âmbito do sistema prisional brasileiro, situação que deve servir como princípio para a interpretação e aplicação das leis relativas ao sistema penitenciário.

As garantias aplicáveis à execução penal, portanto, dada a sua natureza jurisdicional, estão constantes na Constituição Federal, no Código de Processo Penal, no Código Penal, na Lei de Execução Penal e nos Tratados e Convenções internacionais de matéria penal e direitos humanos. Este último será o tema de investigação.

4. Direito ao silêncio

O direito ao silêncio é decorrência direta do direito a não autoincriminação, protegido pelo artigo 8º, g, da Convenção Americana de Direitos Humanos, bem como pelo artigo 14 do Pacto Internacional sobre Direitos Civis e Políticos. Ambos estão vigentes desde 1992 no Brasil a título de norma constitucional. No direito doméstico, tal garantia é também prevista no artigo 5º, LXIII, da Constituição Federal e, no plano da Lei ordinária, destaca-se o artigo 186 e 198, ambos do Código de Processo Penal. Sendo assim, trata-se de direito com tamanha importância, que sua previsão é convencional, constitucional e em leis ordinárias, com maior abrangência se comparado a sistemas jurídicos europeus ou norte-americanos.

Tal direito individual de não autoincriminação (*nemo tenetur se detegere, nemo tenetur de ipsum accusare* ou *nemotenetur se ipsum prodere*), em si, desdobra de diversos modos: no direito a silenciar-se, a não colaborar com a investigação ou instrução criminal, a não prestar declarações contra si, a não confessar a prática de determinada conduta, a se abster de falar a verdade, a não apresentar elementos que possam prejudicar sua situação processual, a se recusar a entregar documento, a não produzir ou contribuir ativamente para a produção de provas contra si mesmo, incluindo o direito de não ceder seu corpo para produção de prova que possa acarretar autoincriminação.

Esse complexo de direitos está ligado diretamente ao processo histórico que culmina na alteração do acusado enquanto objeto de prova a um sujeito de direitos, fato esse que ainda deve ser reiteradamente lembrado pelos advogados de defesa.

Isso significa que nenhuma autoridade (administrativa ou judicial) pode obrigar um indivíduo a fornecer, sem que haja voluntariedade, qualquer tipo de informação, dado ou objeto de prova, bem como prestar declarações que possam incriminá-lo de modo direito ou indireto. Dessa forma, qualquer prova que demande uma ação do investigado, réu ou preso para ser obtida só terá validade se for produzida de modo voluntário e consciente.

Vale ressaltar, portanto, que esse princípio pode ser invocado perante qualquer juízo ou autoridade pública, não se caracterizando crimes de falso testemunho, desobediência ou desacato quando o indivíduo estiver no exercício desse privilégio, além de sua invocação também não poder trazer prejuízos ao sujeito em cumprimento de sua pena.

5. Problemáticas do direito ao silêncio na execução penal e o exame criminológico

Vê-se a completa ausência de previsão na Lei de Execução Penal acerca do direito ao silêncio, havendo diversas as práticas legais que colidem rotineiramente com essa proteção.

Inicialmente, pode-se ressaltar o papel de silenciamento do sujeito privado de liberdade realizado no cárcere à época Imperial. Atualmente, o Regime Disciplinar Diferenciado, disposto no artigo 52 da LEP, é o instituto mais próximo dessa antiga tradição, sujeitando o apenado à cela individual, com limitações ao direito de visita e à saída da cela. Nesse contexto, que pode ser determinado a título de medida cautelar ou de sanção disciplinar, a voz do encarcerado é mutada, bem como diversos de seus direitos.

No sentido contrário, há momentos em que a voz do apenado ganha importância demasiada, inclusive servindo para impossibilitar o acesso a seus próprios direitos. Esse é o exemplo do exame criminológico, que consiste principalmente na entrevista realizada por assistente social e psicólogo em que, a depender das respostas do preso, será concedido o que lhe é de direito, ou não. Teoricamente dispensável para aferição do requisito subjetivo, é corriqueiramente utilizado para a apreciação de pedidos de progressão de regime e livramento condicional.

Previsto no artigo 8º, da LEP, o exame criminológico está intimamente relacionado ao princípio da individualização da pena, porém com balizas científicas criminológicos que remontam ao século passado. No mesmo sentido, em seu artigo 1º consagra a ideia da pena enquanto tratamento ao condenado, normatizando a "periculosidade do agente" ao consagrar como finalidade da pena a ressocialização do condenado.

Assim, percebe-se que o apenado não mais está na posição de sujeito de direitos, conforme construído pela evolução da legislação e teorias a respeito da execução penal. Para fins do exame criminológico, ele permanece na posição de objeto da execução, sendo tratado e ressocializado posteriormente. O exame criminológico, portanto, seria uma espécie de constatação do grau de tratamento do apenado, verificando se já está apto a retornar ao convívio em sociedade, ou se é necessário maior período na "terapêutica penal" (expressão evidentemente infeliz bastante utilizada pelos promotores e juízes em sede executiva).

Pontua-se que o exame, já obrigatório anteriormente, a partir da Lei nº 10.792/2003, é facultado ao Juízo da Execução sob decisão fundamentada. Esse entendimento está disposto na Súmula nº 439 do STJ e na Súmula Vinculante nº 26 do STF. Tal fundamentação necessária à requisição ou à complementação não pode se valer da gravidade abstrata do crime praticado, na longa pena a cumprir, na alusão à prática de falta disciplinar antiga ou sem indicação de data, ou em alegações genéricas do cabimento do exame criminológico (STJ, HC 509389/SP, 5ª Turma, j. 18-6-2019).

No Tribunal de Justiça do Estado de São Paulo, a partir de análise jurisprudencial das Varas de Execuções Penais, percebe-se que a decisão que determina a realização do exame criminológico solicita a resposta aos seguintes quesitos:

a) o sentenciado mantém vínculos familiares?; b) possui planos realistas para seu futuro?; c) qual sua percepção dos crimes praticados?; d) demonstra algum remorso ou reflexão sobre os fatos?; e) há elementos que indicam evolução no processo de ressocialização?; f) há elementos que indicam desenvolvimento de senso de responsabilidade para o cumprimento do regime semiaberto, especialmente a capacidade de lidar com a raiva e frustrações?

Está compelido o apenado, portanto, a passar por entrevistas relatando sua própria história, contexto, consumo de drogas, condições de subsistência, relações familiares e, até mesmo, a relatar a prática criminosa pelo qual está sendo investigado ou pelo qual foi condenado, dentre outros. Tais respostas servirão como provas para a aferição de um direito subjetivo público do próprio apenado, isto é, está sendo coagido a produzir provas que poderão ser utilizadas contra si.

Ademais, não é advertido de seu direito ao silêncio pelos profissionais. Caso, mesmo assim, opte por não responder aos quesitos, tal recusa é interpretada de modo a prejudicar a sua solicitação, o que fere de modo alarmante a garantia *nemo tenetur se detegere.*

Especificamente a respeito do quesito acerca da percepção do preso sobre os crimes praticados, acompanhado de investigação acerca do arrependimento sobre o fato, a violação ao direito do sujeito privado de liberdade é ainda mais alarmante, pois resta configurada confissão sob coação, em sede de execução penal.

Um sujeito não pode ser impelido a confessar um crime e, além, manifestar o seu arrependimento, a fim de ser deferido o seu pleito de progressão de regime ou livramento condicional, simplesmente por não haver previsão legal nesse sentido. Ademais, mesmo que houvesse, estaria infringindo garantias constitucionais e convencionais, isto é, iria contrário a normas jurídicas de hierarquia superior, o que as tornaria sem eficácia jurídica.

6. Revisão criminal

Relacionando o instituto da revisão criminal ao exame criminológico realizado em sede de execução penal, indaga-se a respeito da influência das provas obtidas a partir das entrevistas administrativas na decisão da ação autônoma de revisão da sentença condenatória, pois o incidente da execução penal é posto junto ao processo de conhecimento criminal, isto é, quando proposta a revisão criminal e o julgador for avaliar o processo criminal, constará de seus materiais de análise todo o histórico da tutela executiva, inclusive os exames criminológicos realizados.

Claramente, tal testemunho não poderá ser utilizado como prova para fundamentar expressamente a decisão de indeferimento da revisão criminal, dado desrespeitar o procedimento legal para obtenção da confissão válida; porém o presente estudo visa a refletir o quanto tais documentos influenciam negativamente no entendimento do julgador sobre a figura do preso e os fatos imputados a ele.

Dessa forma, está diante de violação a garantia fundamental do preso, prevista em sede internacional e nacional (a título de norma constitucional e em leis ordinárias), ocorrida na execução penal, que traz consequências gravosas não só ao direito em abstrato, mas também aos sujeitos mais frágeis nessa relação para com o Estados: os cidadãos encarcerados.

Conclusões

A presente pesquisa científica abordou temática com três eixos principais: (i) a execução penal; (ii) o direito ao silêncio; (iii) a junção dos anteriores, isto é, o direito ao silêncio na execução penal.

Inicialmente, buscou-se analisar a execução penal no Brasil, conceituando-a, apresentando seu histórico e dados estatísticos. Neste momento, foi demonstrada a disparidade da relevância da temática, que chega a atingir diretamente 839.672 sujeitos encarcerados, fora pessoas e familiares próximos afetados, e a baixa exploração acadêmica e profissional.

Discutida a natureza jurídica da execução penal, apresentou-se as teorias administrativa, mista e jurisdicional. Essa última é a natureza jurídica adotada pela legislação executiva penal, o que traz consequência à proteção ao preso, pois atrai todas as previsões normativas do complexo penal para a sua seara, isto é, são aplicáveis as disposições previstas em códigos e tratados internacionais, à exemplo da Convenção Americana de Direitos Humanos e o Pacto Internacional sobre Direito Civis e Políticos, a Constituição Federal, o Código de Processo Penal, o Código Penal, a Lei de Execução Penal e demais leis ordinárias.

Adentrando na segunda grande temática do presente estudo, foi apresentado o direito ao silêncio, seu conceito e histórico. Em seguida, conciliou-se os temas anteriores para avaliar especificamente o direito ao silêncio na seara da execução penal brasileira. Assim, foram apresentadas problemáticas rotineiras do direito ao silêncio.

Deste modo, foi destrinchada a ferramenta do exame criminológico, seu funcionamento, aplicabilidade, quesitos mais utilizados e seu inerente conflito com o direito ao silêncio, tendo em vista coagir o apenado a responder quesitos, dentre os quais aqueles acerca do fato criminoso pelo qual foi condenado e do arrependimento de tê-lo praticado.

Por fim, para investigar as consequências jurídicas na realidade fática e nos direitos do apenado, é apresentado o instituto da revisão criminal, que pode ter indevidamente o seu julgamento afetado pela não proteção do direito ao silêncio na execução penal.

Referências

ROIG, Rodrigo Duque Estrada. **Execução penal**: teoria crítica. 6. Ed. São Paulo: Thomson Reuters Brasil, 2022, p. 15.

KRIEGSMANN, Hermann *apud* CALON, Eugenio Cuello. **La Moderna Penología**. Barcelona: Bosch, 1958, tomo I, p. 455.

SILVA, Adhemar Raimundo in CARVALHO, Salo. **Pena e Garantias**, 2. Ed. Rio de Janeiro: Lumen Juris, 2003, p. 166.

PRADO, Daniel Nicory do. **Sobre a natureza jurídica da execução penal**. Disponível em: https://jus.com.br/artigos/10124/sobre-a-natureza-juridica-da-execucao-penal. Acesso em 28 ago. 2023.

GRINOVER, Ada Pellegrini (coord). **Execução Penal**: mesas de processo penal, doutrina, jurisprudência e súmulas. São Paulo: Max Limonad, 1987, p.10.